O céu nos pertence

Brendan I. Koerner

O céu nos pertence

O maior sequestro aéreo de uma época insana

Tradução:
Alexandre Martins

ZAHAR

Para Maceo e Ciel
Números não dão conta...

Título original:
The Skies Belong to Us
(Love and Terror in the Golden Age of Hijacking)

Tradução autorizada da primeira edição norte-americana, publicada em 2013 por Crown Publishers, um selo de Crown Publishing Group, uma divisão de Random House, Inc., de Nova York, Estados Unidos

Jorge Zahar Editor Ltda.
rua Marquês de S. Vicente 99 – 1º | 22451-041 Rio de Janeiro, RJ
tel (21) 2529-4750 | fax (21) 2529-4787
editora@zahar.com.br | www.zahar.com.br

Grafia atualizada respeitando o novo Acordo Ortográfico da Língua Portuguesa

Preparação: Diogo Henriques | Revisão: Mariana Oliveira, Carolina Sampaio
Indexação: Gabriella Russano | Capa: Rafael Nobre/Babilonia Cultura Editorial

CIP-Brasil. Catalogação na publicação
Sindicato Nacional dos Editores de Livros, RJ

Koerner, Brendan I., 1974-
K82c O céu nos pertence: o maior sequestro aéreo de uma época insana/Brendan I. Koerner; tradução Alexandre Martins. – 1.ed. – Rio de Janeiro: Zahar, 2014.

il.

Tradução de: The skies belong to us: love and terror in the golden age of hijacking
Inclui índice
ISBN 978-85-378-1176-4

1. Estados Unidos – Política e governo. 2. Estados Unidos – Civilização – 1970-. I. Título.

CDD: 973
13-07077 CDU: 94(738)

Sumário

Meu filho, de onde esta loucura, esta negligência
Para com minhas ordens e aqueles a quem protejo?
Por que esta fúria ignóbil? Recorde-se
De quem você abandonou, quais promessas deixadas
  para trás.

Virgílio, *Eneida*

I shoulda stayed in Job Corps,
but now I'm an outlaw...*

Ghostface Killah

* "Eu devia ter ficado no Job Corps,/ Mas agora sou um fora da lei." Job Corps é um programa socioeducativo norte-americano de apoio a jovens pobres entre dezesseis e 24 anos. (N.T.)

Prelúdio

O HOMEM DE ÓCULOS DE SOL pretos diz à garçonete que deseja apenas café. Um de seus dois companheiros de almoço, um cavalheiro mexicano elegante que ele só conhece como Dave, implora para que coma algo – talvez um coquetel de camarão, ou meia dúzia de ostras. Mas o homem insiste em que não está interessado em comida.

É uma típica tarde na baía de San Diego, magnífica. A luz do sol atravessa a copa das palmeiras até o salão de paredes de tijolos do Brigantine Seafood Restaurant. O homem de óculos escuros e seus dois companheiros estão sentados em um reservado semicircular de couro preto, sob mapas náuticos amarelados e fotografias kitsch de velhos iates. Foram ali discutir uma questão delicada.

É Dave quem quebra o gelo. Diz que analisou um diagrama do projeto apresentado pelo homem, e o elogia pela sofisticação. Está confiante em que seus parceiros em Tijuana não terão dificuldade em fornecer o material necessário para transformar em realidade a visão do homem. A única questão a ser debatida agora é dinheiro.

O homem de óculos escuros não quer ser esfolado.

"Quero dar mais uma olhada", diz, brincando com a asa da caneca de café. "Ver o que mais há no mercado."

Mas Dave está ansioso para fechar negócio. Diz que ficará contente em aceitar um pequeno depósito inicial e esperar pelo restante quando o projeto estiver concluído. Ele jura que nenhum de seus concorrentes poderia sonhar em oferecer um plano de pagamento tão generoso.

O homem de óculos escuros concorda. Pergunta a Dave se um depósito de cem dólares será suficiente para colocar as coisas em ação.

Dave parece contente. Só está curioso sobre uma coisa.

"Agora me diga: o que você quer explodir?"

1. "Continue sorrindo"

O MAJESTOSO MONTE RAINIER foi aos poucos surgindo no campo de visão do Voo 701 da Western Airlines, a cratera em seu cume coberta de neve e gelo cintilando com o sol forte de junho. Passageiros curiosos esticavam os pescoços à esquerda para ter uma visão do vulcão adormecido, enquanto os passageiros mais indiferentes mantinham os narizes enfiados nos jornais, lendo sobre a viagem do presidente Richard Nixon a Moscou e o bombardeio devastador a Hué. Comissárias com minivestidos cor de pêssego percorriam o corredor estreito, recolhendo pratos vazios e flûtes de champanhe nos preparativos para o pouso. Aterrissariam em Seattle dentro de 25 minutos.

Assim que terminaram a limpeza, as três comissárias da classe econômica se apertaram na cozinha dos fundos. Estavam trabalhando sem parar desde as sete da manhã, voando de Seattle para Los Angeles e depois de volta, de modo que estavam famintas no momento em que o Voo 701 se aproximava do fim. Para preservar a ilusão de que suas comissárias eram símbolos da delicadeza feminina, a Western proibia que suas "garotas" atraentes fossem vistas comendo pelos passageiros. As mulheres tomaram o cuidado de fechar a cortina vermelha da cozinha antes de se lançar sobre as refeições. A salvo de olhos intrometidos, enfiavam em suas bocas brilhantes de batom garfadas de contrafilé e brócolis no vapor, tomando o cuidado de não pingar molho nas echarpes de *pois*.

Gina Cutcher era a que estava mais perto da cortina da cozinha, de costas para a cabine enquanto comia e batia papo com as duas colegas, Carole Clymer e Marla Smith. No meio da refeição Cutcher se assustou ao ouvir o ruído de suportes de cortina deslizando. Ela se virou e se viu diante do passageiro da poltrona 18D, o negro bonito com uniforme de gala do Exército engomado e cheio de fitas. Ele a olhava através dos óculos de aro de metal e lentes âmbar.

Ah, não, ela pensou. *O* voucher. *Esqueci do* voucher *dele.*

Mais cedo, quando Cutcher servia um drinque ao homem, um solavanco causado por turbulência fizera com que derramasse um pouco de bourbon nas lapelas de seu paletó verde-oliva. Ele havia sido muito simpático em relação ao acidente, limitando-se a rir. "Não se preocupe com isso", dissera. "Não estragou nada." Mas, obedecendo à política de atendimento aos clientes da Western, Cutcher insistira em dar a ele um *voucher* de lavagem a seco. Naquele momento ela se deu conta de que não cumprira a promessa.

Ela estava com um pedido de desculpas na ponta da língua quando o homem falou.

"Preciso lhe mostrar algo", disse educadamente, colocando no balcão da cozinha duas folhas de bloco de anotações. "Leia isto."

A confusa Cutcher começou a ler enquanto Smith e Clymer olhavam por cima do ombro dela. A primeira folha continha uma mensagem em caligrafia apertada, com vários erros de ortografia e no uso de maiúsculas e minúsculas. Mas não havia dúvida quanto ao significado:

Sucesso pela Morte

Todos, exceto o Capitão, deixarão a cabine.

Há quatro de nós e duas bombas. Faça o que for ordenado e Não haverá Tiros.

1) Seu Copiloto e o Navegador devem deixar a Cabine (quatro passos de distância.) Ocupar assentos nos fundos da Aeronave.

2) Colocar Aeronave em Piloto-audiomático, Colocar mãos no alto da Cabeça. deixar porta da Cabine aberta.

Weatherman

S.D.S. da Califórnia.

Você tem 2 min, senhor.

A outra folha apresentava um diagrama do que parecia ser uma maleta. O desenho tinha esboços de vários retângulos de tamanhos diversos, cada um identificado com um número de um a quatro. Uma coluna de texto à esquerda do diagrama explicava o conteúdo da maleta:

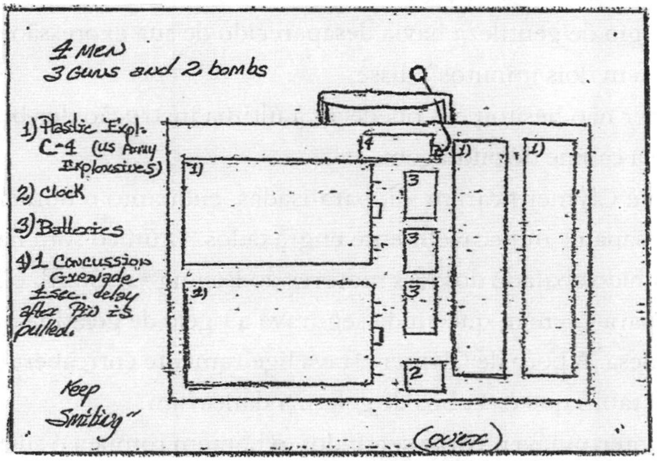

FBI – Federal Bureau of Investigation

4 Homens

3 Armas e 2 bombas

1) Explo plástico C-4 (Explosivos Exército EUA)

2) Relógio

3) Baterias

4) 1 Granada de Concussão 1 seg. atrasos após Pino puxado.

"Continue Sorrindo"

(virar)

Cutcher virou o bilhete. Havia apenas mais uma frase:

"Ao Capitão, e não pare!"

O homem ergueu a mão esquerda para que a comissária pudesse ver que segurava uma maleta Samsonite preta. Um fio de cobre fino saía do alto, junto à alça. Estava preso a um anel metálico no dedo indicador esquerdo do homem. Ele fez o gesto de tamborilar na maleta com a mão direita, como se dissesse: *Aqui dentro.*

O homem passou por Cutcher e entrou na cozinha. Ele se apoiou no balcão, ergueu os óculos até a base do nariz e olhou nos olhos do outro. Todo vestígio de gentileza havia desaparecido de sua expressão.

"Você tem dois minutos", disse.

Cutcher não hesitou em obedecer à última instrução dos bilhetes: seguiu para a cabine de pilotagem.

Smith e Clymer ficaram ali, paralisadas, enquanto o homem olhava para seus sapatos impecavelmente engraxados. O único som na cozinha era o zumbido abafado dos três motores do Boeing 727. Smith olhou furtivamente para Clymer, que ainda segurava a tigela de gelatina que comia de sobremesa. A boca de Clymer estava ligeiramente entreaberta, as mãos tremendo tanto que os cubos de gelatina dançavam.

Após intermináveis trinta segundos, o homem rompeu o silêncio. "Deveria ter explodido", murmurou sem erguer os olhos dos sapatos. "Na decolagem, explodido. Vamos todos morrer de qualquer maneira."

A gelatina vermelha de Clymer sacudiu ainda mais.

Enquanto isso Cutcher estava indo rápido para a frente do avião, os dois bilhetes sacudindo em suas mãos. Ao chegar à primeira classe viu a comissária-chefe do voo, Donna Jones, guardando copos em um armário.

"Está acontecendo com a gente!", exclamou Cutcher. "Abra a porta, abra a porta! Temos dois minutos!"

Jones levou Cutcher à cabine e tocou a campainha de entrada duas vezes – o sinal de assunto urgente. A porta abriu e as duas mulheres entraram no compartimento apertado. Jerome Juergens, capitão do Voo 701, sentiu na hora que Cutcher estava à beira do pânico.

Cutcher esticou os bilhetes. "Capitão, antes que continue a descer, por favor, o senhor... O senhor precisa ler isto!"

Juergens leu rapidamente a lista de instruções mal redigida, mas passou um bom tempo examinando o diagrama, procurando alguma falha no projeto da bomba. Juergens era um ex-fuzileiro condecorado, um homem que aprendera uma coisa ou duas pilotando Skyraiders A-1 na Coreia. Esperava que o desenho denunciasse o artista como alguém blefando, alguém que não conhecia os segredos de detonar C-4. Mas o diagrama obviamente era obra de um homem que sabia o que estava fazendo.

Juergens repassou os bilhetes ao copiloto, Edward Richardson, e calmamente deu suas ordens a Cutcher: "Volte e diga ao homem que faremos tudo o que ele quiser de nós."

Enquanto Cutcher saía para pegar o homem da cozinha dos fundos, Richardson só conseguia se chocar com sua sorte medonha: sequestrado pela segunda vez em menos de um mês.

Só OS VIAJANTES MAIS VETERANOS conseguem se lembrar do tempo em que voar era um prazer etéreo em vez de um sofrimento. Décadas se passaram desde que passageiros da classe econômica desfrutavam de luxos que depois se tornaram inconcebíveis: pedaços de caranguejo do Alasca servidos em porcelana com monograma, porções generosas de bebidas alcoólicas de graça, comissárias de belas pernas fazendo seu serviço com uma gentileza de gueixas. Mesmo em voos curtos entre pequenas cidades o freguês realmente era o rei.

Mas o que parece mais arcaico sobre aquela época desaparecida não é a bajulação que os passageiros recebiam durante o voo, e sim a facilidade com que circulavam em terra. Um dia foi possível atravessar um aeroporto inteiro, do meio-fio ao portão de embarque, sem encontrar um único incômodo – nada de aparelhos de raios X, nada de detectores de metais, nada de seguranças uniformizados com mãos ágeis e péssimo humor. Qualquer um podia caminhar até a pista e fazer fila para embarcar sem um bilhete ou sem se identificar. Alguns voos permitiam até mesmo que os passageiros pagassem a passagem depois da decolagem, como se jatos não passassem de trens suburbanos com asas.

Uma geração de sequestradores de aviões se valeu dessa ingenuidade. Entre 1961, quando o primeiro avião foi tomado no espaço aéreo americano, e 1972, o ano em que o Voo 701 foi desviado a caminho de Seattle,

159 voos comerciais foram sequestrados nos Estados Unidos. Praticamente todos esses sequestros aconteceram nos últimos cinco anos dessa época frenética, e com frequência num ritmo de um ou mais por semana. De fato, houve muitos dias em que dois aviões foram sequestrados simultaneamente, por pura coincidência.* Poucas ondas de crimes na história americana produziram tanta paranoia: sempre que o sistema de som de um avião era ligado os passageiros não conseguiam deixar de pensar que a voz de um estranho estava prestes a anunciar: "Senhoras e senhores, eu agora estou no comando..."

Em um esforço para compreender essa loucura, especialistas e políticos muitas vezes invocaram a expressão *epidemia* para descrever a crise dos sequestros. Eles estavam sendo mais precisos do que pensavam, pois uma das melhores formas de compreender a "Era de ouro dos sequestros aéreos" é pelas lentes da saúde pública. O fenômeno se disseminou seguindo estritamente as leis da epidemiologia: sequestros aéreos sempre ocorreram em grupos que remontavam a um único incidente que se tornou contagioso. Esses surtos ficaram cada vez mais devastadores com o tempo, com o impulso para sequestrar passando de um hospedeiro para outro como qualquer patógeno orgânico. Esse "vírus" viajava pelos meios de comunicação de massa, especialmente noticiários televisivos; os âncoras altivos das redes narrando imagens de aviões sequestrados e das famílias chorosas dos reféns. Em vez de ter empatia com as vítimas, alguns espectadores ficavam encantados com a capacidade dos sequestradores de criar espetáculos que hipnotizavam o país inteiro.

Esses telespectadores eram suscetíveis ao vírus do sequestro aéreo por terem perdido qualquer fé na promessa americana. Não foi por acaso que a epidemia começou a chegar ao auge quando os últimos vestígios do idealismo dos anos 1960 eram eliminados. Grandes segmentos da população estavam ressentidos porque palavras e cartazes não tinham conseguido

* Em 1970, um estatístico da Universidade de Chicago desenvolveu um método para avaliar a probabilidade desses chamados sequestros duplos. Ele teve a inspiração para o projeto após perceber a ocorrência de três sequestros duplos em um período de quatro meses a partir de novembro de 1968.

acabar com a guerra no Vietnã ou consolidar os ganhos de um movimento pelos direitos civis que foi dizimado por assassinatos. Esse desapontamento rapidamente se metamorfoseou em uma sensação mais disseminada de desesperança, uma sensação de que nenhum grau de envolvimento social poderia resgatar um sistema que havia sido manipulado para servir a uma elite egoísta. Algumas dessas pessoas frustradas se voltaram para o hedonismo, encobrindo a desilusão com excessos sexuais ou heroína escura barata. Mas outras buscaram formas cada vez mais radicais de demonstrar sua fúria vaga, porém devastadora.

Aviões eram alvos ideais para essas almas atormentadas. No plano prático, os sequestradores de aviões podiam usar as aeronaves para voar rumo a terras distantes, onde imaginavam que seriam festejados por sua audácia. Mas também havia um forte componente psicológico no fascínio do sequestro aéreo, fruto do caso amoroso dos americanos com o voo. Mesmo tornando-se mais acessível às massas nos anos 1960, a viagem de avião mantinha uma aura de assombro e privilégio – pilotos eram heróis elegantes, e os próprios aviões, maravilhas do poderio tecnológico. Ao tomar um jato que cruzava a fronteira mais exótica do país, um sequestrador solitário conseguia conquistar instantaneamente uma audiência de milhões. Não havia forma mais espetacular de um marginalizado sentir o gosto do poder.

Embora todos os sequestradores aéreos partilhassem uma sede comum de respeito, suas histórias individuais eram perturbadoramente variadas. Quando me vi pela primeira vez fascinado pela "Era de ouro dos sequestros aéreos", após ler sobre um nacionalista porto-riquenho que passara 41 anos no exílio após desviar um Boeing 707 para Cuba,* fiquei assombrado com a grande diversidade de personagens que haviam tomado os aviões da época. Entre eles havia veteranos cansados, delirantes crônicos, jogadores compulsivos, empresários falidos, acadêmicos frustrados,

* Esse sequestrador, Luis Armando Peña Soltren, retornou voluntariamente aos Estados Unidos em outubro de 2009, para rever a família. Foi preso ao desembarcar do avião em Nova York, e acabou se declarando culpado de conspiração para cometer pirataria aérea. Em janeiro de 2011 foi sentenciado a quinze anos de cadeia.

criminosos de carreira e até mesmo adolescentes apaixonados. Cada um tinha uma justificativa muito pessoal, embora tristemente iludida, para acreditar que poderia decolar para uma vida melhor.

Quanto mais eu mergulhava nos anais do sequestro aéreo americano, maior era a minha fixação com a fase final mais frenética da epidemia: o grande surto de 1972. Naquele ano os sequestradores de aviões foram ousados e tolos para além de qualquer medida, dispostos a correr riscos que beiravam o delírio. Homens de meia-idade saltando de paraquedas, apertando contra o peito resgates de seis dígitos; extremistas delirantes exigindo condução para zonas de guerra do outro lado do hemisfério; jovens mães brandindo pistolas enquanto amamentavam seus bebês. O entusiasmo crescente do FBI por intervenções violentas pouco fez para dissuadir esses aventureiros, que absolutamente não se importavam caso morressem na busca de seus objetivos grandiosos. No final de 1972 os sequestradores de aviões haviam se tornado tão descuidados, tão indiferentes à vida humana, que as companhias aéreas e o governo federal não tiveram escolha a não ser transformar todos os aeroportos em Estados policiais em miniatura.

Há uma história fascinante a ser contada sobre cada um dos quarenta sequestradores de aviões americanos que fizeram de 1972 um ano tão perigoso para voar. Mas nenhuma delas é tão cativante quanto a de Willie Roger Holder e Catherine Marie Kerkow, o jovem casal que assumiu o controle do Voo 701 da Western Airlines enquanto sobrevoava o monte Rainier.

Holder e Kerkow foram sequestradores comuns em muitos sentidos. Ele era um ex-soldado traumatizado, movido por uma mistura nebulosa de ultraje e desespero; ela, uma garota irrequieta que gostava de farra e ansiava por um futuro mais significativo. Nenhum dos dois era um gênio do crime, como ficou evidente pelo delírio completo de seu plano de sequestro.

Mas por uma combinação de perspicácia e pura sorte, Holder e Kerkow cometeram o sequestro aéreo de maior distância da história americana, um feito que os tornou famosos em todo o planeta. Seu sucesso os destacou entre seus pares: ao final de 1972 praticamente todos os outros sequestradores de aviões do ano estavam mortos ou presos. Na sua seção anual "O ano em imagens", publicada em dezembro, a revista *Life* apresentou uma galeria de criminosos com doze sequestradores já condenados por pirataria aérea, e legendas detalhando as longas penas: vinte anos, trinta anos, quarenta anos, 45 anos, prisão perpétua sem condicional. Holder e Kerkow foram ausências notáveis nesse catálogo de fracassos.

Mas a história de Holder e Kerkow estava longe do fim depois que conseguiram escapar. Nos meses e anos que se seguiram eles iriam se juntar a revolucionários, mergulhar no submundo internacional e conviver com aristocratas e astros do cinema que os louvavam como ícones. Mas, quando sua fama inevitavelmente começou a murchar e seu amor se dissolveu, Holder e Kerkow foram obrigados a aprender que se reinventar, a mais americana das aspirações, nunca é possível sem sofrimento.

2. Coos Bay

A BATIDA NA PORTA veio em hora imprópria para Cathy Kerkow, no momento em que esfregava um pouco de xampu nos longos cabelos castanhos. Embora não esperasse visitas naquela tarde de janeiro de 1972, ela era uma pessoa simpática demais para ignorar quem chamava. Amarrou o roupão de banho no corpo esguio e saiu apressada do chuveiro, deixando atrás de si uma trilha de água e sabonete.

Kerkow abriu a porta e descobriu um negro excepcionalmente alto e magro com cabelos à escovinha e costeletas bem-cuidadas. Óculos de sol de aro de tartaruga protegiam seus olhos sonolentos do brilho do meio-dia em San Diego. Ele sorriu para a visão adorável diante de si, uma garota de vinte anos pouco vestida com riachos de água deslizando pelo decote. Kerkow deu um sorriso provocante, satisfeita de saber que seu grande encanto estava produzindo a mágica habitual.

O homem perguntou se aquele era o apartamento de Beth Newhouse, uma jovem conhecida sua. Cathy respondeu que Beth era sua colega de quarto e que provavelmente a encontraria fazendo compras na farmácia local. O homem saiu imediatamente, sem se despedir; Kerkow ficou à porta e o viu partir em disparada em um Pontiac Firebird amarelo. Enquanto o carro desaparecia na curva da Murray Street ela pensou: *Eu o conheço de algum lugar.*

Vinte minutos depois o homem e Beth voltaram juntos ao apartamento. Desculpando-se por sua grosseria anterior, o homem se apresentou a Kerkow como Roger Holder. Explicou que um dia havia sido vizinho de baixo de Newhouse quando morava perto de Ocean Beach. Eles haviam se encontrado recentemente na Broadway, perto da Quarta Avenida, entre os bares e clubes de striptease do bairro da luz vermelha de San Diego, e Newhouse dera seu novo endereço no subúrbio El Cajon. Com tempo livre naquela tarde, Holder decidira fazer uma visita.

Beth não estava exatamente empolgada em rever Holder. Sempre o considerara meio esquisito – entre outras coisas porque usara um nome diferente, Linton Charles White, quando se conheceram um ano antes. Só dera o endereço após muita insistência, e agora estava ansiosa para se livrar do convidado indesejado sem fazer cena. Então comentou que o namorado chegaria logo, e que era um tipo loucamente ciumento; se Holder não fosse embora poderia haver problemas.

Mas Cathy não queria que Holder fosse logo – não enquanto ainda tentava descobrir por que ele parecia tão familiar. Para postergar sua saída, sugeriu que fumassem um baseado; as garotas eram pequenas traficantes de maconha e nunca ficavam sem uma erva boa. Holder aceitou a oferta prontamente.

Enquanto o baseado circulava, Kerkow e Holder ficavam olhando um para o outro, trocando sinais, de olho no colchão de água *queen size* de Kerkow – o único móvel que ela tinha –, mas as circunstâncias não eram boas. Antes de sair, porém, Holder perguntou às duas mulheres se poderia retribuir a gentileza levando-as para um café da manhã no sábado seguinte. Newhouse recusou, mas Kerkow concordou com o encontro matinal.

Dois dias depois Holder a pegou em seu Firebird e a levou para uma lanchonete na University Avenue. Enquanto colocavam açúcar nos cafés, Holder fez uma confissão: estava enlouquecendo tentando descobrir onde ele e Kerkow haviam se encontrado antes. Tinha uma forte impressão de que não era a primeira vez que seus caminhos se cruzavam. Mas, por mais que tentasse, a lembrança do encontro anterior lhe escapava.

Kerkow admitiu que também tivera uma forte sensação de familiaridade ao ver Holder à porta do apartamento. Mas como poderia ser? Ela só estava em San Diego havia cinco meses, não era tempo suficiente para esquecer um rosto tão marcante. Antes disso passara praticamente a vida toda em Coos Bay, cidade madeireira no litoral sul do Oregon. Com certeza não havia como Holder ter algum dia passado por lugar tão isolado.

Holder pousou seu café e recostou no reservado. Coçou o queixo e a boca refletindo, depois encheu os pulmões com a calmante fumaça do Pall Mall.

Coos Bay. Sim, disse, ele conhecia Coos Bay. Conhecia muito bem.

Quando Catherine Marie Kerkow nasceu, em outubro de 1951, Coos Bay vivia um esplêndido crescimento pós-guerra. Localizada em uma península de florestas densas salpicada de lagos cinematográficos, a cidade era abençoada com um porto profundo o suficiente para receber os maiores navios de transporte de madeira do mundo, que levavam embora em toneladas os preciosos pinheiros e cedros do Oregon. Um fluxo interminável de caminhões de madeira engarrafava as estradas litorâneas, passando aos roncos pela enorme serraria em frente ao mar que envolvia a cidade no cheiro de madeira recém-cortada.

O comércio de madeira produziu enormes fortunas para as principais famílias de Coos Bay, que moravam em casas com candelabros debruçadas sobre o porto e as montanhas verdejantes além. Mas a classe média da cidade também florescia, com o dinheiro da madeira escorrendo para operadores de serra, comerciários e funcionários públicos. Famílias gratas por sua prosperidade lotavam os bancos de igreja todo domingo para ouvir sermões sobre as virtudes do trabalho duro e os perigos do pecado. Seus filhos eram escoteiros e bandeirantes que gastavam a mesada em sessões duplas no Egyptian Theater, o marco *art déco* da cidade.

Os recém-casados Bruce e Patricia Kerkow pareciam a caminho de um futuro agradável como esse quando Cathy se tornou sua primogênita. O casal não perdeu tempo para aumentar a família: ao completar seis anos Cathy tinha a companhia de três irmãos mais novos. Embora amasse muito os filhos, Bruce também era frustrado com as exigências da paternidade. Motorista de uma empresa de dragagem, ele ansiava ganhar a vida como organista de jazz. Mas não havia como construir uma carreira tão anticonvencional atolado em Coos Bay com uma família considerável. À medida que o sonho de Bruce se tornava mais distante com o nascimento de cada filho, ele ficava soturno: nos encontros no Kiwanis Club e nas refeições da igreja, que eram a base da vida social de Coos Bay, corriam boatos de que o casamento dos Kerkow podia estar naufragando.

Mas no verão de 1959 os fofoqueiros da cidade começaram a comentar notícias muito mais picantes do que os problemas conjugais dos Kerkow. Um ano antes a Marinha instalara uma estação de sonar em Coos Head, um promontório sobre a baía, de modo a rastrear a atividade submarina soviética no oceano Pacífico. Naquele momento a instalação recebera um novo mestre-cuca, um veterano de quinze anos da Marinha que retornara pouco antes de um período no estreito de Taiwan. Para o horror dos moradores mais provincianos de Coos Bay, o cozinheiro além de tudo era negro. Seu nome era Seavenes Holder.

Um nativo da Carolina do Norte cujo passatempo era escrever letras de música gospel,* Seavenes entrara para a Marinha pouco antes do Dia D. Servira a bordo do *USS Beale* durante a invasão de Okinawa e depois fora para Nagasaki, logo após a cidade ter sido arrasada pela bomba atômica "Fat Man". Essas aventuras históricas convenceram Seavenes a se tornar militar de carreira da Marinha. Estava baseado em Norfolk, Virgínia, quando seu segundo filho, Willie Roger Holder, nasceu, em 14 de junho de 1949 – Dia da Bandeira, como o orgulhoso patriota Seavenes gostava de destacar.

Em meados da década de 1950 a crescente família Holder foi transferida de Virgínia para Alameda, Califórnia, sede de uma das principais bases navais do país. Seavenes passava meses a bordo do *USS Rogers*, um destróier que navegava pelas águas do Pacífico ocidental. Com quatro crianças agora abusando da paciência de sua esposa Marie, ele ansiava por um posto que lhe permitisse ir para casa toda noite. Quando abriu a vaga em Coos Head, a oportunidade pareceu um presente dos céus.

Em agosto de 1959 os Holder se amontoaram no Ford Crown Victoria da família e subiram a Highway 101 rumo ao norte, empolgados por começar

* Certa vez Seavenes Holder contratou uma editora de Chicago, a Richard Brothers, para criar a música para uma canção que havia escrito, intitulada "Begin the Day with Jesus". Não há evidências de que a canção tenha sido gravada um dia.

vida nova no sudoeste do Oregon. Seavenes estava animado durante a viagem, falando sobre todas as expedições de caça e pesca que planejava fazer com os garotos. Roger, de dez anos, se entusiasmava mais pelo fato de o pai ter alugado uma casa de quatro quartos, uma grande evolução em comparação com seu apertado bangalô de Alameda. Ele finalmente teria seu próprio quarto.

Mas quando Seavenes apareceu no escritório da corretora para pegar as chaves, ouviu que o imóvel não estava mais disponível e que seu depósito feito pelo correio seria devolvido. Seavenes sabia exatamente o que aquilo significava: o agente com quem acertara o aluguel por telefone não se dera conta de que os Holder eram negros.

A família acampou em um quarto de hotel enquanto Seavenes corria para conseguir acomodações permanentes. Foi rejeitado por vários senhorios, que fizeram pouco esforço para disfarçar o preconceito: na época Coos Bay tinha apenas uma família negra, chefiada pelo proprietário de uma barraca de engraxate no centro, e muitos moradores estavam determinados a não permitir maior escurecimento da pigmentação coletiva da cidade.

Os Holder acabaram se instalando em uma casa no bairro operário de Empire, no lado oeste da península. A senhoria, uma velha excêntrica que dirigia um trator e fumava charutos, deu a Seavenes uma escopeta, avisando que poderia precisar dela para afastar invasores. Seu alerta logo se provou correto: duas noites após os Holder terem se mudado, uma picape cheia de arruaceiros subiu a rampa da casa da família às duas horas da manhã: "Fora, crioulos!", gritaram os invasores enquanto passavam lanternas pelas janelas dos Holder e jogavam pedras na porta. A partir daquele momento essas ameaçadoras visitas noturnas se tornaram rotina.

Os agressores da família também agiam de dia. Quando Marie ia fazer compras na Newmark Avenue, donas de casa cuspiam em seu rosto enquanto ela percorria os corredores, ou diziam que era melhor ela não tocar nos vegetais com suas mãos sujas. As crianças eram provocadas sempre que ousavam brincar no parque local; a mais velha, Seavenes Jr., de onze anos, começou a carregar uma machadinha para se proteger.

O Seavenes mais velho pediu à família para oferecer a outra face, garantindo que os intolerantes logo se cansariam da agressão. E assim, em 9 de setembro, Roger e seu irmão menor, Danny, foram mandados para começar o semestre na Madison Elementary School. No dia seguinte vários garotos mais velhos encurralaram Danny, de sete anos, no parque da escola. O líder do bando o derrubou no chão, depois chutou pelo menos doze vezes seu corpo, caído de barriga para baixo. A surra foi suficientemente dura para colocar Danny no hospital, onde os médicos por algum tempo acharam que o garoto poderia perder um testículo.

O apavorado Danny inicialmente se recusou a identificar o agressor. A polícia acabou convencendo-o a apontar o culpado, mas o garoto nunca foi preso. Quando a notícia da agressão começou a circular, os moradores progressistas de Coos Bay se declararam chocados com a campanha de terror dos vizinhos racistas. Foi convocada uma reunião de emergência da associação de pais e mestres da Madison para discutir a questão, e o semanário local publicou na primeira página um editorial analítico:

> Por que e como tal coisa acontece, e o que pode ser feito, são as perguntas que todos estão fazendo.
>
> Embora pudesse ter sido apenas uma briga no pátio da escola, muitos que tentaram analisar a situação não acreditam que seja apenas isso. A violência do ataque indica sentimentos poderosos, como aqueles instilados por um adulto ou uma pessoa mais velha em quem o garoto confia. Crianças podem ser pequenos tiranos quando punindo outros da mesma idade. Não foi esse o caso.

A maioria dos pais da escola se uniu para pedir aos Holder que mandassem Danny de volta à escola, prometendo a Seavenes e Marie que nenhum outro mal seria feito ao caçula. E a polícia, constrangida, prometeu proteger a família contra novos ataques raciais.

Mas o espírito de reconciliação não durou. Amargurado com o espancamento de Danny, Seavenes processou o estado do Oregon por não proteger os direitos civis de sua família. Quando seus superiores tomaram conhecimento do caso, ordenaram que desistisse da causa e retornasse imediatamente a Alameda. A Marinha não queria correr o risco de se indispor ainda mais com Coos Bay.

Enquanto os pais abalados arrumavam a mudança, Seavenes Jr. e Roger passaram um dia de outubro atipicamente quente explorando a floresta ao redor de Empire Lakes, uma área de recreação popular. Chegaram a um trecho de litoral isolado, onde viram um garoto e uma garota afundando potes na água. Furioso com a humilhação da família, Seavenes Jr. sussurrou para Roger que deveriam vingar o pobre Danny espancando os dois. Mas Roger rejeitou o plano – ele só queria ver o que as outras crianças estavam fazendo com os potes.

Os garotos Holder se aproximaram da beira d'água. Roger viu que a menina tinha uns oito anos; o menino parecia ser o irmão mais novo dela. Ela era clara e pequena, com orelhas proeminentes e óculos exagerados. Roger perguntou o que ela e o irmão estavam fazendo.

"Pegando salamandras", respondeu a garota.

Roger olhou a água enlameada dentro do pote da garota e riu.

"Não são salamandras", ele disse. "São girinos, está vendo? Girinos; bebês sapos."

A menina enfiou a mão no pote e tirou uma das criaturas minúsculas pela cauda. Ela a balançou diante do rosto de Roger, para que pudesse inspecionar as guelras pronunciadas e os membros nascentes.

"Eu reconheço um bebê salamandra quando vejo um", retrucou.

Como Roger não disse nada, a garota deu um grande sorriso; estava evidentemente satisfeita por ter vencido a discussão.

O irmão da menina puxou a manga dela – queria voltar para a área de piquenique, onde papai e mamãe esperavam.

"Bem, da próxima vez que o vir espero que tenha aprendido mais sobre salamandras", disse a garota sorridente para Roger enquanto enroscava uma tampa de latão no seu pote. "Tchauzinho."

"Boa sorte com as salamandras!", Roger Holder gritou para Cathy Kerkow enquanto ela e o irmão desapareciam na floresta. Ele tinha certeza de que ela o ouvira, embora não tenha olhado para trás.

Quatro dias depois o Crown Victoria dos Holder desceu a Highway 101 rumo ao sul. A família havia sido expulsa do Oregon em menos de três meses.

QUANDO CATHY KERKOW ENTROU no ginasial, o frágil casamento dos pais finalmente desmoronou. Bruce se mudou para Seattle, no norte, a fim de seguir sua música, deixando Patricia sozinha com os quatro filhos. A separação foi um pequeno escândalo na conservadora Coos Bay, onde *divórcio* ainda era um palavrão; o consenso era de que apenas os piores patifes abandonavam os filhos para perseguir sonhos boêmios. A cidade se uniu em torno da amada Patricia, que para sustentar a família conseguiu um emprego de secretária em tempo integral no Southwestern Oregon Community College.

Por causa de sua escala de trabalho exigente, Patricia dependia de Cathy para ajudar a cuidar da casa. Embora fosse pouco mais que uma criança, Cathy devia remendar roupas, preparar assados e garantir que os três irmãos menores estivessem vestidos a tempo da escola e da igreja. Enquanto suas amigas da vizinhança ficavam soltas na South 10th Street, apostando corrida entre postes de iluminação ou brincando de Verdade ou Consequência, Cathy costumava permanecer com a família no apartamento de segundo andar cuidando das tarefas domésticas. A garota doce e quieta nunca se queixou de suas responsabilidades como mãe-assistente ou declarou qualquer tristeza pela partida do pai. Mas havia dor sob sua superfície serena.

Quando entrou para a Marshfield High School em 1965, Kerkow passava por uma fase estranha. A garota tímida e magricela se dedicou ao tipo de atividade extracurricular de que as jovens educadas de Coos Bay deveriam gostar: coro, clube de latim e um grupo cristão que fornecia refeições para idosos que não podiam sair de casa. Sempre tirava B e se tornou grande amiga de uma das colegas de coro, Beth Newhouse, filha do principal advogado da cidade.

Mas à medida que avançava na Marshfield, Kerkow perdeu a falta de jeito e se tornou uma atleta de talento. Começou a correr, algo que havia muito era o principal esporte em Coos Bay – o clima temperado da cidade permitia treinamento o ano inteiro, e as colinas que a cercavam eram ideais para fortalecer pernas jovens. A equipe de corrida de Marshfield era uma potência no final dos anos 1960, liderada pelo melhor corredor secundarista de milha dos Estados Unidos, o filho cheio de disposição de um carpinteiro chamado Steve Prefontaine. Kerkow entrou para o time da escola no terceiro ano e estabeleceu um recorde para as oitenta jardas com barreiras, feito que lhe garantiu uma menção especial no anuário de Marshfield ao lado do amigo e colega de turma Prefontaine.

Também foi no terceiro ano que Kerkow começou a se valer plenamente de sua recém-descoberta habilidade de abalar corações masculinos. Dona de um sorriso angelical e curvas graciosas, Kerkow, de dezesseis anos, se transformara no tipo de beleza intimidadora que com frequência os garotos não tinham coragem de abordar. Começou a namorar firme um atleta bonito chamado Dennis Krummel, um astro do beisebol que fora criado no seu bairro. Circulavam pelos pontos adolescentes de Coos Bay, desfilando diante do Egyptian Theater e comendo hambúrgueres no Dairy Queen.

Inebriada pelo primeiro gosto de liberdade adolescente, Kerkow começou a revelar uma faceta rebelde que havia muito reprimia e tinha raízes no trauma da ruptura familiar anos antes. A filha antes obediente agora discutia com a mãe e se afastava dos aspectos mais saudáveis da vida escolar. Abandonou a equipe de corrida, rompeu com Krummel e começou a namorar um surfista de vinte e poucos anos. Kerkow o via pegando as ondas geladas de Bastendorff Beach, onde tipos sujos fumavam maconha e tomavam cerveja Rainier em festas que duravam a noite toda. O casal circulava por Coos Bay na caminhonete de painel de madeira dele, com as pernas musculosas de Kerkow penduradas para fora da janela do carona. Os garotos de Marshfield suspiravam sempre que a perua passava, arrasados por saber que a bela Cathy estava agora bem acima deles.

Kerkow estava tão ocupada desfrutando das vantagens de sua sedução feminina que nunca parou para pensar no futuro. Assim, quando recebeu o diploma do ensino médio em junho de 1969, só tinha uma noção muito vaga de o que fazer depois. Como seu pai ausente, ela acalentava sonhos

Cathy Kerkow no anuário da Marshfield High School, 1969.
Coos Historical & Maritime Museum.

delirantes de se tornar cantora profissional. Mas a principal ambição aos dezessete anos era mais mundana: queria ficar com garotos legais que a levassem às melhores festas.

Os dois anos seguintes na vida de Kerkow foram uma sequência indistinta de romances passageiros e tentativas desanimadas de maturidade. Após passar o verão de 1969 trabalhando em uma serraria em Prineville ela voltou para Coos Bay e foi estudar oceanografia na faculdade comunitária. Mas era uma aluna desinteressada, que conseguiu concluir apenas o mínimo de créditos. Também trabalhou em uma série de empregos braçais, todos eles por pouco tempo. Foi demitida da farmácia Rexall, por exemplo, sob acusação de ter roubado anfetaminas para seus amigos surfistas; durou menos de três semanas em uma drogaria Payless após seu patrão a considerar preguiçosa demais para operar a registradora. Kerkow acabou reduzida a empregos temporários para financiar sua diversão: repor prateleiras em uma loja de utilidades domésticas nos feriados, pescar camarão na primavera. Complementava a renda magra com pequenos furtos em lojas; adorava acenar jovialmente para os vendedores enquanto passava pela porta, batom e meias enfiados na bolsa.

Enquanto marcava passo em Coos Bay, Kerkow experimentou uma série de identidades diferentes, buscando formas de se definir como algo mais que apenas outra universitária sem objetivos. Em outubro de 1970, viajou duas horas para o nordeste até Eugene, cidade que muitos em Coos Bay consideravam uma Gomorra dos últimos dias, para assistir a um simpósio com altos membros do Partido dos Panteras Negras. Kerkow não ligava para a política radical dos Panteras, mas era fascinada por seu estilo e postura: as jaquetas de couro pretas, as boinas sobre penteados afro, os discursos ferozes sobre a podridão do sistema. Acima de tudo, ela sabia que os Panteras eram temidos e odiados em Coos Bay; adotá-los, mesmo que de forma superficial, faria dela alguém perigosamente moderno.

Alguns meses depois ela encontrou o ex-namorado Dennis Krummel no campus da faculdade comunitária, onde ele também estudava. Krummel usava um uniforme do corpo de oficiais da reserva da Força Aérea; disse que acabara de se alistar, com a esperança de se tornar piloto depois de formado.

"Bem, eu agora estou com os Panteras Negras", soltou Kerkow em resposta, exagerando muito seu envolvimento de modo a aumentar o choque. "Sei que eles têm algumas ideias diferentes, mas passei a concordar com elas."

Krummel ficou tão atônito quanto ela esperara.

No final do verão de 1971, Kerkow recebeu um telefonema de Beth Newhouse, sua grande amiga do coro de Marshfield. Beth, ela mesmo uma rebelde, se casara com um surfista dez anos mais velho pouco depois de se formar no colégio. Mas aquele relacionamento desmoronara rapidamente por causa do alcoolismo do marido, e ela fugira para San Diego a fim de convalescer com uma irmã mais velha. Imediatamente encantada com o clima perfeito e festivo da cidade, decidiu ficar e desfrutar das vantagens de ser uma jovem divorciada na era do amor livre. Primeiro se mudou para um apartamento perto de Ocean Beach, um enclave hippie cheio de lojas de apetrechos para consumo de drogas e lojas de comida saudável, onde bandas de rock costumavam improvisar shows na areia. Quando o aluguel ficou caro demais, encontrou um lugar mais barato em El Cajon, no limite leste da cidade, e arrumou uma pessoa com quem dividir.

Quando essa pessoa foi embora sem aviso prévio, Newhouse ficou desesperada para encontrar uma substituta antes do vencimento do aluguel seguinte. Ela ofereceu o quarto a Kerkow, que aproveitou a oportunidade para fugir do beco sem saída de Coos Bay. Largou a faculdade, colocou as coisas no seu Fusca e seguiu para o sul da Califórnia.

San Diego foi uma revelação para Kerkow, um país das maravilhas de dias ensolarados e sexo fácil. Ela namorou uma galáxia de homens que pareciam fantasticamente exóticos para uma garota trancada em Coos Bay: ciclistas mexicanos, roqueiros ensebados, os herdeiros bronzeados e bem-vestidos da elite dona de iates de La Jolla. Enquanto experimentava o cardápio de solteiros de San Diego, descobriu que se sentia especialmente atraída por negros; confessou a Newhouse que, por motivos que não conseguia imaginar, achava esses homens "particularmente atraentes". Embora Kerkow gostasse de provocar a mãe, nunca ousou contar a ela sobre essa preferência romântica durante suas eventuais conversas ao telefone; temia que Patricia ficasse chocada.

Kerkow também escondeu os meios questionáveis pelos quais ganhava a vida em San Diego: trabalhava na casa de massagem International, na Quarta Avenida, no bairro decadente de Hillcrest. Embora se considerasse cosmopolita demais para Coos Bay, era lamentavelmente ingênua pelos padrões de San Diego. Quando começou na casa de massagem, realmente acreditava que o trabalho não seria nada mais que relaxar músculos travados. Kerkow ficou horrorizada quando o primeiro cliente nu deitou de costas e insinuou que gostaria de favores sexuais; quando outros pedidos igualmente indecentes se seguiram, ela se deu conta de por que o gerente não se importara com sua total falta de experiência. Contra o que acreditava, ela satisfazia as necessidades de seus clientes em troca de gorjetas, deixando sua mente se ocupar com pensamentos mais agradáveis enquanto esfregava e puxava.

Kerkow contou à mãe que trabalhava como recepcionista em um consultório médico.

Logo depois do Natal de 1971, um gângster vulgar que era dono de negócios adultos por toda San Diego convenceu Kerkow a trabalhar para ele. Ofereceu um emprego em um clube de striptease no centro, onde os clientes eram proibidos de tocar nas dançarinas de topless. Mas ela preferiu continuar como massagista, se mudando para uma das casas mais chiques do homem no subúrbio de Spring Valley. Ela e Newhouse também trabalhavam paralelamente vendendo maconha, distribuindo alguns gramas comprados de um bandidinho que conheciam apenas como Fast Eddie.

Kerkow estava à deriva nesse mundo sórdido quando Roger Holder apareceu em janeiro de 1972. Ele também se desencaminhara depois de seu breve encontro em Empire Lakes cerca de treze anos antes, mas seus problemas eram muito maiores que os de Cathy, inflamados por experiências muito mais brutais do que ela podia imaginar.

O ROGER HOLDER QUE RETORNOU a Alameda com a família no outono de 1959 não era o mesmo garoto que partira para o Oregon naquele mês de agosto. A expulsão de Coos Bay deixara cicatrizes; antes cristão devoto como o pai, Holder passou a questionar que tipo de Deus acharia correto esmagar os sonhos modestos de sua família. Canalizou a melancolia para um trabalho solitário: construir modelos complexos de trens, aviões e helicópteros. O passatempo sofisticado lembrava a ele dos momentos felizes que passara com o pai na Virgínia, vendo construtores navais soldando vigas de porta-aviões.

Nas raras ocasiões em que se arriscava do lado de fora, Holder enfrentava provocações incessantes de seus pares. Enquanto esperava que a Marinha concluísse um conjunto residencial em Alameda, sua família morara em uma área predominantemente negra da vizinha Oakland. Os garotos de lá ridicularizavam Roger por uma razão cruelmente irônica: consideravam seu comportamento branco demais. Debochavam dele por seus modelos, sua pronúncia, seu skate – qualquer coisa que lembrasse hábitos adotados pelos moradores das regiões mais claras da Bay Area. Confuso e ferido por essa rejeição, Holder se recolheu ainda mais a um mundo apenas seu.

Mas quando ingressou na Encinal High School, em 1964, Holder descobriu que garotas de todas as raças ficavam encantadas com seus modos. Adotando uma postura reflexiva e melancólica, o adolescente de pernas e braços compridos atraía o tipo de admiradora que estava começando a colocar pôsteres dos Beatles nas paredes do quarto. Holder capitalizou a curiosidade delas dominando a arte do flerte. Começou a ir de skate para os cafés frequentados por alunas do Mills College, uma escola feminina nas colinas de Oakland. Convencia muitas estudantes bonitas a acompanhá-lo ao Leona Heights Park, onde fingia apreciar sua poesia sentimentaloide antes de passar para diversões mais picantes.

Holder era um amante descuidado, falha que levou a resultados previsíveis: no verão de 1966 soube que uma de suas namoradas, uma aluna do décimo ano da Encinal chamada Betty Bullock, estava grávida dele – e de gêmeos, para piorar. Naquele mês de novembro, a fim de ganhar dinheiro e cuidar dos filhos, ele abandonou a escola na décima primeira série e entrou para o negócio da família se alistando no Exército dos Estados Unidos; precisou mentir ao recrutador sobre sua idade, já que ainda tinha apenas dezessete anos. Holder fazia o treinamento básico no mês de fevereiro seguinte quando Bullock deu à luz suas filhas, Teresa e Torrita.

Embora lhe faltasse um diploma escolar, era extremamente inteligente e se saiu bem no teste de qualificação das Forças Armadas, a prova que o Exército usava para determinar os postos de seus recrutas. Em março de 1967 Holder foi enviado a Bad Hersfeld, Alemanha Ocidental, sede do 11º Regimento de Cavalaria Blindada, para fazer um curso sobre guerra com tanques. Em outubro recebeu a ordem inevitável de se juntar ao contingente do 11º Regimento no Vietnã. A caminho do sudeste da Ásia, Holder fez uma rápida parada na Califórnia para se casar com Bullock e se despedir das filhas pequenas.

Quando Holder chegou ao Vietnã, o 11º Regimento estava no meio de uma grande operação para pacificar Long Khanh, uma província a noroeste de Saigon infestada de combatentes vietcongues. Os guerrilheiros faziam emboscadas diárias contra veículos que circulavam pelas estradas enlameadas da região, acertando o alvo com foguetes antes de sumir novamente na selva. A missão mais importante do 11º Regimento, mais conhecido como Regimento Blackhorse, era atravessar com veículos blindados a densa floresta de Long Khanh em busca do inimigo sorrateiro.

A principal peça do Regimento Blackhorse era o blindado de transporte de tropas M113, uma besta trapezoidal de doze toneladas com poder de eliminar toda folhagem em seu caminho. Holder operava a metralhadora M60 de um desses veículos, protegido por uma placa de aço com o lema informal do regimento: ENCONTRE OS DESGRAÇADOS, DEPOIS EMPILHE. No meio da selva, Holder e seu pessoal tentavam identificar sinais de atividade vietcongue – escotilhas camufladas de abrigos subterrâneos, pilhas de folhas suspeitamente arrumadas que escondiam granadas. Mas com a visibilidade muitas vezes limitada a três metros ou menos, normalmente seu primeiro indício da presença do inimigo era uma rajada de tiros de AK-47.

Holder se encantou com esse trabalho perigoso de busca e destruição. Gostava da adrenalina do combate, o prazer de disparar às cegas centenas de balas calibre .308 na selva após sobreviver a mais um massacre vietcongue. E adorava lidar com os sistemas mecânicos do M113, tanto quanto um dia adorara construir modelos de trens à luz fraca de seu quarto. Enquanto seus camaradas contavam os dias para a liberdade em calendários feitos à mão em forma de coelhinhas da *Playboy*, Holder pretendia ficar no Vietnã o quanto fosse possível.

Mas a paixão de Holder pelo combate não o tornava imune ao fardo psicológico da guerra. Os vietcongues eram mestres em fomentar paranoia, enchendo a selva de armadilhas inteligentes que obrigavam os americanos a ficar em dúvida a cada passo. Objetos comuns como latas de refrigerante e tigelas de arroz eram dotados de explosivos poderosos o suficiente para matar; 11% das mortes americanas no Vietnã se deveram a esses artefatos improvisados. E os ataques noturnos vietcongues privavam os soldados do sono necessário, abalando ainda mais seus nervos. Então, enquanto o Regimento Blackhorse avançava na direção da fronteira cambojana nos últimos dias de 1967, Holder começou a ter surtos de ansiedade opressiva. Ele se automedicava com enormes quantidades de maconha, comprada de camponeses por dez centavos o baseado. A droga anestesiava o medo de que sua próxima incursão à floresta pudesse ser a última.

Em 14 de janeiro de 1968, Holder acordou ao amanhecer com uma febre abrasiva – tinha contraído malária e o quadro era grave. Mas não havia tempo para tratamento médico: a Ofensiva do Tet dos vietcongues estava no auge, e a unidade de Holder tinha ordens de arrancar os combatentes inimigos dos seringais de Loc Ninh. Ele fumou vários baseados um atrás do outro, um ritual ao qual se referia como "o café da manhã dos campeões", depois embarcou em seu M113.

Holder e seu pessoal se aventuraram por uma trilha de terra que terminava em uma tumba budista em ruínas. Com medo de que os arbustos ao redor do túmulo escondessem armadilhas explosivas, o motorista do M113 deu ré até um matagal. Holder, chapado e com malária, virou a cabeça para procurar fogo inimigo enquanto o veículo recuava.

Então seus tímpanos explodiram e o mundo ficou branco. Depois ele só se lembrava de estar deitado no meio da estrada, sem camisa e capacete. Instintivamente cambaleou de volta ao M113, que uma mina terrestre transformara em uma pilha de metal retorcido. Um de seus companheiros havia sido partido ao meio pela explosão; outro tinha pedaços de cérebro caindo atrás da orelha direita.

Holder ouviu o ronco de um helicóptero e olhou para o céu. Ao fazer isso, caiu de costas e ficou inconsciente; sua coluna quase havia sido cortada. Ele passaria as seis semanas seguintes se recuperando em um hospital perto de Saigon, onde as costas foram curadas, mas a cabeça não: Holder não conseguia deixar de ver as consequências da explosão, nem eliminar a culpa de ter sobrevivido.

Havia mais tragédia esperando por ele assim que voltou à ação. Em 19 de maio, Holder perdeu seu melhor amigo no Regimento Blackhorse, um soldado de Los Angeles chamado Stanley Schroeder, com quem partilhava o amor ao ferromodelismo. Schroeder, de dezoito anos, foi morto por uma armadilha que arrancou seus dois braços, deixando-o para sangrar até a morte em um grupo de árvores queimadas pela bomba. A morte pesou muito em Holder, que via Schroeder como o soldado do Blackhorse que melhor entendia suas idiossincrasias. Mas não ousava chorar, por medo de que lágrimas assumidas pudessem ser vistas como sinal de fraqueza. Em vez disso escondeu suas emoções atrás de uma pose de guerreiro: usando óculos de sol Ray-Ban pretos e capacete de combate equipado com rádio, camisa cáqui gasta e desabotoada para exibir o tronco musculoso, ele era uma figura imponente no alto do seu M113.

Quando seu período de um ano terminou, em outubro de 1968, Holder não hesitou em aceitar mais um período de seis meses no Vietnã. O Exército o recompensou com uma viagem à Califórnia para visitar a esposa e as filhas gêmeas. Em sua segunda noite em Alameda, Holder entrou bêbado e cambaleante no apartamento da esposa, acreditando que a encontraria à sua espera. Em vez disso a flagrou na cama com um dos colegas de escola dele, a quem pisoteou e transformou em pasta. Holder logo descobriu que Bullock andava dormindo com vários homens, supostamente por dinheiro. Com o coração partido pela revelação, reduziu sua licença e voltou para a guerra, embora apenas depois que seus pais prometeram assumir a responsabilidade pela criação de suas filhas. Ele sabia que seu casamento estava acabado, mas continuou a usar a aliança de ouro; não queria que os camaradas do Exército tivessem qualquer indício da traição de Bullock.

De volta ao Vietnã, Holder foi promovido a especialista de Quarta Classe e autorizado a escolher seu próximo posto. Decidiu trocar o Regimento Blackhorse por uma das funções mais glamorosas e exigentes do Exército: voar com a 68ª Companhia de Helicópteros de Ataque, estacionada na base aérea de Bien Hoa, a leste de Saigon.

Apelidada de Top Tigers, a 68ª Companhia era encarregada de transportar soldados sul-vietnamitas para as zonas mais perigosas de combate da guerra. Os helicópteros monomotores Huey da unidade pousavam em clareiras para desembarcar doze soldados cada, depois driblavam foguetes vietcongues enquanto partiam com as metralhadoras disparando. Na função de chefe de equipe, Holder era responsável por manter os Huey voando, bem como disparar a M60 instalada nas portas. Diferentemente de sua experiência nas selvas de Long Khanh, agora Holder podia ver com clareza seus alvos – homens que se espalhavam pelo capim-elefante ao ouvir o zumbido das lâminas dos Top Tigers. Holder abatia de forma diligente as figuras em fuga, seus crânios se distorcendo em bolhas escarlate quando as balas encontravam os alvos.

Mas a transição de terra para ar não aliviou a crescente sensação de medo, que Holder tentava aliviar com volumes cada vez maiores de maconha. Seu comportamento se tornou mais excêntrico, o que deixava seus colegas Top Tigers confusos. Achavam estranho, por exemplo que gostasse de se dirigir a todos como "crioulo", independentemente de raça. E reparavam no fato de que nunca ia ao Paradise Bar para comprar o afeto de anfitriãs esguias e entornar latas de Carling Black Label. Preferia passar as horas de folga nos alojamentos em Bien Hoa, escutando jazz e lendo obras de James Baldwin e Frantz Fanon.

Mas os Top Tigers toleravam suas peculiaridades por Holder ser um excelente chefe de equipe – de pé às cinco da manhã todo dia para preparar os Huey para batalha, depois sereno sob fogo em campo. Quando Holder assinou os papéis para mais um período de seis meses em abril de 1969, seu desempenho estelar lhe garantiu uma transferência para o pelotão de combate da 120ª Companhia de Helicópteros de Ataque, os chamados Razorbacks. Eles eram responsáveis pela proteção do perímetro de floresta de Saigon; com frequência operavam no meio da noite, localizando inimigos infiltrados com holofotes de grande potência. Considerando o grande número de combatentes vietcongues que seus Huey liquidavam, o lema da unidade era adequado: "A morte é o nosso negócio; um bom negócio."

Ingressar nos Razorbacks foi uma excelente oportunidade profissional para Holder, uma chance de provar sua coragem em uma das unidades de destaque do Exército. Mas ao começar seu período com a 120ª Companhia o rapaz de dezenove anos estava perdendo rapidamente a capacidade de conter seus demônios. O fim do casamento com Bullock, a separação das filhas, as lembranças de seu encontro com a morte perto de Loc Ninh, a sensação de isolamento dos camaradas – todas essas dificuldades se combinaram para abalar sua psique frágil.

Holder também estava desenvolvendo uma profunda insatisfação com os altos oficiais do Exército. Em agosto de 1969, oito boinas-verdes foram

Roger Holder relaxando na base aérea de Bien Hoa, 1969.
Acervo pessoal de Joy Holder

presos pelo assassinato de um oficial de informações sul-vietnamita que suspeitavam espionar para o Norte. Holder ficou furioso que o Exército desse as costas a seus soldados mais dedicados; os generais realmente não tinham consciência do trabalho sujo da guerra? Da mesma forma detestava os figurões militares que raramente se aventuravam fora de Saigon, mas se vangloriavam em voz alta de que os vietcongues estavam correndo de medo. Começou a pensar em por que estava matando adolescentes vietnamitas em nome de homens tão vaidosos e insensíveis.

A fúria de Holder chegou ao auge depois que ele cometeu um erro fatal. No final de setembro, a poucas semanas do fim de seu terceiro período, Holder foi a Saigon comprar maconha. Assim que conseguiu um pacote de baseados já apertados, decidiu tolamente fumar um na estrada antes de voltar para a base. Não se deu conta de que entrara em um bairro que pouco antes havia sido declarado proibido para soldados americanos; as ruas estavam cheias de policiais militares procurando transgressores.

Um instante após Holder acender o baseado um PM parou ao lado de seu veículo e o deteve. Holder foi escoltado de volta à base aérea de Tan

Son Nhut, onde ficou chocado ao tomar conhecimento da punição que poderia receber: seis meses de cadeia e rebaixamento a soldado raso.

Para seu azar, fora apanhado em meio a uma onda de paranoia a respeito da maconha. Os políticos no front caseiro haviam ficado alarmados com uma nova pesquisa segundo a qual a droga prejudicava o esforço de guerra. Um estudo publicado no *Journal of the American Medical Association* alertara que a maconha fazia com que os soldados americanos experimentassem episódios psicóticos nos quais poderiam facilmente assassinar camaradas ou vagar por campos minados. O senador Thomas J. Dodd, de Connecticut, citou essa pesquisa para alegar que o Massacre de My Lai de março de 1968, no qual soldados americanos chacinaram centenas de aldeões vietnamitas, fora causado por abuso de maconha. Ele informou ao Departamento de Defesa que pretendia realizar audiências no Congresso "para que nosso povo saiba se nossos soldados no Vietnã de repente se transformaram em milícias nazistas ou se, como considero mais provável, alguns deles se tornaram vítimas de um problema de drogas que já fragmentou o tecido da sociedade americana".

O Exército reagiu a essa pressão política declarando guerra à erva – "a primeira guerra popular que temos em muito tempo", debochou um oficial do Pentágono. Cães farejadores de drogas foram levados de Okinawa para vasculhar os baús dos soldados; fazendas suspeitas foram atacadas com herbicidas; e aqueles que eram detidos não contavam com nenhuma tolerância legal, ainda que tivessem servido fielmente. Apesar de ter ganhado seis estrelas de serviço durante seus 23 meses no Vietnã, Holder foi submetido à corte marcial por posse de maconha e recebeu a pena máxima.

Ele foi mandado para a cadeia de Long Binh, ou LBJ, uma prisão militar famosa pela superlotação e o clima racial tenso. Originalmente construída para abrigar 350 detentos, a LBJ vira sua população disparar para mais de mil no final de 1969. Desses, mais de 90% eram negros, e muitos se queixavam de terem sido detidos por causa de sua pele. ("Um cara branco sai, mata treze bebês amarelos e se safa", disse um ex-interno da LBJ a um repórter da United Press International. "Um irmão não engraxa as botas um dia e recebe nove meses.") Os guardas, por outro lado, via de regra eram brancos, situação que exacerbava a sensação de injustiça dos detentos. No ano anterior à chegada de Holder, a LBJ havia sido sacudida por um conflito de dois dias durante o qual a instalação foi quase destruída; 63 guardas foram feridos e um detento espancado até a morte com uma pá.

Holder não experimentou tal violência em sua passagem pela LBJ, mas a demografia distorcida da prisão lembrou-lhe a dura lição que aprendera em Coos Bay: conquistas nunca superam raça.

Ainda assim, Holder não estava pronto para desistir do Exército: logo que foi libertado da LBJ, antecipadamente, após cumprir 29 dias, pediu um quarto período no Vietnã. Não mais bem-vindo nos Razorbacks, foi transferido 650 quilômetros ao norte para Phu Bai, lotado na unidade de helicópteros de ataque do 101º Batalhão de Aviação, os Comancheros.

Mas Holder durou apenas três meses em Phu Bai. Ele supusera de forma equivocada que aceitar outro período no Vietnã o pouparia do rebaixamento que sua pena por posse de maconha havia imposto. Ao saber que fora reduzido à baixa remuneração E-2, confrontou raivosamente um coronel que considerava responsável pelo tratamento injusto. O coronel se ofendeu com o discurso insultuoso de Holder e considerou que o chefe de equipe de 23 anos estava abalado demais psicologicamente para permanecer no Vietnã. Ordenou que Holder fosse mandado para casa imediatamente, concluindo seu período de seis meses em Fort Hood, Texas.

A longa viagem de Holder de volta aos Estados Unidos começou em 30 de janeiro de 1970. Ele tomou um voo para a base aérea de Yokota, na periferia de Tóquio, onde deveria embarcar em um avião rumo ao Havaí. Mas em vez de fazer a conexão, tomou um táxi para o coração da cidade e se hospedou em um hotel de luxo que não tinha como pagar. Passou a noite virando uma garrafa de uísque e observando o brilho de néon de Tóquio, pensando profundamente sobre seus anos de guerra. Autopiedade, fúria e arrependimento ferveram em sua mente alcoolizada.

Quando finalmente chegou a Fort Hood, alguns dias depois, Holder soube que seu tempo no Exército havia chegado ao fim. Tendo se acostumado ao ritmo frenético do Vietnã, ele não suportava o tédio de consertar motores no Texas. Nem queria dedicar mais tempo de sua vida a uma organização que ele considerava tê-lo tratado com evidente desrespeito. Então, após três semanas na base, saiu certa manhã para nunca mais voltar. Empenhou a aliança em San Antonio e comprou uma passagem só de ida da Greyhound rumo a San Diego, para onde os pais haviam se mudado pouco antes levando suas filhas gêmeas. Disse à mãe e ao pai que fora dispensado com honras; enquanto isso o Exército o registrou como desertor, embora não pudesse desperdiçar recursos para localizá-lo.

Holder teve dificuldade para se reajustar à vida civil. Seu pai conseguiu para ele um trabalho na cozinha da base naval de Port Hueneme, ao norte de Los Angeles, mas aquilo não durou muito; depois de voar em helicópteros Huey no Vietnã, cortar cebolas por um salário mínimo parecia humilhante. Ele pediu demissão e voltou para San Diego, onde usou um número falso de Seguro Social para conseguir uma carteira de motorista em nome de Linton Charles White – um codinome para ajudá-lo a não ser localizado pelo Exército. Usou a carteira para abrir uma conta bancária no Southern California First National Bank; o banco também emprestou o dinheiro para comprar o Pontiac Firebird amarelo. Quando Holder começou a trabalhar na Spin Physics, uma fabricante de cabeças magnéticas de gravação, fez isso usando o nome de White.

Quando não estava soldando fios na linha de montagem, Holder dedicava grande parte de sua energia a recuperar o tempo perdido com as damas. Tendo sido corneado quando estava na guerra, experimentava uma estranha vingança seduzindo as esposas de homens que ainda serviam no Vietnã. Ele as encontrava em bares perto de Point Loma, tomando daiquiris e parecendo abandonadas. Tornou-se um expert em convencê-las de que entendia sua solidão, e as seduzia a conceder empréstimos que nunca quitava. O golpe fazia com que se sentisse sujo, mas não o suficiente para fazê-lo parar.

Holder também tinha de lidar com uma culpa mais devastadora. Era assombrado por visões da carnificina que testemunhara no Vietnã: os miolos de seu companheiro de M113 caindo no mato, os cadáveres crivados de balas de vietcongues contorcidos em posições antinaturais. Tentando libertar a mente dessas lembranças, Holder experimentou LSD; passou muitas horas dirigindo de um lado para o outro da Interestadual 5 tomado por alucinações de helicópteros Huey dançarinos.

Em agosto de 1971 a Spin Physics demitiu Holder. Em vez de procurar outro emprego ele decidiu ganhar a vida passando cheques sem fundo em nome de Linton Charles White. Em um período de quatro meses emitiu 88 cheques no valor de 1.801 dólares enquanto aproveitava os dias em Ocean Beach, exercitando sua arte de sedução com doces jovenzinhas.

Três dias antes da chegada de 1972, a polícia parou Holder quando ele dirigia rumo à casa dos pais para ver as filhas. Havia um mandado de prisão contra Linton Charles White por oito acusações de fraude. Holder foi detido, teve as digitais tiradas e acabou liberado sob fiança, embora com a ordem de se apresentar ao tribunal em março. Ele sabia que a audiência só poderia terminar em desastre – ou seria preso sob o pseudônimo ou entregue ao Exército caso admitisse sua verdadeira identidade.

Desesperado por orientação sobre como consertar sua vida problemática, Holder se jogou na literatura astrológica. Enquanto devorava prateleiras de livros e pergaminhos, passou a acreditar que as adversidades que enfrentava na verdade eram sinais de que havia um destino extraordinário à mão: o universo o escolhera para algo muito mais importante do que a situação atual sugeria.

Holder buscava em toda parte presságios que o orientassem sobre como cumprir esse chamado cósmico. Estava convencido de que o conselho que buscava estaria escondido em uma pista sutil – uma imagem de um sonho realista ou palavras sábias ditas por um estranho. Mas ao colocar Cathy Kerkow novamente em sua vida o universo o enganara – em vez de ser furtivo com sua sabedoria, lhe dera um sinal que nenhum homem deixaria de ver. Segundo a lógica oculta de Holder, só havia uma razão possível para o destino ter feito com que se juntasse à catadora de salamandras de Coos Bay: os dois estavam destinados a fazer algo especial juntos – algo espetacular.

3. "Não quero mais ser americano"

Antes da primavera de 1961, nunca houvera sequestros no espaço aéreo americano. Alguns incidentes em outras partes do mundo haviam acontecido, normalmente envolvendo desertores do bloco comunista. Em 1949, doze poloneses fortemente armados obrigaram uma tripulação da LOT Airlines a levá-los a Copenhague, onde receberam asilo político. Um ano depois soldados tchecos de uma unidade de elite de aviação tomaram simultaneamente três aviões rumo a Praga; os homens tinham ouvido boatos de que estavam prestes a ser incluídos em um expurgo. No aeroporto Tempelhof de Berlim Ocidental, oficiais americanos cumprimentaram os tchecos e cuidadosamente se referiram a eles como "fugitivos" em vez de usar o pejorativo "sequestradores", uma palavra que os tabloides da época da Lei Seca nos Estados Unidos haviam cunhado para descrever ladrões de caminhões.*

Posteriormente o governo americano aplicou o mesmo eufemismo aos muitos cubanos que sequestraram aviões para a Flórida ao longo de 1960, o ano seguinte à derrubada, por Fidel Castro, do ditador pró-americano Fulgencio Batista. Sempre que uma dessas aeronaves roubadas chegava a Miami ou Key West, um executivo de publicidade de queixo quadrado chamado Erwin Harris imediatamente a reivindicava, argumentando que Cuba ainda devia a ele 429 mil dólares por uma campanha turística encomendada por Batista. Ansiosos para irritar Castro de todas as formas

* A lenda etimológica diz que o verbo inglês *to hijack*, sequestrar, deriva da ordem dada pelos gângsteres que abordavam caminhões de carga: "*Hold your hands high, Jack!*" – "Mãos ao alto, Jack!"

possíveis, os Estados Unidos permitiram que Harris leiloasse onze desses aviões cubanos.*

A ideia de que aviões americanos também podiam ser sequestrados era considerada delirante demais para ser levada em consideração. Supunha-se que o fluxo de refugiados da Guerra Fria apontava em uma só direção, da repressiva esfera soviética para o Ocidente aberto e próspero. Mesmo quando as viagens entre os Estados Unidos e Cuba foram em grande medida proibidas, em janeiro de 1961, ninguém imaginou que americanos ansiosos para se juntar à experiência revolucionária de Castro pudessem apelar para ações extremas.

Que americanos pudessem sequestrar um avião para qualquer outro destino que não Cuba parecia uma ideia ainda mais absurda. Os cidadãos americanos eram livres para viajar para qualquer outro país, de modo que parecia não haver nenhuma boa razão para alguém sequestrar um voo quando poderia simplesmente comprar uma passagem. Algumas nações distantes poderiam estar dispostas a proteger um sequestrador americano – a Coreia do Norte, por exemplo –, mas chegar lá demandaria um esforço hercúleo com muitas escalas; o alcance do Boeing 707, na época o mais potente jato de passageiros do mundo, chegava a 8.700 quilômetros.** E nenhum criminoso americano poderia ser tolo o bastante de sequestrar um avião e desviá-lo para um aeroporto doméstico – a polícia teria cercado a aeronave antes mesmo que ela parasse.

Houve um incidente bizarro em 1954, quando um garoto chamado Raymond Kuchenmeister, de quinze anos de idade e com distúrbios emocionais, tentou sequestrar um avião no Aeroporto Hopkins de Cleveland. Socialmente marginalizado em função de seu enorme tamanho – tinha 1,97 metro e pesava mais de 130 quilos –, Kuchenmeister entrou em um DC-6 da American Airlines e apontou um revólver para o piloto enquanto

* Harris também adquiriu o hábito de tomar carregamentos destinados a Cuba. Sua maior carga, bloqueada no porto de Palm Beach, Flórida, consistiu em 1,6 mil toneladas de banha.

** Uma versão posterior do Boeing 707, o 707-320B, podia viajar outros 2 mil quilômetros sem reabastecer.

fazia uma exigência seca: "Voe para o México ou leve um tiro." O piloto respondeu ao ultimato enfiando a mão na bolsa de viagem, sacando seu Colt .38 e matando o adolescente gigante.* Mas esse episódio violento foi tão pouco noticiado que o Congresso sequer se preocupou em tornar o sequestro crime quando aprovou a Lei da Aviação Federal de 1958, que dava ao governo o poder de regulamentar o setor aeronáutico. Portanto, tomar o controle de uma aeronave americana era totalmente legal, pelo menos segundo a letra da lei.

Essa omissão legislativa se revelaria profundamente constrangedora à luz do que aconteceu em um período de três meses começando em 1º de maio de 1961. Naquele dia um eletricista de Miami chamado Antulio Ramirez Ortiz embarcou em um Convair 440 da National Airlines rumo a Key West. O avião acabara de decolar quando Ramirez entrou na cabine, colocou uma faca de carne no pescoço do piloto e exigiu ser imediatamente levado à capital cubana. "Se eu não vir Havana em trinta minutos todos morreremos", disse. Ramirez alegou que Rafael Trujillo, ditador da República Dominicana desde 1931, lhe oferecera 100 mil dólares para assassinar Castro. Ele queria alertar o líder cubano para a traição de seu rival caribenho.

Com uma lâmina serrilhada apertada sobre a traqueia, o piloto da National não teve escolha a não ser ir diretamente para Havana. Após ameaçarem explodir o avião com fogo antiaéreo, controladores de tráfego aéreo cubanos perplexos permitiram o pouso em uma base militar ao sul da capital. Assim que os soldados arrastaram Ramirez e sua bagagem despachada com 38 quilos, passageiros e tripulantes do voo receberam uma refeição de frango e foram autorizados a seguir para Key West, 145 quilômetros a leste. O primeiro sequestro dos Estados Unidos acabou atrasando a chegada prevista do voo em apenas três horas.**

* O piloto, William Bonnell, ficou traumatizado com os tiros. Tentou pagar o funeral de Kuchenmeister, mas a polícia de Cleveland o dissuadiu. Bonnell nunca mais carregou uma arma, e acabou queimando as centenas de cartas e telegramas de congratulações que recebeu de admiradores de todo o país.

** Ramirez, que retornou aos Estados Unidos em 1975, foi ouvido pelo Comitê da Câmara sobre Assassinatos em 1978, quando cumpria pena de prisão. Ele afirmou que enquanto

O FBI descartou Ramirez como sendo um delirante, observando que ele voara sob o pseudônimo de ElPirata Cofresí – uma pista de que poderia se considerar uma encarnação de Roberto Cofresí, um pirata porto-riquenho do século XIX. O sequestro, explicou um porta-voz do FBI, não passava do feito de um "grande excêntrico sem nenhum objetivo em mente", portanto era altamente improvável que se repetisse.

Mas um incidente similar ocorreu em 24 de julho, envolvendo um ex-policial cubano que emigrara para os Estados Unidos no final da década de 1940 e se tornara garçom em Miami. Ele sequestrou um voo da Eastern Air Lines rumo a Tampa e o desviou para Havana, deixando para trás uma esposa perturbada e dois filhos pequenos. Dessa vez Castro decidiu ficar com o avião de 3,5 milhões de dólares, prometendo devolvê-lo apenas se Erwin Harris devolvesse um navio cubano sequestrado e desviado para Key West. Essa trama de extorsão convenceu muitos políticos americanos de que o próprio Castro estava por trás do sequestro e que cabia uma resposta militar dramática. "Se permitirmos que um pequeno desprezível como Castro, com piolhos na barba, desafie os Estados Unidos da América, ninguém terá qualquer respeito por nós", bradou o deputado de Ohio Wayne Hays, em discurso defendendo o bombardeio de Havana. (A troca do avião pelo navio acabou acontecendo.)

Oito dias depois do desvio do voo da Eastern para Cuba, um operário de petrolífera embriagado chamado Bruce Britt tentou sequestrar um DC-3 da Pacific Air Lines de Chico, Califórnia, para Smackover, Arkansas, onde esperava se reconciliar com a esposa, pois estavam brigados. Foi dominado por vários passageiros antes que o voo deixasse o aeroporto de Chico, mas não antes de atirar em um agente de passagens da Pacific e no capitão do avião, tendo cegado este último pelo resto da vida. O ataque de Britt confirmou que os sequestradores não temiam cumprir suas ameaças de violência.

---

trabalhava para o serviço de informações cubano vira um arquivo que identificava Lee Harvey Oswald como "futuro assassino de Kennedy". O comitê acabou descartando a alegação de Ramirez, concluindo que "aspectos fundamentais de sua alegação não eram críveis".

Menos de 48 horas depois um preso em liberdade condicional chamado Leon Bearden, de 41 anos de idade, e seu filho Cody, de dezesseis anos, embarcaram no Voo 54 da Continental Airlines em Phoenix. O Boeing 707 deveria chegar a Houston perto do amanhecer, após fazer escalas em El Paso e San Antonio. Mas os Bearden, que levavam duas armas carregadas em suas malas de mão, não tinham a intenção de terminar viagem no Texas.

O GRITO DE PÂNICO de uma mulher despertou Leonard Gilman de um sono pesado. Em todos os seus anos de viagens aéreas o magro e alto agente da Patrulha de Fronteiras, de 43 anos, nunca ouvira um grito de perturbação tão penetrante. Estava prestes a levantar de sua poltrona para investigar quando o sistema de som do avião foi ligado.

"Temos alguns homens aqui e eles estão querendo que eu peça... Voluntários", anunciou uma comissária claramente perturbada. "Dizem que precisam que quatro homens venham para a frente do avião; nada de soldados. Dizem que irão libertar todos os outros. Mas... Precisam de quatro voluntários."

Gilman e três outros passageiros responderam a esse enigmático apelo por reféns, caminhando pela cabine escura do Voo 54 da Continental Airlines até o bar da primeira classe ao lado da cabine dos pilotos. Quando chegaram lá ficaram surpresos ao descobrir quem seriam seus captores: um homem ansioso de rosto anguloso e cabelos rareando e um adolescente desconfiado. Leon e Cody Bearden apontavam armas para as cabeças de comissárias. O percussor da pistola calibre .45 do garoto estava puxado, o dedo perturbadoramente apertado sobre o gatilho.

O Bearden mais velho disse aos voluntários que ordenara ao piloto continuar voando rumo a El Paso, a escala seguinte do Voo 54. Depois que o avião fosse reabastecido ele e Cody libertariam todos os passageiros, menos os quatro reféns. O avião então iria para sudeste, rumo a Havana, onde os Bearden esperavam conseguir a cidadania cubana dando de presente ao primeiro-ministro Fidel Castro o avião de 5,4 milhões de dólares.

Quando o avião começou a descer para El Paso na madrugada de 3 de agosto de 1961, Gilman perguntou gentilmente a Leon Bearden por que desejava ir para Cuba com o filho – era comunista de carteirinha ou um grande admirador da firmeza de Fidel Castro?

"Apenas estou farto", respondeu ele, assaltante de banco condenado e pai desempregado de quatro filhos. "Não quero mais ser americano."

Cody não disse nada, apenas rosnou e posou com a arma como um cowboy de filme B. Gilman sentiu que o jovem estava ansioso para matar alguém.

Quando o Voo 54 pousou em El Paso às duas horas da manhã, o presidente John F. Kennedy fora informado sobre a crise em andamento. Os dois sequestros anteriores daquele ano para Cuba haviam sido bastante constrangedores, mas a situação do Voo 54 era de uma ordem de magnitude superior. Aquela não era uma simples ponte aérea na Flórida – envolvia viagem transcontinental e a joia da frota da Boeing. E os perpetradores pareciam ser homens brancos comuns, cuja chegada a Havana daria a Castro uma oportunidade de ouro para declarar que o povo americano estava perdendo a fé em seu governo. Não querendo dar à sua nêmese cubana outra vitória de relações públicas, o presidente Kennedy autorizou o FBI a fazer todo o possível para impedir o avião sequestrado de deixar o Texas.

A pedido do FBI, a equipe de terra da Continental ganhou tempo após a libertação dos passageiros fingindo que o jato exigia horas de manutenção de modo a se preparar para a viagem de 2.414 quilômetros que tinha pela frente. Com o sol começando a nascer naquela manhã, Leon Bearden ficou muito agitado com os atrasos intermináveis. Ordenou ao capitão do Voo 54 que decolasse imediatamente, marcando a ordem com o disparo de uma bala entre os pés do copiloto.

Mas a viagem para Havana durou menos de cinquenta metros. Quando o Boeing 707 virou na direção da pista, uma dúzia de agentes federais abriu fogo com submetralhadoras, arrasando o trem de pouso do jato e destruindo um de seus motores. Privados de seu único meio de fuga, os Bearden concordaram em permitir que um negociador do FBI subisse a bordo a fim de discutir uma possível solução para seus problemas.

Mas Leon Bearden estava perturbado demais para fazer um acordo.

"Está vendo aqueles policiais lá fora?", ele gritou com o negociador enquanto fazia gestos frenéticos com seu revólver. "Eles preferem matar. Eles preferem me matar. Eu mesmo prefiro morrer a ir para a prisão. Prefiro me matar!"

Um instante depois de fazer essa ameaça de suicídio, Bearden ouviu um tumulto na cabine de passageiros. Olhou para trás e viu as comissárias fugindo pela saída de trás do avião.

Antes que Bearden pudesse fazer algo drástico, Gilman deu um soco em seu ouvido com toda força, quebrando um osso da mão direita. Enquanto o sequestrador caía no chão, o negociador do FBI girou e se lançou sobre Cody, que baixara a guarda distraído com o discurso do pai. Em minutos os dois Bearden estavam deitados de barriga para baixo na pista, mãos e pés acorrentados atrás do corpo como se fossem porcos. As dezenas de fotógrafos de jornal e equipes de filmagem que haviam se reunido ao redor do avião documentaram sua humilhação; a imprensa compreendera instintivamente o apelo de uma história horrenda de sequestro.

Na tarde de 4 de agosto, o Subcomitê de Aviação do Senado fez uma audiência de emergência para discutir a onda de sequestros. Leonard Gilman, cansado e com a mão direita quebrada coberta com um grande curativo, depôs sobre seu heroísmo a bordo do Voo 54. O presidente da Agência Federal de Aviação (FAA, na sigla em inglês), Najeeb Halaby, apresentou um plano de seis pontos contra sequestros que pedia que as portas das cabines dos pilotos fossem trancadas e que os pilotos recebessem treinamento de tiro. Um funcionário do Departamento de Justiça anunciou que seu chefe, o procurador-geral Robert Kennedy, autorizara uma recompensa de 10 mil dólares por informações que levassem à prisão e condenação de qualquer um envolvido em "sequestros reais, tentados ou planejados de aeronaves".

Os senadores, por sua vez, criticaram a incapacidade de seus colegas de criminalizar o sequestro em 1958, uma falha que significava que os Bearden só podiam ser processados por rapto comum. O senador A.S. Mike Monroney, de Oklahoma, prometeu lutar por uma legislação que tornasse a pirataria aérea passível de punição com prisão perpétua. Mas o senador Ralph Yarborough, do Texas, considerou essa pena leve demais. "Quando nações civilizadas começarem a enforcar piratas aéreos, a pirataria irá desaparecer dos corredores aéreos", disse.

Em meio a toda essa postura agressiva, um senador perguntou a Halaby, da FAA, se ele e o presidente Kennedy haviam debatido a possibilidade de pedir às companhias aéreas para examinar os passageiros – talvez revistando bagagem de mão, uma tática que provavelmente teria impedido que os Bearden embarcassem no Voo 54. Mas Halaby debochou da ideia como sendo totalmente impraticável. "Consegue imaginar a fila que se formaria no guichê de passagens em Miami se todos tivessem de se submeter a inspeções policiais?"

Satisfeito com o descarte seco de Halaby, o comitê não voltou ao tema.

Quatro dias após a audiência do Senado, um artista frustrado chamado Albert Cadon deixou seu apartamento em Manhattan sem se despedir da esposa. Reapareceu um dia depois a bordo de um jato da Pan Am com destino à cidade da Guatemala, brandindo uma arma e exigindo ser levado a Havana. Cadon contou à tripulação que o sequestro era um protesto contra a decisão dos Estados Unidos de não apoiar a Frente de Libertação Nacional da Argélia em sua longa e violenta guerra de independência contra a França.*

Um dos jornais de sua cidade, o *New York Daily Mirror*, colocou a história de Cadon na primeira página. A manchete em negrito empregou um neologismo que logo se tornaria muito usado no léxico americano: PAN AM JET SKYJACKED TO HAVANA.**

TODA OPOSIÇÃO À POSTURA DURA do senador Yarborough desapareceu poucas horas após a chegada de Cadon a Cuba. Em 10 de agosto o Senado aprovou por unanimidade uma lei contra a pirataria aérea que tornava o

---

* Um ano antes do sequestro, Cadon havia sido preso por atacar a sede da Chemstrand Corporation em Nova York. Ele disse à polícia estar aborrecido com o fato de a Chemstrand estar vendendo uma fibra sintética chamada "Cadon" sem sua autorização.

** "Avião da Pan Am sequestrado e levado para Cuba." Junção das palavras "sky" (céu) e "hijack" (sequestro), o neologismo "*skyjack*" significa "sequestro aéreo". (N.T.)

crime passível de pena capital. O presidente Kennedy sancionou a lei em 5 de setembro de 1961; doze dias depois jornais americanos noticiaram que Cuba executara dois de seus próprios sequestradores fracassados por um pelotão de fuzilamento. O resto do ano se passou sem uma única tentativa de sequestro a bordo de aviões comerciais americanos ou cubanos.

O ano seguinte também não registrou sequestros no espaço aéreo americano, assim como 1963 e 1964. A onda de incidentes da primavera e do verão de 1961 sumiu rapidamente da memória; mais uma vez o sequestro aéreo passou a ser visto como um fenômeno exclusivo do mundo comunista, uma última opção para aqueles que não podiam mais suportar a ditadura do proletariado. Houve pelo menos dois sequestros do tipo na União Soviética em 1964 e 1965: um envolvendo uma dupla de ex-condenados que a agência de notícias oficial do Kremlin apelidou de "Gordo" e "Escovinha"; e o outro, um casal de jovens armênios querendo chegar a Istambul. Todos os quatro sequestradores foram presos e presumivelmente executados; seus tristes destinos produziram breves gestos de simpatia de americanos que folheavam rapidamente as páginas da seção internacional dos jornais.

O intervalo doméstico nos sequestros durou até o verão de 1965, quando uma nova onda teve origem em um dos pontos mais distantes dos Estados Unidos. Em 31 de agosto daquele ano um garoto de quatorze anos de idade chamado Harry Fergerstrom embarcou em um DC-3 da Hawaiian Airlines em Honolulu e anunciou que estava assumindo o controle em protesto contra a falta de soberania política do novo estado americano. Seis semanas depois, na ilha vizinha de Molokai, dois marinheiros insatisfeitos sacaram facas de caça em um voo da Aloha Airlines e exigiram ser levados para suas cidades natais de White Earth, Minnesota, e Watonga, Oklahoma; diferentemente de Fergerstrom, que se rendeu pacificamente, os marinheiros tiveram de ser dominados à força com escopetas e sinalizadores. Não foi coincidência que os dois sequestros tivessem acontecido no Havaí: como logo ficaria evidente, cada sequestro tendia a influenciar o seguinte, tanto em termos de localização quanto de *modus operandi*.

Seguiu-se então uma onda de sequestros para Havana, inspirada por uma pequena redução da tensão nas relações entre Estados Unidos e Cuba.

Em outubro de 1965, Fidel Castro permitiu que alguns milhares de refugiados deixassem a ilha de barco. Animado pela esperança de que sua família finalmente pudesse se juntar a ele em Miami, um exilado de vinte anos de idade chamado Luis Perez tentou sequestrar um voo da National Airlines com destino a Key West. Seu plano, bastante estúpido, era conseguir uma audiência particular com Castro, durante a qual suplicaria pela liberdade dos pais e dos irmãos. Um dos pilotos encerrou o sequestro derrubando a arma de Perez com um machado de incêndio, e dessa forma poupando o jovem da decepção certa em Havana.

Três semanas depois um fugitivo de dezesseis anos de Brownsville, Texas, chamado Thomas Robinson sequestrou um avião da National em Nova Orleans. O garoto disparou vários tiros contra a fuselagem antes de ser derrubado por três passageiros, todos funcionários do programa espacial Gemini da Nasa. Quando interrogado pela polícia, Robinson alegou ter um motivo patriótico: queria organizar uma fuga de prisioneiros políticos de Cuba para mostrar ao mundo que o regime de Castro continuava a ser pernicioso a despeito de sua política de emigração mais afrouxada.

Ao chegar para o indiciamento do filho no tribunal federal de Nova Orleans, o pai de Robinson foi cercado por repórteres. O homem, professor universitário de matemática, se disse atônito com o caso; enfatizou que o filho era um aluno exemplar e que nunca tivera problemas com a lei. Mas quando pressionado pelo bando de jornalistas que o cercava nos degraus do tribunal, o Robinson mais velho decidiu especular sobre a justificativa do filho: "Presumo que ele apenas pensou muito e então chegou à conclusão de que precisava se expressar de alguma forma ou não conseguiria manter o respeito próprio."

Aquela observação, feita por um homem perplexo e sob pressão, iria se revelar uma das avaliações mais sábias da época sobre a psicologia do sequestrador de aviões. Embora os homens e mulheres que sequestraram aviões tenham oferecido dezenas de motivos diferentes ao longo dos anos, todos partilhavam uma profunda sensação de desespero – acreditavam, embora sem razão, que haviam sido tão encurralados pelas circunstâncias que apenas as medidas mais radicais poderiam redimi-los. E em um país fascinado pelas engenhosas máquinas que percorriam suas fronteiras mais distantes, nenhuma medida era mais radical do que o sequestro aéreo.

"Ah, sim, alguma coisa tinha de ser feita – e eu fiz algo, para o bem ou para o mal", diria mais tarde um sequestrador de aviões capturado quando questionado sobre a sabedoria de seu crime. "Foi melhor que dezoito anos de terapia, ou o que quer que seja. Simplesmente parecia a resposta."

A MAIORIA DOS SEQUESTRADORES de aviões acreditava sinceramente que, ao chegar a Havana, seu único destino desde meados até o final dos anos 1960, seriam saudados como heróis. Afinal, Cuba se provara bastante hospitaleira para famosos exilados americanos como Robert F. Williams, um ativista pelos direitos civis da Carolina do Norte que fugira dos Estados Unidos após ser falsamente acusado de rapto.* Embora fossem muito menos distintos que Williams, os sequestradores de aviões também esperavam ficar livres para gozar dos supostos frutos da revolução de Castro. "Em algumas horas iria alvorecer em um novo mundo – eu estava prestes a chegar ao paraíso", um sequestrador se recordava de ter pensado ao ver as luzes da pista do aeroporto internacional José Martí. "Cuba estava criando uma verdadeira democracia, um lugar onde todos eram iguais, onde a violência contra os negros, a injustiça e o racismo eram coisas do passado. ... Eu fora a Cuba para sentir a liberdade pelo menos uma vez."

Mas embora Castro desse as boas-vindas aos voos desviados de modo a humilhar os Estados Unidos e conseguir dinheiro – as companhias aéreas tinham de pagar ao governo cubano em média 7.500 dólares para resgatar cada avião –, só sentia desprezo pelos próprios sequestradores, que considerava descontentes indesejáveis. Após pousar no José Martí eles eram levados para uma imponente cidadela espanhola que servia de quartel-general do G2, a polícia secreta cubana. Ali eram interrogados

* Enquanto esteve em Cuba, Williams criou o "Radio Free Dixie", um programa de uma hora em uma rádio AM que podia ser ouvido em vários estados americanos. Ele o usou para transmitir mensagens subversivas, incluindo apelos para que soldados negros desertassem do Exército e organizassem um golpe de Estado.

durante semanas, acusados de trabalhar para a CIA a despeito de todas as evidências em contrário. Aqueles que tinham sorte eram então colocados na Casa de Transitos (Casa dos Sequestradores), um dormitório decrépito no sul de Havana onde cada americano tinha direito a 1,5 metro quadrado de espaço; o prédio de dois andares chegou a receber até sessenta sequestradores, obrigados a viver com uma remuneração mensal de quarenta pesos cada. Já os sequestradores de aviões que irritavam os interrogadores do G2 eram enviados para canaviais com condições raramente melhores que as de um pesadelo. Nesses gulags tropicais, os detentos eram punidos com golpes de facão, agitadores políticos eram executados publicamente e fugitivos eram arrastados entre touceiras de cana afiadas até sua pele ser esfolada. Um sequestrador americano foi tão espancado pelos guardas da prisão que perdeu um olho; outro se enforcou em sua cela.

Mas enquanto as notícias desse tratamento brutal chegavam aos Estados Unidos por matérias de jornais, a epidemia apenas piorava; cada sequestrador de aviões era no fundo um otimista, totalmente confiante em que sua história seria aquela que apelaria ao coração de Castro. O herdeiro de 28 anos de uma fortuna imobiliária no Novo México sequestrou um jato da Delta Airlines inexplicavelmente vestido de cowboy; um estudante de sociologia de Kalamazoo, Michigan, forçou o piloto de um Piper PA-24 a levá-lo a Havana para estudar o comunismo em primeira mão; um cubano exilado de 34 anos desviou um voo da Northwestern Airlines de volta para casa porque não conseguia mais viver sem os *frijoles* delicadamente temperados de sua mãe. Em julho de 1968 a situação se tornava suficientemente grave para garantir outra audiência no Senado.

A Agência Federal de Aviação foi representada na audiência por um funcionário chamado Irving Ripp, cujo depoimento não teve nenhum traço de esperança. "É um problema impossível de resolver sem a revista de cada passageiro", contou Ripp. "Se você tiver a bordo um homem que queira ir a Havana, e ele tiver uma arma, isso é tudo que basta."

O senador George Smathers, da Flórida, contestou o desalento de Ripp levantando a possibilidade de usar detectores de metais ou máquinas de raios X para examinar os passageiros. Observou que essas tecnologias relativamente novas já eram usadas em muitas prisões de segurança máxima e instalações militares importantes, onde tinham desempenho admirável. "Não vejo motivo pelo qual equipamentos similares não possam ser instalados no check-in dos aeroportos para determinar se os passageiros estão portando revólveres ou outras armas antes de embarcar", disse Smathers.

Essa proposta modesta era algo que as companhias aéreas temiam muito mais do que os sequestradores. Pois o setor estava convencido de que suportar sequestros periódicos para Cuba era preferível a implantar uma segurança invasiva em todos os aeroportos dos Estados Unidos.

No grande cálculo empresarial, o desempenho de uma companhia de aviação praticamente não sofria quando uma de suas aeronaves era desviada para Havana. O preço de levar uma aeronave sequestrada e seus passageiros de volta para os Estados Unidos ficava em torno de 20 mil dólares, valor que incluía os custos de cancelar voos e recompensar a tripulação raptada com dias extras de férias. Esse número parecia às empresas uma ninharia comparado com as fortunas que imaginavam perder caso a revista eletrônica passasse a ser obrigatória. Será que os passageiros desistiriam de voar caso fossem obrigados por guardas uniformizados a esvaziar os bolsos ou revelar o conteúdo de suas maletas? Com o negócio crescendo como nunca antes – o número de quilômetros viajados por aeronaves comerciais americanas aumentara mais de 600% desde 1961 –, as companhias não estavam dispostas a descobrir.

Tendo obtido lucros de mais de 360 milhões de dólares em 1967, a aviação comercial tinha muitos recursos para contratar os principais lobistas de Washington, que deixaram a FAA muito consciente da firme oposição de seus empregadores à revista eletrônica. Entre esses homens persuasivos muito bem-remunerados estava Najeeb Halaby, o antigo diretor da FAA, que se tornara o principal lobista da Pan Am logo após deixar o cargo no governo.*

Com tantas vozes influentes atacando detectores de metais e aparelhos de raios X, o ponto de vista da agência sobre a questão passou a refletir o

---

* Halaby depois seria CEO da Pan Am de 1969 a 1972. Sua filha mais velha, Lisa, se tornou a última esposa do rei Hussein da Jordânia.

das empresas aéreas. E assim Irving Ripp rejeitou a sugestão do senador Smathers por certamente ter "um efeito psicológico ruim sobre os passageiros. ... Isso deixaria as pessoas em pânico. Ademais, as pessoas iriam reclamar da invasão de privacidade".

Exatamente como acontecera sete anos antes, o comitê do Senado foi convencido pela firmeza da posição da FAA. E discretamente esqueceu a questão da revista eletrônica.

Duas semanas depois da audiência do Senado um perturbado operador de empilhadeira chamado Oran Richards sequestrou um voo da Delta Airlines. Em algum ponto sobre o oeste da Virgínia, Richards pulou de sua poltrona e apontou uma pistola para o primeiro passageiro que encontrou no corredor – um homem que por acaso era o senador James Eastland, do Mississippi. Embora a tripulação da Delta tenha conseguido convencer Richards a se render em Miami, o sequestro aéreo de um político de projeção nacional representou uma nova faceta perigosa na epidemia. Praticamente na mesma hora o Departamento de Estado sugeriu uma nova solução contra os sequestros aéreos: voos apenas de ida rumo a Cuba para todos que quisessem partir, com a condição de que jurassem nunca retornar aos Estados Unidos. Mas Castro se recusou a aceitar esses "voos de indesejáveis"; ele não tinha motivo para ajudar os Estados Unidos a acabar com os sequestros aéreos, que lhe forneciam excelente material para seus longos sermões sobre a decadência do capitalismo.

Não querendo gastar o dinheiro necessário para identificar passageiros com más intenções, as companhias aéreas se concentraram em reduzir o impacto financeiro dos sequestros aéreos. Decidiram que sua prioridade era evitar a violência, já que fatalidades entre passageiros ou tripulação certamente gerariam enorme publicidade negativa. Como consequência disso, todas as companhias adotaram políticas que determinavam obediência completa a todas as exigências do sequestrador, por mais peculiares ou extravagantes que fossem. Um memorando que a Eastern Air Lines enviou a seus funcionários em novembro de 1968 deixava claro que mesmo pequenas tentativas heroicas estavam absolutamente proibidas:

> A questão mais importante da lei de pirataria aérea é garantir as vidas de passageiros e tripulantes. Qualquer outro fator é secundário. ... Diante de uma ameaça armada a qualquer membro da tripulação, atenda às exigências. Não faça qualquer tentativa de desarme ou disparo, nem tome qualquer atitude que ponha em risco a segurança do voo. ... Lembre-se, pode haver mais de um atirador a bordo. Resumindo, com base na experiência passada, é muito mais prudente se submeter às exigências de uma pessoa armada do que tentar uma ação que possa colocar em risco as vidas de todos a bordo.

Para facilitar viagens improvisadas a Cuba, todas as cabines foram equipadas com mapas do mar do Caribe, independentemente do destino programado do voo. Os pilotos foram informados sobre os procedimentos de pouso no aeroporto internacional José Martí e receberam cartões com frases para ajudá-los a se comunicar com sequestradores falando espanhol. (As frases que um piloto podia usar incluíam traduções para "Preciso pegar mapas em minha bolsa de voo" e "Aeronave tem problemas mecânicos – não chega a Cuba".) Controladores de tráfego aéreo em Miami receberam uma linha telefônica exclusiva para falar com seus equivalentes cubanos de modo que pudessem informar sobre voos chegando. A embaixada da Suíça em Havana, que cuidava dos interesses diplomáticos americanos em Cuba, criou uma carta-padrão que as companhias aéreas podiam usar para pedir a devolução rápida de aviões roubados.

À medida que as empresas se esforçavam para tornar cada sequestro o mais rápido e indolor possível, o público americano passou a aceitar desvios não programados para Havana como um risco rotineiro das viagens aéreas. Comediantes se valiam do fenômeno para fazer piadas banais, nenhuma mais imitada do que a brincadeira de Jerry Collins de que as comissárias estavam sendo treinadas para perguntar a passageiros sequestrados: "Café, chá ou daiquiris de rum, senhor?" Especialistas davam de ombros para a epidemia, convencidos de que nada podia ser feito para impedir sua disseminação. "Parece que o melhor que podemos fazer é incluir o sequestro de aviões na lista de coisas de que não gostamos, juntamente com pecado e impostos altos, e rezar para que não haja tragédias", escreveu o editorialista do *Pittsburgh Press* em dezembro de 1968.

Naquele mesmo mês, em resposta ao 22º sequestro aéreo do ano nos Estados Unidos, a *Time* criou um guia de viagem debochado intitulado "O que fazer quando o sequestrador aparece". Uma das recomendações começava assim: "Não entre em pânico. Embora não sejam bem-vindos, os sequestradores podem ser agradáveis. Um dos três homens que tomaram o controle do Voo 281 da Pan American rumo a San Juan em novembro, identificado apenas como Jose, distribuiu balas calibre .32 como suvenir e conversou amistosamente com os passageiros." O jornalista também recomendava não apertar o botão para chamar a comissária, já que "o apito repentino na cabine poderia assustar o criminoso e levá-lo a disparar sua arma".

Mas assim que o avião estivesse em segurança em Havana, não fazia sentido ficar emburrado. A *Time* observou que os passageiros sequestrados normalmente eram instalados no hotel Habana Livre enquanto esperavam ser levados de volta aos Estados Unidos. "Você provavelmente será levado a uma boate, com direito a daiquiris, um show e uma plateia de europeus orientais boquiabertos", previa o guia alegremente. "As compras no centro são ainda melhores: além de charutos e rum, as ofertas incluem câmeras alemãs orientais e belas blusas tchecas de estilo camponês."

Mas era um erro tratar o sequestro aéreo como um risco controlado. A estratégia de redução de danos das companhias aéreas dependia da suposição de que as características básicas da epidemia nunca iriam mudar – que os criminosos sempre seriam incompetentes ou exilados cubanos cuja única intenção era chegar a Havana com o mínimo de problemas. Mas enquanto os sequestros se acumulavam, aparentemente com pouca resistência das empresas aéreas ou das autoridades, o apelo do crime atingiu novos grupos de desencantados.

A epidemia revelou sua metamorfose pela primeira vez no segundo dia de 1969, quando um jovem casal afro-americano, Tyrone e Linda Austin, tomou o controle de um voo da Eastern Air Lines indo de Nova York para Miami. Tyrone foi o agressor, anunciando o sequestro ao colocar uma arma na cabeça de um garoto de dois anos e gritar: "Poder negro, Havana! Poder negro, Havana!" Embora as credenciais revolucionárias dos Austin fossem vagas – o verdadeiro objetivo de Tyrone era fugir de um mandado de prisão por crime em Nova Jersey –,* seu sucesso em atrair a atenção da imprensa logo iria levar militantes negros mais sinceros a adotar o sequestro aéreo como uma tática fundamental de sua luta.

Mais tarde naquele mês um desertor da Marinha de dezenove anos sequestrou um voo da National de Key West para Havana dizendo a uma comissária ameaçada por faca que se recusara a derramar sangue no Vietnã. Foi o primeiro sequestro americano no qual um militar citou sua oposição à guerra como motivo. E estaria longe de ser o último.

Na segunda semana de fevereiro de 1969, onze voos haviam sido desviados nos Estados Unidos – um ritmo recorde. Além dos Austin e do desertor da Marinha, entre os sequestradores havia um ex-paciente psiquiátrico acompanhado do filho de três anos; um aluno de faculdade comunitária armado com uma lata de inseticida; um ex-aluno da Universidade Purdue com simpatia pela economia marxista e um boina-verde da reserva que alegou pretender assassinar Castro com as próprias mãos.

A pedido do Comitê de Comércio Interestadual e Exterior da Câmara, a FAA formou uma força-tarefa especial antissequestro para encontrar possíveis soluções para a crise. O grupo foi imediatamente soterrado por milhares de cartas de cidadãos preocupados que sugeriam formas inventivas de impedir os sequestradores de aviões: instalar alçapões fora das cabines, armar as comissárias com dardos tranquilizantes, obrigar os passageiros a calçar luvas de boxe para que não pudessem segurar armas, tocar o hino nacional cubano antes da decolagem e prender qualquer um que conhecesse a letra. A sugestão mais popular foi de que a FAA construísse

* A estadia dos Austin em Cuba foi breve. Em abril de 1971 Tyrone foi morto pela polícia enquanto tentava assaltar um banco em Manhattan. Linda permaneceu foragida até 1988, quando foi localizada em Albany, usando o nome de Haziine Eytina; havia se casado com um advogado, criado cinco filhos e se tornado professora de pré-escola.

uma reprodução do Aeroporto Internacional José Martí em um campo no sul da Flórida, para que os sequestradores fossem levados a pensar que tinham chegado a Havana. A ideia despertou grande interesse na agência, mas acabou descartada por ser cara demais.

Enquanto a força-tarefa da FAA vasculhava a montanha de sugestões, os sequestros continuaram, cada um mais absurdo que o anterior. Um veterano da Primeira Guerra Mundial, de 74 anos, apontou uma faca para uma comissária da Eastern nos céus acima da Carolina do Sul; um Pantera Negra procurado por sua participação em um tiroteio em São Francisco sequestrou um Boeing 707 da TWA sobre Nevada; um vendedor de carros usados de Baltimore, alcoólatra, tomou um voo da Eastern de bermudas e sandálias para poder ir à praia assim que pousasse em Havana.

Os Estados Unidos não sofriam esse caos sozinhos. Sequestros aéreos aconteciam em número alarmante em todos os cantos do mundo, com insurgentes descobrindo a facilidade com que aviões podiam ser tomados e levados para países amigos; na terminologia da saúde pública, a epidemia se transformara em pandemia, não mais limitada a uma pequena região geográfica. Guerrilheiros de esquerda na Colômbia sequestravam voos da Avianca a intervalos de semanas, com frequência assassinando tripulantes que ousavam resistir; separatistas da Eritreia desviavam aviões de passageiros etíopes para o Sudão, onde a junta de governo era simpática aos seus objetivos; um dissidente grego fugiu para a Albânia sequestrando um DC-3 da Olympic Airlines, levando na viagem a esposa e os dois filhos.

Mas foram os defensores da causa palestina que se tornaram os sequestradores mais conhecidos do mundo, graças ao belo e inesquecível rosto de Leila Khaled. Em 29 de agosto de 1969, Khaled, de 25 anos, combatente veterana da Frente Popular pela Libertação da Palestina (FPLP), ajudou a sequestrar um avião da TWA e desviá-lo para a capital síria, Damasco. (A data foi escolhida para coincidir com a abertura da 72ª reunião anual da Organização Sionista Americana.) Após libertar todos os 120 passageiros, ela e seu cúmplice destruíram a cabine dos pilotos com dinamite. Quando os sírios a libertaram em outubro, Leila havia se tornado uma celebridade internacional, idolatrada tanto por sua noção de moda quanto por seus feitos terroristas: ela deixava os cabelos retintos caírem elegantemente de seu *kaffiyeh* frouxo, e usava um anel feito com uma cápsula de bala que simbolizava estar "casada com a revolução". A fama de Khaled deu à FPLP inúmeros novos militantes; também a obrigou a se submeter a uma grande cirurgia plástica, já que seu rosto natural se tornara conhecido demais para operações secretas.

Leila Khaled sorri para a câmera na Jordânia, outubro de 1969.
Bettmann/Corbis/AP Images

A reação internacional a esses sequestros foi no máximo morna. O órgão das Nações Unidas responsável pela política global de aviação esboçou um tratado multilateral que tornaria crime internacional "a tomada ilegal de uma aeronave", dessa forma obrigando todas as partes a extraditar ou processar sequestradores. Mas o tratado, que acabou conhecido como Convenção de Haia sobre Sequestros, foi inicialmente assinado por menos de doze países, muitos dos quais depois fizeram corpo mole para uma ratificação formal. O mundo continuaria cheio de possíveis "santuários de sequestradores".

Cuba estava entre os muitos países que se recusaram a assinar a convenção. Em vez disso o governo de Fidel Castro tentou negociar um acordo bilateral de "extradição ou processo" com os Estados Unidos, se valendo de intermediários suíços em Havana. Mas essas negociações secretas empacaram com a teimosa insistência de Castro de que os Estados Unidos também enviassem a ele cubanos que haviam fugido da ilha em barcos roubados – uma concessão inimaginável para o presidente Richard Nixon, que tinha fortes laços políticos com a comunidade cubana de 300 mil pessoas do sul da Flórida.

Enquanto diplomatas americanos e cubanos conversavam por intermédio dos suíços, a FAA trombeteou uma leve redução dos sequestros no começo do outono de 1969. O órgão atribuiu a melhoria a uma campanha publicitária que lembrava aos viajantes que a pirataria aérea podia ser punida com a pena de morte. O diretor do escritório de Miami da FAA demonstrou otimismo quando questionado sobre a desaceleração dos sequestros, que haviam caído para apenas dois ou três por mês. "É possível que a moda tenha simplesmente passado."

Após dezesseis meses subindo colinas cheias de armadilhas no Vietnã do Sul, onde ganhou uma medalha Coração Púrpura, o anspeçada Raffaele Minichiello voltou amargo para casa. Nascido em Melito Irpino, Itália, ele imigrara adolescente para Seattle e se alistara nos Fuzileiros Navais aos dezessete anos. Em pouco tempo passou a desprezar seus comandantes pelo racismo ocasional que demonstravam. "Os líderes de meu pelotão pensam em mim apenas como bucha de canhão", ele recordaria depois com seu forte sotaque napolitano. "Eu realmente enlouqueci. Eles sempre me mandavam na frente da estrada com um detector de minas para poder andar em segurança e não ser explodidos. 'Mandem o carcamano', diziam."

Ao chegar ao Camp Pendleton da Califórnia em abril de 1969, Minichiello decidiu que não confiava mais nos fuzileiros para guardar seu dinheiro. Cobrou os oitocentos dólares que pedira que fossem guardados do seu soldo enquanto estava no Vietnã. Mas o pagador de sua unidade disse que Minichiello calculara errado – só conseguira poupar seiscentos dólares, não oitocentos. A angustiada argumentação de Minichiello em contrário não foi ouvida. A despeito da quantia relativamente pequena em disputa, o fuzileiro de dezenove anos se considerou vítima de uma grande traição.

Certa noite de maio de 1969, Minichiello decidiu fazer sua própria justiça. Entornou oito latas de cerveja e invadiu a loja dos soldados de Camp Pendleton, de onde tirou precisamente duzentos dólares em rádios e relógios de pulso. Quando levado à corte marcial pelo roubo três meses depois, Minichiello ficou furioso: não havia simplesmente pegado de volta os duzentos dólares que os fuzileiros tinham lhe tomado?

Em vez de encarar uma possível pena de prisão de seis meses, Minichiello optou por uma solução radical para seu problema. Tomou um ônibus para o Aeroporto Internacional de Los Angeles e comprou uma passagem de 15,50 dólares de um voo da TWA rumo a São Francisco. Sua bolsa continha um fuzil M1 desmontado e 246 cápsulas de munição.

Minichiello agiu após virar duas doses rápidas de Canadian Club. Montou a arma no banheiro e depois a apontou para uma comissária, pedindo para ser levado a Nova York. A comissária nunca havia ouvido tal coisa – todo sequestrador queria ir para Havana. Mas Minichiello continuou insistindo – Nova York, Nova York. Ele queria ir para Nova York.

Eles primeiro pararam em Denver, onde Minichiello libertou todos os passageiros. Enquanto o Boeing 707 reabastecia para o trecho seguinte da viagem, ele informou à tripulação refém que Nova York não era o destino final: na verdade estava tentando voltar para sua Itália natal, um país que entenderia por que a indiferença dos fuzileiros em relação a duzentos dólares era uma afronta tão grave à sua honra.

A confusão reinava no Aeroporto Internacional John F. Kennedy (JFK) quando o voo chegou. O FBI estava desesperado para deter Minichiello; deixar um sequestrador ir para algum lugar que não Havana criaria um terrível precedente. Os agentes ficaram chocados ao saber que a TWA tinha toda a intenção de colaborar com Minichiello, de acordo com a política oficial da companhia aérea referente a sequestros; desde que não houvesse derramamento de sangue e o jato fosse devolvido sem danos, a TWA ficava feliz de levar o fuzileiro para qualquer lugar que ele quisesse ir.

O FBI tinha outros planos. Agentes com coletes à prova de bala cercaram o jato e avançaram lentamente, esperando assustar Minichiello para que se rendesse ou então montar um assalto decisivo. Estavam a poucos metros do avião quando ouviram um único disparo – Minichiello dera um tiro de M1 no alto da fuselagem. Os agentes assustados recuaram e permitiram que o avião partisse em sua longa viagem para Roma via Bangor, no Maine, e Shannon, na Irlanda.

Minichiello escapou de ser preso no aeroporto de Roma fazendo um *carabiniere* como refém e roubando o carro do policial. Encontrou refúgio temporário em uma igreja rural, onde a polícia o localizou na manhã de 2 de novembro – seu aniversário de vinte anos. *"Paisà, perchè m'arresti?"* – "Compatriota, por que me prende?" –, perguntou ao ser levado para a prisão Regina Coeli de Roma.

O público italiano partilhou a crença de Minichiello de que não merecia ser punido. Foi louvado como um herói popular, um homem corajoso o suficiente para enfrentar os Estados Unidos, um país cada vez mais desprezado na Europa Ocidental por sua política externa belicosa. Garotas desmaiavam com o musculoso fuzileiro melancólico, que comparavam a um ídolo de matinê. "Ele é ainda melhor que Giuliano Gemma", gritou uma admiradora de dezessete anos para um repórter italiano, se referindo ao belo astro do faroeste-espaguete. Minichiello "interpretou um papel real, enquanto Gemma só faz filmes. Eu gostaria de me casar com ele!". O produtor de cinema Carlo Ponti, o homem por trás de sucessos como

Doutor Jivago e *Blow-up: depois daquele beijo*, prometeu fazer um filme idealista sobre a vida de Minichiello intitulado *Paisà, perchè m'arresti?*.

Curvando-se à pressão popular, o governo italiano se recusou a extraditar Minichiello para os Estados Unidos, em vez disso o julgando em Roma – embora apenas por crimes relativamente menores, como posse de armas, já que pirataria aérea tecnicamente não era crime na Itália. O advogado de defesa de Minichiello teve um desempenho magistral no julgamento, comparando seu cliente a uma das figuras mais amadas da literatura: "Estou certo de que os juízes italianos irão compreender e perdoar um ato nascido de uma civilização de aviação e violência da guerra. Uma civilização que esmagou este camponês inculto, este Dom Quixote sem Dulcineia, sem Sancho Pança, que em vez de montar seu Rocinante voou pelos céus."

Considerando a popularidade estratosférica de Minichiello, o resultado do julgamento era inevitável: ele foi condenado por uma única acusação, e acabou cumprindo apenas dezoito meses de prisão. Após ser libertado, assinou um contrato para estrelar um faroeste-espaguete.*

O governo Nixon ficou desalentado com a fuga de Minichiello da justiça americana. A Itália deveria ser uma grande aliada, um membro fundador da Otan que enviara milhões de filhos e filhas para os Estados Unidos ao longo de décadas. Mas agora estava não apenas oferecendo refúgio a um sequestrador fugitivo, mas também louvando-o por sua coragem e vendo-o como um símbolo sexual. Assim que os espectadores americanos vissem imagens de Minichiello e suas fãs adolescentes de olhos arregalados, quanto tempo levaria para que outros seguissem seu exemplo?

A resposta foi mais ou menos uma semana. Em Norwood, Ohio, um garoto problemático de quatorze anos chamado David Booth acompanhou a saga de Minichiello nos noticiários noturnos. Em 10 de novembro, faltou à escola e pegou um ônibus para o Aeroporto Internacional de Cincinnati,

* Anos depois Minichiello seria por um breve tempo dono de uma pizzaria romana chamada Hijacking. Ele hoje mora em Afragola, Nápoles, onde recebe gentilmente visitantes que ainda o consideram um herói popular.

Raffaele Minichiello fala à imprensa empolgada em Roma. *AP Photo*

onde apontou uma faca para uma bailarina de dezoito anos que se despedia da avó. "Você vai comigo, você vai para a Suécia", disse Booth à refém enquanto a conduzia pelo terminal e para um DC-9 da Delta. Uma vez a bordo ele mandou que os pilotos seguissem para Estocolmo, evidentemente ignorando que um DC-9 não podia cruzar o Atlântico.

Booth foi convencido a se render enquanto o jato se arrastava na pista de Cincinnati. Mas embora o incidente tivesse terminado de forma pacífica, significava que a epidemia de sequestros aéreos havia entrado em uma nova fase irregular: mesmo os países mais tranquilos e seguidores da lei estavam sendo sugados para a loucura. A ONU, declarando-se "profundamente preocupada com atos de interferência ilegal com a aviação civil internacional", logo aprovou uma resolução pedindo que todos os membros tornassem crime a pirataria aérea e punissem os sequestradores com a maior dureza possível. A votação final foi de 77 a 2, com apenas Cuba e Sudão se opondo.

Nos dezoito dias entre a aprovação da resolução da ONU e o alvorecer da nova década, outros seis aviões foram sequestrados ao redor do mundo.

4. "Sweet Black Angel"

Convencido de que o destino recolocara Cathy Kerkow em sua vida como parte de algum desígnio grandioso, Roger Holder logo se tornou presença constante no apartamento que ela dividia com Beth Newhouse em El Cajon. Com frequência a levava e buscava no trabalho na casa de massagem de Spring Valley, depois passava as noites enchendo-a de histórias sangrentas do Vietnã e aulas de astrologia. Algumas vezes iam a Ocean Beach caminhar em meio às lojas de doidões cobertas de grafites contra a guerra, ou a matinês de um dólar no cinema Strand na Newport Avenue. Não importava para onde iam em San Diego, o jovem casal sempre atraía olhares: mesmo nas áreas mais liberais da cidade, romance inter-racial ainda era tabu.

Quando caminhavam por um parque de Point Loma certa noite, Holder e Kerkow foram abordados por um grupo de homens brancos que grosseiramente aconselharam Cathy a namorar alguém mais claro. Holder reagiu chamando para briga, o que fez com que os homens se afastassem. Quando se virou para ver como Cathy estava, Holder viu que ela procurava algo na bolsa. Pouco depois tirou um canivete de mola de punho preto.

"Eu queria que eles o vissem", suspirou, claramente desapontada por ter perdido a chance de assustar os vagabundos. Ela andava com a arma havia semanas, esperando ter a oportunidade de mostrar a Holder que era mais que apenas uma garota festeira de Coos Bay.

A evidente paixão de Kerkow por Holder perturbou sua amiga e colega de apartamento Beth Newhouse, que nunca gostara do veterano esguio do Vietnã. Ela o questionara sobre o uso do nome Linton Charles White, que fora como se apresentara a ela quando eram vizinhos um ano antes.

Holder explicou que adotara o pseudônimo por ser um desertor do Exército tentando fugir da corte marcial. Depois disse ter fugido do Vietnã para a animada Londres, onde convivera com artistas, músicos e aristocratas que apreciavam sua refinada oposição à guerra. Newhouse corretamente descartou essa história como não passando de fantasia para impressionar garotas com tendências hippies. Ela suspeitava que no fundo Holder era um vigarista.

O namorado de Newhouse, um roqueiro temperamental chamado Lee Davis, tinha uma opinião ainda pior de Holder. Incomodava-o a maneira como os olhos de Holder varriam os aposentos durante uma conversa banal, como se procurasse alguém bisbilhotando. E Davis ficou chocado por Holder parecer não ter um único amigo negro, nem qualquer desejo aparente de confraternizar com membros de sua própria raça. Como os jovens de Oakland que haviam provocado Holder uma década antes, Davis o desprezava como um negro de alma branca.

No começo de março de 1972, Holder decidiu não comparecer ao tribunal para o caso dos cheques sem fundo que passara como Linton Charles White. Planejava evitar o mandado de prisão resultante abandonando de uma vez por todas o pseudônimo, manobra que exigiria um último acerto com o Exército. Assim que essa situação estivesse resolvida ele seria livre para criar uma nova vida fantástica com Kerkow, como pretendia o destino.

Para eliminar sua falsa identidade, destruiu a carteira de motorista falsa, abandonou o apartamento alugado e vendeu o Pontiac Firebird amarelo que comprara em nome de White. Depois procurou o pai, Seavenes, e confessou que estava ausente sem licença havia quase dois anos. A conversa sobre ter sido dispensado com honras fora uma mentira completa.

Essa revelação foi perturbadora para Seavenes, um militar de carreira da Marinha que se orgulhava da devoção ao país. Mas uma parte dele também compreendia que o Vietnã mudara seu filho de formas que talvez até mesmo Roger se esforçava para compreender. Seavenes então levou o filho à base naval de San Diego, onde arranjou para que a polícia militar informasse Fort Hood de que o filho se entregara.

Àquela altura da Guerra do Vietnã o Exército estava acostumado a lidar com soldados que abandonavam o serviço; entre 1968 e 1971, 5% dos alistados desertavam.* Em vez de encher suas cadeias de homens sem disposição para lutar, o Exército costumava oferecer um acordo a soldados fugitivos que se entregavam: em vez de enfrentar uma corte marcial, que embutia o risco de uma pena de prisão longa, eles podiam aceitar dispensa com desonra. Esse tipo de dispensa, também normalmente oferecida a usuários de drogas e baixas psiquiátricas, não era livre de consequências graves: os dispensados eram impedidos de receber qualquer vantagem militar futura, e com frequência se tornavam párias para potenciais empregadores. Mas de modo a evitar o risco de cárcere, a maioria dos réus preferia aceitar os "papéis ruins".

Holder ficou furioso ao ouvir o acordo do Exército, que também incluía rebaixamento ao menor posto possível. Considerou terrivelmente injusto que fosse receber exatamente a mesma dispensa de alguém reprovado no treinamento básico que nunca passou um só dia no Vietnã, muito menos 28 meses. Em sua opinião, todos os seus problemas remontavam à única acusação de posse de maconha em setembro de 1969. Se o Exército o tivesse liberado em Saigon ele nunca teria entrado em choque com aquele coronel em Phu Bai, nem sido mandado de volta a Fort Hood contra sua vontade. Agora o Exército queria eliminar todos os laços, como se ele nunca tivesse existido. Não conseguia acreditar que um baseado irresponsável pudesse ter causado tantos problemas.

Mas 29 dias infelizes na cadeia de Long Binh haviam ensinado Holder a evitar o cárcere a qualquer custo. Por mais que isso o deixasse furioso, ele aceitou a baixa com desonra.

Antes de receber os papéis do desligamento, Holder se consultou com um médico do Exército, a quem descreveu as imagens de combate que ainda o assombravam – os corpos desfigurados no capim-elefante, o sangue dos feridos coagulando no piso do seu Huey. O médico receitou tranquilizantes e o dispensou. Devido à natureza de sua baixa, Holder não teria mais direito a quaisquer cuidados médicos.

* Hoje a taxa anual de deserção do Exército costuma variar entre 0,3% e 0,8%.

Constrangidos com a mentira do filho, os pais de Holder deixaram claro que ele não era mais bem-vindo em casa, a não ser para visitar as filhas gêmeas. Bem nessa época ele também tivera uma discussão com Davis que quase descambara para a violência. Depois disso Davis e Newhouse decidiram que não podiam mais tolerar a presença constante de Holder, que basicamente se mudara para o apartamento de El Cajon; em vez de correr o risco de uma briga séria, começaram a procurar um lugar só para eles.

Mas o amor de Kerkow por Holder aumentava a cada dia. Ela achava fascinante estar namorando um soldado de verdade que passara dois anos fugido; parecia um homem de ação em comparação com os muitos fingidos que encontrara nos bares e nas praias de San Diego. A maioria daqueles garotos se achava corajosa por ir a uma manifestação pacifista no Collier Park ou pichar um chiqueiro na parede de uma delegacia. Mas Holder passara seu aniversário de dezenove anos abatendo vietcongues do alto de um M113, depois arriscara a liberdade para fugir do Exército. Kerkow nunca partilhara a cama com alguém tão corajoso, tão radical, tão *real*. E embora não comprasse totalmente a afirmação dele de que forças celestiais os haviam reunido após treze anos, sentia prazer com o fato de ele um dia ter sido agredido em Coos Bay – embora ainda não tivesse coragem de contar à mãe quem estava namorando.

Holder se tornou mais possessivo em relação a Kerkow à medida que o relacionamento prosseguiu. Certa noite, ao voltar para casa do salão de massagem, ela o encontrou instalado na beirada do colchão de água, fumando, tenso, um Pall Mall.

"Você nunca mais vai voltar para aquele lugar, nunca mais", ele disse. "Isso não é trabalho para uma dama como você."

Kerkow ficou comovida com a preocupação de Holder – não havia se dado conta do quanto ele ficava perturbado com a ideia da namorada dando prazer aos clientes. Mas perguntou como pagariam as contas se largasse a casa de massagem. Ela ganhava algum dinheiro extra vendendo trouxinhas da maconha de Fast Eddie, mas suas habilidades de traficante não eram boas; ela deixava Holder e outros conhecidos fumarem muito do seu estoque.

Holder fez um gesto para que se sentasse ao seu lado. Acariciou os cabelos dela enquanto lhe garantia calmamente que o universo se encarregaria; nunca iriam carecer de nada.

Embora Kerkow tivesse absoluta fé em Holder, não conseguia deixar de se preocupar com as finanças. De tempos em tempos verificava o saldo que diminuía na conta corrente do Security Pacific National Bank, um exercício que apenas aumentava sua ansiedade. Mas ele se recusava a procurar trabalho, dizendo que sua baixa com desonra o impedia de conseguir qualquer emprego digno. Em vez disso passava os dias tentando adivinhar as intenções do cosmo. Consultava mapas astrológicos e estudava livros sobre interpretação de sonhos, sublinhando cuidadosamente trechos sobre como determinar quando sonhos pressagiam acontecimentos no mundo desperto. Uma cópia bastante gasta de *A doutrina secreta* de Madame Blavatsky se tornou sua companhia constante, uma fonte que consultava repetidamente para consolidar sua compreensão do zodíaco. Estava confiante em que seu estudo cuidadoso iria revelar o caminho a ser escolhido.

Durante algum tempo Holder achou que ele e Kerkow deveriam se mudar para a Costa Rica e fazer pesquisas zoológicas revolucionárias na selva; depois acalentou a ideia de ir para a China, onde o presidente Nixon acabara de concluir uma visita histórica. Mas acabou rejeitando essas ideias considerando-as banais demais: quanto mais contemplava seu destino obscuro, mais sentia que de alguma forma devia envolver o Vietnã.

Holder pensava ter descoberto a explicação perfeita para seu rompimento litigioso com o Exército: o destino determinara sua baixa com desonra para que pudesse exprimir seus sentimentos mais profundos em relação à guerra. Ele – e não algum hippie mimado que não duraria um segundo nos seringais perto de Loc Ninh – seria aquele que finalmente abriria os olhos do país para as iniquidades no Vietnã.

Embora tivesse então um objetivo difuso em mente, lutava para descobrir um curso de ação específico, um que fosse teatral o suficiente para mudar a história. Então, certo dia de abril, procurando inspiração em um exemplar do *San Diego Union*, ele se deparou com uma matéria sobre o julgamento de Angela Davis por assassinato.

Durante seu breve período na Universidade da Califórnia em Los Angeles, Angela Davis conseguira se tornar mais famosa que o professor de filosofia novato típico. Comunista assumida fluente no jargão revolucionário, ela fora contratada pela UCLA na primavera de 1969 com pouca badalação. Mas no outono já se falava sobre sua postura política radical e sua tendência a chamar policiais de "porcos". O governador da Califórnia, Ronald Reagan, fez campanha aberta pela sua demissão por violação da antiga regra do sistema universitário contra dar posições letivas a membros do partido comunista. Quase 2 mil alunos da UCLA se opuseram à interferência de Reagan assistindo à aula de Davis "Temas filosóficos recorrentes na literatura negra", na qual a professora de 25 anos discutia as obras de Karl Marx e Frederick Douglass.

Após uma batalha legal de dez meses, o governador Reagan finalmente venceu. "Como presidente do conselho de catedráticos, eu, e não o conselho, não irei tolerar atividades comunistas em qualquer instituição do estado", escreveu o governador triunfante em um memorando em junho de 1970, informando o corpo docente da UCLA do afastamento de Davis. "Comunistas são uma ameaça a este maravilhoso sistema de governo que todos partilhamos e do qual nos orgulhamos." Davis estava desempregada, mas a comoção por sua demorada dispensa a transformara em uma celebridade da contracultura.

Pouco depois de sua demissão, ela deu algumas armas a Jonathan Jackson, de dezessete anos, um guarda-costas que contratara após receber várias ameaças de morte. Em 7 de agosto de 1970 Jackson usou essas armas para atacar o tribunal do condado de Marin, no norte da Califórnia, onde um detento negro chamado James McCain estava sendo julgado por esfaquear um guarda penitenciário. O esfaqueamento ocorrera como parte de uma rixa entre os guardas e a gangue de prisioneiros Black Guerrilla Family – gangue que havia sido fundada, entre outros, pelo irmão de Jackson, George. Além de ser um autor radical de alguma fama, George Jackson também era um dos chamados Soledad Brothers, um grupo de prisioneiros acusado de assassinar um guarda em retaliação pela morte de três detentos em janeiro de 1970.

O objetivo do ataque ao tribunal era ambicioso, para dizer o mínimo: Jonathan pretendia fazer reféns, tomar uma emissora de rádio próxima, transmitir uma mensagem sobre as péssimas condições enfrentadas pelos detentos negros da Califórnia e depois exigir a imediata libertação dos Soledad Brothers.

Usando as armas registradas em nome de Davis, Jackson conseguiu libertar McCain e dois outros prisioneiros que iriam testemunhar no julgamento, incluindo um sequestrador condenado chamado Ruchell Magee. Os libertados fizeram cinco reféns, entre eles o juiz Harold Haley, em cujo pescoço amarraram uma escopeta de cano serrado. Conduziram os prisioneiros até o corredor do tribunal, onde convocaram representantes da imprensa para documentar sua tentativa de fuga. "Tire todas as fotografias que quiser", disse um dos homens ao fotógrafo do *San Rafael Independent-Journal* enquanto apontava um revólver para a cabeça do juiz Haley. "Somos revolucionários."

Mas a viagem até a emissora de rádio não iria acontecer. Quando os sequestradores tentaram tirar os reféns do estacionamento do tribunal, policiais abriram fogo contra a van de Jonathan Jackson. Jackson e dois dos fugitivos foram mortos no tiroteio que se seguiu, assim como o juiz Haley, cujo rosto foi explodido quando alguém disparou a escopeta presa ao pescoço. Magee foi o único sequestrador sobrevivente, embora tivesse recebido muitos tiros.

Assim que foi definida a origem das armas de Jackson, Davis se tornou o centro de uma caçada nacional. Em outubro de 1970, dois meses após ser incluída na lista dos Dez Mais Procurados do FBI, foi presa em um Howard Johnson's Motor Lodge, no West Side de Manhattan. Ela se disfarçara escondendo seu marcante penteado afro sob uma peruca apertada.

O julgamento por assassinato que se seguiu foi um circo desde o início. "Eu estou perante este tribunal como alvo de uma armação política que, longe de indicar minha culpa, implica o estado da Califórnia como um agente de repressão política", declarou no dia de sua acuração em janeiro de 1971. O outro réu, Magee, foi igualmente desafiador no tribunal, embora muito menos eloquente; teve frequentes explosões, em dado momento chutando o rosto do seu advogado enquanto o chamava de agente da Ku Klux Klan. Os guardas começaram a acorrentar Magee à cadeira nos comparecimentos ao tribunal; posteriormente o caso foi desmembrado do de Davis, na esperança de diminuir o teatro no tribunal.

Enquanto Davis esperava na cela, trabalhando em sua tese de doutorado sobre o conceito de força de Immanuel Kant, sua causa foi assumida por comitês de defesa em quase sessenta países. Cartazes fluorescentes e panfletos simpáticos com seu belo rosto se tornaram onipresentes em campi de Paris a Bombaim. Os Rolling Stones pediram sua libertação com a canção "Sweet Black Angel", afirmando que ela era "Não uma professora armada/ Não uma professorinha vermelha", mas uma "doce escrava negra". E uma coalizão de artistas soviéticos, liderada pelo compositor Dimitri Shostakovich, escreveu uma carta aberta ao presidente Nixon apelando a ele para "usar sua influência para libertar a srta. Davis". Quando ela foi finalmente solta sob condicional em fevereiro de 1972, a fiança de 102.500 dólares foi paga por um completo estranho que deu a fazenda de gado leiteiro da família como garantia; ele o fez por acreditar que os ideais comunistas eram coerentes com os ensinamentos de Jesus Cristo.

Como praticamente todo mundo nos Estados Unidos, Roger Holder tinha conhecimento do caso Davis havia meses. Mas enquanto lia um relato do julgamento naquele dia de abril uma raiva inexplicável tomou conta dele. A matéria contava como os promotores tentavam incluir uma série de cartas carinhosas que Davis enviara a George Jackson, o líder da Black Guerrilla Family cuja libertação havia sido o objetivo do ataque ao tribunal; aparentemente ignorando que ela era lésbica, o estado teorizava que Davis participara da trama de modo a fugir com Jackson. (Jackson foi morto mais tarde por guardas da San Quentin durante uma suposta tentativa de fuga em agosto de 1971.) "Que tanto amor pudesse existir em alguma parte, entre duas pessoas quaisquer, mesmo entre nós, nunca me dei conta", ela escrevera em um de seus bilhetes de paixão intelectual. "Faz com que me sinta trêmula e fraca, mas não no sentido de sucumbir à fraqueza, pois faz com que me sinta muito mais forte, com você minha força não tem fim, meu marido de toda a vida."

Holder ficou furioso com os esforços da promotoria de usar as cartas particulares de Davis contra ela, uma tática que considerava desrespeitosa. Agora atraído pela causa da ex-professora, foi à biblioteca ler sobre seu sofrimento legal. Enquanto folheava edições antigas de jornais, uma fotografia tirada no tribunal em 1971 chamou sua atenção: a de uma Davis animada fazendo a saudação *black power* enquanto um Ruchell Magee soturno ficava sentado à mesa da defesa, braços presos às costas.

Holder meditou sobre aquela imagem e a justaposição de esperança e desespero que havia nela. Seu sangue ferveu com a humilhação de Magee, um homem que tinha mais que uma leve semelhança com o próprio Holder. E ele se fixou nos divertidos lábios franzidos de Davis, que contradiziam a intensa concentração evidente em seus olhos. Holder não a achava exatamente bonita – preferia muito mais garotas brancas de rostos inocentes –, mas ainda assim sentiu uma atração magnética em seu coração, como se o punho cerrado fosse um sinal dirigido unicamente a ele.

Naquele momento tudo fez sentido para Willie Roger Holder. Finalmente soube como ele e Cathy Kerkow deviam deixar sua marca.

5. "Eu estou aqui e existo"

Quando a força-tarefa antissequestro da FAA se reuniu pela primeira vez em fevereiro de 1969, seus dez integrantes sabiam que o desafio era tremendo – não apenas pela gravidade da crise, mas também em função da intransigência das companhias aéreas. Tendo gasto grandes quantias com lobistas em Washington, elas tinham poder político para vetar qualquer medida de segurança que pudesse ser inconveniente para seus clientes. Então, quaisquer que fossem as soluções propostas pela FAA, teriam de ser imperceptíveis para a imensa maioria dos viajantes.

John Dailey, um integrante da força-tarefa que também era o psicólogo-chefe da FAA, começou a atacar o problema analisando os métodos de sequestradores de aviões anteriores. Reviu relatos de cada sequestro americano desde 1961 – mais de setenta casos no total – e montou uma base de dados com as características básicas dos perpetradores: como se vestiam, onde moravam, quando viajavam e como se comportavam perto dos funcionários das companhias. Sua pesquisa o convenceu de que todos os sequestradores de aviões involuntariamente traíam suas intenções criminosas durante o check-in para os voos. "Não há nenhum denominador comum a não ser o comportamento [dos sequestradores]", disse a um executivo de empresa aérea. "Alguns são altos, outros baixos, alguns têm cabelos compridos, outros não, alguns nariz comprido etc. etc. Não há como identificar um sequestrador olhando para ele. Mas há formas de fazer a distinção entre o comportamento de um sequestrador potencial e o do viajante habitual."

Dailey, que passara o grosso de sua carreira concebendo testes de aptidão para a Força Aérea e a Marinha, criou um guia rápido, um perfil, que poderia ser usado para determinar se um viajante teria maldade em seu coração.* Pagar uma passagem por meios anticonvencionais, por exemplo, era considerado uma dica importante. Da mesma forma, evitar manter contato visual e manifestar um indevido grau de conhecimento ou preocupação com a bagagem.** Dailey refinou seus critérios de modo a que se aplicassem a apenas uma pequena parcela dos viajantes – idealmente, não mais de três em cada mil. Ele propôs que esses poucos "selecionados" pudessem ser verificados com detectores de metais portáteis, longe dos olhos curiosos dos outros passageiros. A maioria dos escolhidos não se mostraria culpada de nada mais grave que pura excentricidade, mas um pequeno número certamente estaria de posse de armas de fogo, facas ou artefatos incendiários.

No final de 1969 a FAA começou a testar o sistema antissequestro de Dailey com passageiros da Eastern Air Lines em nove aeroportos. Quando um homem pegando o cartão de embarque se encaixava no perfil comportamental, ele era discretamente convidado a se dirigir a uma área isolada, onde um agente federal podia examinar seu corpo com um detector de metais em forma de U. Um dos assistentes de Dailey gravava em segredo esse processo, para que a FAA pudesse verificar se os viajantes ficavam ofendidos com a invasão.

Dailey considerou a experiência um enorme sucesso, observando que seu perfil selecionara apenas 1.264 em 222 mil passageiros; daqueles chamados de lado para um breve encontro com o detector de metais, 24 foram presos por posse de armas ou narcóticos. Mais importante, os escolhidos raramente pareciam se importar com o escrutínio adicional; quando entrevistados posteriormente, a maioria disse estar contente por saber que algo finalmente estava sendo feito para impedir sequestros.

---

* Dailey rejeitava a ideia de que sequestradores pudessem ser do sexo feminino. "Mulheres quase nunca se envolvem em situações em que precisem ter conhecimento de armas ou explosivos, como os que poderiam ser usados por um sequestrador", disse ao Congresso em fevereiro de 1969.

** Os detalhes exatos do perfil de Dailey continuam a ser um segredo bem guardado. Em 1972, por exemplo, o caso *Estados Unidos vs. Bell* determinou que tanto os réus quanto o público deveriam ser retirados dos tribunais antes que o perfil pudesse ser discutido por advogados ou testemunhas.

Satisfeitas com a sutileza do sistema de Dailey, as companhias aéreas começaram a implantar voluntariamente o programa em novembro de 1969, logo depois da muito noticiada fuga de Raffaele Minichiello para Roma. Quase imediatamente os sequestros no espaço aéreo americano diminuíram para quase nada – apenas um em janeiro de 1970 e outro no mês seguinte. Equipes de limpeza começaram a encontrar armas de fogo e facas enfiadas nos vasos de plantas do lado de fora dos terminais, possivelmente deixadas ali por candidatos a sequestradores que perderam a coragem após ver avisos de que havia revista eletrônica.*

Mas havia duas falhas fatais no modo como o sistema da FAA foi implantado. A primeira era que pilotos e comissárias não eram informados sobre quais de seus passageiros haviam sido revistados. Se um sequestrador alegava ter uma bomba, a equipe não tinha como saber se ele havia sido revistado antes do embarque – e, portanto, nenhum modo de determinar se a ameaça era um blefe. Tudo o que podiam fazer era manter a cautela e obedecer às ordens do sequestrador.

Mas a falha mais fundamental do sistema era o fato de que dependia inteiramente da vigilância dos agentes de passagens das companhias aéreas. Em vez de um agente profissional de segurança, eram eles os responsáveis por aplicar a lista de Dailey a cada passageiro que encontravam. Com o tempo, a atenção dos agentes aos detalhes tendia a diminuir, uma vez que lidavam com milhares de clientes perturbados a cada dia. E simplesmente é da natureza humana acabar relaxando.

Arthur Gates Barkley finalmente surtou após a Suprema Corte ignorá-lo. Ele estava envolvido em litígios quase constantes desde 1963, quando perdeu seu emprego de motorista de caminhão numa padaria de Phoenix. (Foi demitido por atormentar um gerente de vendas, que alegou

* Um funcionário da Eastern Air Lines reclamou com a FAA que o sistema prejudicava a rota Nova York-Miami da empresa, que atendia a integrantes da máfia. Como esses criminosos se recusavam a voar desarmados, disse, começaram a ir para a Flórida de carro em vez de avião.

que Barkley continuava a ligar para ele criticando seu desempenho profissional.) Primeiro Barkley processara o antigo empregador por não lhe pagar dezenove dias de licença médica. Depois voltou sua ira contra a Receita Federal por impostos de 471,78 dólares, argumentando que havia um erro no cálculo de seus salários. Depois que seu processo federal contra a Receita foi rejeitado por carência de substância, ele pediu que a Suprema Corte ouvisse seu apelo. Iniciou sua petição com uma frase memorável: "Tenho sido mantido escravo pelos Estados Unidos."

Barkley estava certo de que os nove sábios de Washington reconheceriam como era profunda a perseguição a ele e lhe concederiam a vingança que buscava havia sete anos. Mas como fazem com 99% das petições que recebem, os juízes negaram seu pedido sem comentários. Barkley decidiu que iria fazê-los pagar pela insolência.

Durante o café da manhã em 4 de junho de 1970, ele informou à esposa, Sue, que iria voar para Washington naquela mesma manhã. O veterano da Segunda Guerra Mundial, de 49 anos, fizera a viagem algumas vezes antes para defender seu caso para burocratas indiferentes da Receita Federal e do conselho nacional de relações do trabalho. Prometeu a Sue que aquela seria sua última visita à capital do país. "Vou resolver o caso dos impostos hoje", disse enquanto lhe dava um beijo de despedida.

Quando Barkley chegou ao Phoenix Sky Harbor International Airport, o balcão de passagens do portão da TWA estava lotado. O único detector de metais da companhia quebrara e os dois agentes de passagens sobrecarregados estavam incertos quanto ao que fazer caso alguém se encaixasse no perfil de sequestrador de aviões da FAA. Eles decidiram evitar esse dilema olhando para cada passageiro o mais rapidamente possível enquanto emitiam cartões de embarque. Barkley, um homem de beleza rústica com cabelos louros brilhantes e um blazer engomado, não fez nada para despertar suspeitas durante o check-in para o Voo 486 com destino ao National Airport, em Washington.

Enquanto o Boeing 727 sobrevoava Albuquerque, Barkley entrou despreocupadamente na cabine dos pilotos segurando uma pistola calibre .22, uma navalha e uma lata de aço cheia de gasolina. Segundo a política da TWA, os pilotos garantiram a Barkley que estavam dispostos a levá-lo aonde quisesse; só esperavam que pretendesse Havana em vez de algum local mais exótico.

Mas fugir para outro país não estava em seus planos. Ele confundiu os pilotos mandando que seguissem para o Dulles International Airport no norte da Virgínia, a cerca de 48 quilômetros do destino programado. Afora pedir esse pequeno ajuste no itinerário do Voo 486, Barkley só tinha outra exigência: 100 milhões de dólares em notas pequenas não sequenciadas, a serem tiradas diretamente dos cofres da Suprema Corte. Caso o dinheiro não estivesse esperando em Dulles, ele prometia jogar gasolina nos passageiros e acender um fósforo.

Os dirigentes da TWA foram surpreendidos pela exigência de resgate. Como todos no setor aeronáutico, sempre haviam presumido que sequestradores de aviões estavam interessados unicamente em conseguir transporte para um país estrangeiro. Nunca lhes ocorrera que um deles poderia tentar trocar passageiros por dinheiro, como um raptor comum. A companhia aérea não tinha um procedimento padrão para lidar com esse tipo de extorsão.

A TWA sabia que a Suprema Corte não tinha 100 milhões de dólares em dinheiro, nem meios de pagar sequer uma parcela daquela quantia absurda. Mas a empresa temia dar a má notícia a Barkley. Ela tinha de levar muito a sério a ameaça à luz de um episódio violento que ainda estava bem fresco na lembrança de todos: três meses antes, um dos relativamente raros sequestros do ano terminara de maneira trágica quando um homem chamado John Di-Vivo matou um copiloto da Eastern Air Lines perto de Boston antes de ser baleado pelo capitão do voo. Como Di-Vivo, que ordenara que os pilotos da Eastern voassem rumo à Europa até o avião ficar sem combustível e cair no Atlântico, Barkley parecia suficientemente perturbado para matar: continuava transmitindo mensagens por rádio nas quais exigia que o presidente Nixon, o secretário do Trabalho George Shultz e os nove juízes da Suprema Corte fossem informados de que eram todos "incapazes para governar".

Com pouco tempo para debater os prós e os contras de ceder a Barkley, a TWA tomou a decisão fatal de tentar amolecê-lo com dinheiro. Funcionários da empresa foram mandados a dois bancos da região de Washington para reunir o máximo possível em pouco tempo. Retornaram a Dulles com um total de 100.750 dólares.

A companhia aérea supusera que Barkley seria razoável e aceitaria a quantia menor. Mas o ex-motorista de caminhão litigante não estava em clima de acordos. Assim que o saco de lona com o dinheiro foi entregue no Boeing 727 que aguardava, Barkley revirou o conteúdo e se deu conta de que houvera um desconto de fator mil. Ele deixou claro sua extrema insatisfação jogando o dinheiro no chão da cabine. Com notas de cem dólares até as canelas e o rosto roxo de raiva, Barkley ordenou que o avião decolasse sem demora.

Enquanto o jato subia sobre o interior da Virgínia além de Dulles, Barkley transmitiu por rádio uma mensagem gelada destinada ao presidente Nixon: "Você não sabe contar dinheiro e sequer conhece as leis."

O avião circulou acima de Washington enquanto Barkley pensava em seu próximo movimento. Os pilotos tentaram vender a ideia de ir para Cuba, mas Barkley não mordeu. Em alguns momentos, parecia suicida e ansioso para levar os 58 reféns com ele para o túmulo. "Quando você parte, não deveria partir sozinho", disse aos pilotos em dado momento. "Deveria levar o máximo de pessoas e o máximo de dinheiro possível. Nunca ir sozinho." O Comando de Defesa Aérea Norte-Americano ordenou que quatro caças F-106 seguissem o avião sequestrado, para o caso de Barkley tentar jogar a aeronave em uma área habitada.

Mas após duas horas Barkley decidiu dar à TWA uma última chance de entregar os 100 milhões. Dessa vez a empresa arrependida deixou que o FBI se encarregasse da situação. A pedido de Barkley, agentes do FBI alinharam na pista cem sacos de correspondência, cada um supostamente contendo 1 milhão de dólares. (Na verdade estavam cheios de jornal picado.) Assim que o Boeing 727 pousou e parou, atiradores de elite da polícia acertaram os trens de pouso. Um passageiro em pânico reagiu aos tiros abrindo uma das saídas de emergência do avião e escapando por sobre uma asa. Os outros passageiros o seguiram, caindo na grama ao lado do avião encalhado – alguns por pura exaustão, outros porque estavam bebendo uísque sem parar desde o começo do sequestro.

Barkley colocou a cabeça para fora da cabine e viu que restara apenas um passageiro, um fotojornalista que instintivamente apontou sua Nikon para o sequestrador chocado. O homem fez cinco fotos rápidas antes de pular para a asa, enquanto Barkley apontava a arma para disparar.

Momentos depois, agentes do FBI subiram as escadas traseiras que foram baixadas dos fundos do Boeing 727 como uma escada dobrável de sótão; o piloto as descera disfarçadamente enquanto Barkley se preocupava com o fotógrafo. Quando viu os agentes correndo pelo corredor, Barkley voltou para a cabine e atirou no estômago do copiloto. O FBI reagiu com uma saraivada de balas, uma das quais perfurou a mão direita de Barkley. Ele foi algemado enquanto caía sobre uma pilha de dinheiro, sangue escorrendo de seu nariz quebrado.

No final daquela noite, repórteres foram à modesta casa de Barkley em Phoenix para arrancar comentários da esposa. Diferentemente da maioria das esposas de sequestradores, que em geral se diziam perplexas com as ações dos maridos, Sue Barkley foi desafiadora. "Ele acredita neste país e na Constituição, acredita naquilo pelo que estava lutando na Segunda Guerra Mundial, mas [o governo] não o escutou", disse, enquanto exibia as caixas de papelão do marido com documentos legais. "Ele fez isso para que alguém prestasse atenção nele. Estava tentando nos ajudar! Mas piorou tudo."

EMBORA ESSA VINGANÇA comicamente ambiciosa tenha terminado em fracasso, Arthur Gates Barkley teve fãs. Sua nova exigência de resgate transformara o sequestro do Voo 486 da TWA em um dos mais fascinantes espetáculos de mídia do ano: dezenas de câmeras haviam registrado a dramática transferência do dinheiro da pista para o avião, e a *Life* publicou uma grande matéria sobre Barkley, com as fotografias desfocadas tiradas por seu último refém. A matéria era cativante porque Barkley vivera uma fantasia comum, mesmo que ignóbil: ao comandar por um breve tempo os céus acima da capital do país, um motorista de caminhão desempregado obrigara o governo a finalmente tratá-lo com respeito. Qualquer um que se sentisse um zé-ninguém abjeto poderia compreender o apelo de ter um palanque tão poderoso.

Então, previsivelmente, a aventura de Barkley deflagrou uma nova onda de sequestros aéreos, que desnudou os limites do processo de revista discreto da FAA. Um homem armado com uma garrafa de nitroglicerina levou um Boeing 747 da Pan Am de Nova York para Havana, onde Castro inspecionou pessoalmente o avião novo em folha e fez muitas perguntas sobre seu projeto; um soldado do Exército sequestrou um voo da TWA com destino à Filadélfia e o desviou para a capital cubana levando o piloto a pensar que tinha um cúmplice a bordo com uma bomba; um fuzileiro negro desertor tomou um avião da Delta a caminho de Savannah, Geórgia, alegando que não suportava mais a tendência de seus comandantes de chamá-lo de "crioulo".

A princípio o presidente Nixon prestou pouca atenção à volta da epidemia. Estava ocupado demais pressionando o Congresso a aprovar uma legislação penal que endurecesse as penas para atentados a bomba domésticos – um esforço para encerrar uma onda de ataques em campi universitários, onde pacifistas radicais visavam laboratórios com relações com o Pentágono. Com as eleições legislativas de metade de mandato se aproximando em novembro, a decisão de Nixon era uma política inteligente: os eleitores republicanos estavam convencidos de que os estudantes cabeludos eram a quinta coluna vietcongue. Sequestradores de aviões ainda não produziam a mesma reação emocional na "maioria silenciosa" conservadora.

Mas uma série coordenada de sequestros no Oriente Médio obrigou o presidente a mudar suas prioridades. Em 6 de setembro de 1970, quatro equipes de militantes da Frente Popular pela Libertação da Palestina sequestraram simultaneamente quatro aviões, três deles pertencentes a empresas americanas e tendo como destino Nova York. Entre os sequestradores estava Leila Khaled, a militante que se tornara um ícone da moda global no ano anterior. Ela evitara ser identificada antes do voo graças a seu novo rosto, produto de muitas cirurgias que haviam reduzido seu nariz e deslocado seus malares.*

* Leila Khaled alega ter se submetido a seis procedimentos cirúrgicos para modificar sua aparência e recusado anestesia em todos eles.

Khaled e seu parceiro foram dominados por passageiros antes que completassem sua missão, mas as outras três equipes da FPLP foram bem-sucedidas. Um avião da Pan Am foi desviado para o Cairo e, depois da libertação dos reféns, destruído com granadas de mão. Os outros dois aviões foram levados para uma pista de pouso deserta em Zarqa, Jordânia, onde homens armados e mascarados fizeram com que passageiros e tripulantes cansados desfilassem diante de repórteres; 86 dos reféns eram cidadãos americanos. Cinco dias depois do espetáculo humilhante a FPLP dinamitou os aviões diante de várias equipes de filmagem ocidentais. As imagens chocantes da destruição violenta dos jatos foram o prato principal dos noticiários noturnos das três redes de televisão americanas; enquanto isso, os principais jornais do país publicavam fotos de primeira página de guerrilheiros em júbilo dançando nos restos enegrecidos dos aviões.

Na noite de 8 de setembro, enquanto os aviões condenados aguardavam na pista de Zarqa, o presidente Nixon convocou seus principais conselheiros ao Salão Oval para formular um plano de emergência contra sequestros. A operação da FPLP tocara o presidente, que reconhecera o perigo de deixar militantes estrangeiros acreditar que podiam fazer reféns americanos impunemente. O secretário de Estado William Rogers, o de Defesa Melvin Laird e o diretor do FBI J. Edgar Hoover participaram da reunião, assim como Henry Kissinger, à época assistente especial do presidente. Eles trabalharam até de madrugada, concebendo medidas que pudessem ser implantadas por decreto.

Em 11 de setembro o presidente Nixon fez um pronunciamento nacional sombrio no qual apresentou o plano de sete pontos de seus conselheiros. "A maioria dos países, incluindo os Estados Unidos, descobriu formas eficazes de lidar com a pirataria em alto-mar há um século e meio", declarou em sua voz rouca de barítono. "Nós podemos – e nós iremos – lidar eficazmente com a pirataria nos céus hoje."

A maioria das diretivas do plano era bastante anódina, como uma promessa de estudar as melhores medidas de segurança de companhias aéreas estrangeiras e um compromisso vago de desenvolver "novos métodos para detectar armas e artefatos explosivos". Mas um dos decretos presidenciais era verdadeiramente radical:

> Para proteger cidadãos dos Estados Unidos e outros em aviões comerciais americanos, colocaremos funcionários do governo dos Estados Unidos especialmente treinados e armados nos voos comerciais americanos. Já há um número substancial de funcionários disponível, e eles entrarão em operação imediatamente. Na medida do necessário serão suplementados por integrantes especialmente treinados das Forças Armadas que irão operar até que uma força adequada de guardas civis seja reunida e treinada.

Os detalhes desse programa de agentes aéreos só foram revelados cinco dias depois, quando o diretor da FAA John Shaffer apareceu em um especial de uma hora da rede de televisão ABC dedicado à epidemia de sequestros. Shaffer revelou que os Estados Unidos planejavam ter 4 mil agentes disfarçados no ar no começo de 1971, a um custo inicial de 80 milhões de dólares por ano. Os agentes, armados com pistolas calibre .38, seriam orientados a atirar para matar; nenhum homem poderia ocupar o cargo se não fosse capaz de disparar doze balas em 25 segundos com precisão suficiente para matar um sequestrador a quinze metros de distância. A força seria supervisionada pelo major-brigadeiro Benjamin O. Davis Jr., que o presidente Nixon nomeara para o cargo recém-criado de Diretor de Segurança de Aviação Civil. Davis, um brigadeiro da reserva da Força Aérea que pouco antes se demitira do cargo de supervisor do problemático departamento de polícia de Cleveland, era essencialmente o primeiro czar dos sequestros aéreos do país.

As companhias aéreas estavam aterrorizadas com a perspectiva de agentes aéreos. Temiam que os aviões perdessem pressão e caíssem se os anteparos fossem perfurados durante tiroteios aéreos. E temiam as consequências legais caso um passageiro acabasse morto pela bala perdida de um agente; um tribunal civil poderia ser simpático a um processo alegando que os agentes de passagens de uma companhia aérea deveriam ter identificado um sequestrador antes do embarque.

O descontentamento das companhias aéreas se tornou fúria quando souberam como o governo Nixon pretendia pagar os guardas armados: aumentando o imposto sobre cada passagem doméstica em meio por cento, e em cada bilhete internacional em dois dólares. "As companhias aéreas não veem justificativa na imposição dessas novas taxas", disse o presidente da Air Transport Association of America, principal associação do setor, ao Comitê de Finanças do Senado em uma audiência em outubro. "Os impostos são discriminatórios em sua aplicação por serem cobrados de muitas pessoas que não irão se beneficiar do objetivo para o qual pretendem ser estipulados." Em outras palavras, como apenas uma percentagem minúscula dos voos realmente teria agentes aéreos a bordo, o setor considerava extremamente injusto que todos os viajantes devessem pagar por uma proteção que provavelmente não teriam.

Muitos senadores foram conquistados por essa lógica egoísta, embora talvez mais pelas ameaças das companhias aéreas de cortar serviços caso o imposto fosse aplicado. As deliberações do Comitê de Finanças do Senado se tornaram amargas, com senadores defendendo emendas que isentavam do imposto os voos rumo ao Alasca ou que priorizavam a contratação de pilotos desempregados como agentes aéreos. Enquanto isso, a poderosa American Automobile Association se tornou uma grande defensora da cobrança, esperando que ela convencesse muitos viajantes a dirigir, em vez de voar.

No começo de dezembro, o chamado imposto do sequestro aéreo estava morto, vítima de muito trabalho de lobby. Privado do financiamento necessário, o programa de agentes aéreos precisou ter seu alcance drasticamente reduzido. A meta de pessoal foi cortada para 1.196 guardas, embora o alto abandono significasse que apenas oitocentos acabaram trabalhando ao mesmo tempo. O treinamento foi reduzido para apenas um curso de uma semana em Fort Belvoir, Virgínia, o que levantou dúvidas sobre a pontaria dos agentes. "O programa é uma ameaça às pessoas que andam de avião", alertou à Associated Press um dos guardas. As companhias aéreas instruíam seus agentes de passagens a deixar os guardas de fora de voos lotados em benefício de clientes pagantes.

Mas mesmo que o imposto tivesse sido aprovado, todos os agentes bem-treinados teriam servido pouco para deter a epidemia. Havia 5,1 milhões de decolagens nos Estados Unidos em 1970; mesmo se 4 mil guardas estivessem trabalhando 24 horas por dia, as chances de um agente aéreo e um sequestrador acabarem no mesmo voo era infinitesimal. O programa era como colocar um único sprinkler em um prédio comercial de vinte andares na esperança vã de que qualquer incêndio começasse exatamente abaixo dele.

Era ainda mais tolo supor que sequestradores poderiam ser detidos pela possibilidade remota de que um de seus reféns fosse um agente aéreo. Como o pai de Thomas Robinson observara em 1965 depois da tentativa fracassada do filho de chegar a Havana, o cálculo racional de risco e recompensa não significava nada para um sequestrador de aviões. Aquelas eram almas perdidas querendo resgatar sua autoestima, buscando o barato transformador de reinar supremas na fronteira mais distante da América. Enquanto pudessem embarcar em aeronaves com armas, bombas ou potes de ácido enfiados nas bolsas, arriscariam alegremente morrer pela chance de dar um jeito em suas vidas desencaminhadas.

Assim, os sequestros continuaram enquanto o calendário passava para 1971. Um garoto do Alabama de dezessete anos tentou desviar um voo da National para Montreal, onde acreditava que uma grande comunidade de americanos fugidos do alistamento entenderia sua raiva adolescente; um ex-policial de Nova York ameaçou explodir um Boeing 727 da Eastern Air Lines a não ser que recebesse 500 mil dólares, plano frustrado por um funcionário da companhia que agarrou o sequestrador durante a entrega do resgate nas Bahamas; um mineiro de carvão de 58 anos da Virgínia, sofrendo de antracose terminal, exigiu que uma tripulação da United Airlines o levasse a Tel Aviv, onde esperava cair nas graças do Todo-Poderoso trabalhando em um kibutz.

Convencido de que a epidemia só iria piorar, o Lloyd's de Londres começou a oferecer seguros contra sequestro aos viajantes nos Estados Unidos. Por 75 dólares o voo, o viajante poderia receber quinhentos dólares por dia de cativeiro, mais 2.500 dólares em assistência médica e 5 mil no caso de morte ou invalidez.

NINGUÉM FICOU SURPRESO quando o primeiro passageiro foi morto. Com sequestradores atacando quase toda semana no verão de 1971, e suas exigências paulatinamente se tornando mais ultrajantes, a tragédia era inevitável. Mas para quem o conhecia bem, Gregory White parecia um assassino improvável.

A única coisa notável sobre White, de 23 anos, era seu físico atipicamente esguio, que acentuava com um cavanhaque farto. Ele morava em um subúrbio operário de Chicago com a esposa e dois filhos, que sustentava como funcionário de escritório da Illinois Central Railroad, recebendo seiscentos dólares por mês. Seu único vício era o álcool, que usava para superar uma timidez inata que beirava o patológico. Ele às vezes agia de maneira tola quando bêbado; seu prontuário estava cheio de acusações de baderna. Mas nada no histórico de White sugeria que fosse capaz de violência ou que tivesse algum interesse além de colocar comida na mesa da família e pagar suas contas no bar.

Pouco depois das onze horas da manhã de 11 de junho de 1971, White chegou ao Aeroporto Internacional O'Hare de Chicago levando apenas um guarda-chuva fechado. Cruzou o terminal e foi à pista, onde fez fila para embarcar em um voo da TWA rumo a Nova York. Conseguiu chegar ao alto das escadas do Boeing 727 antes de uma comissária pedir seu cartão de embarque. Em vez de atender ao pedido educado, White sacou uma pistola do guarda-chuva, agarrou a comissária pela garganta e apertou a arma em sua testa.

"Vietnã do Norte", disse White, a fala arrastada revelando que sua coragem era alimentada por uísque. "Estamos indo para o Vietnã do Norte."

Um homem que havia embarcado logo antes de White, um consultor administrativo de 65 anos chamado Howard Franks, se virou e voltou para as escadas. Talvez quisesse ajudar a comissária em perigo, ou quem sabe ignorasse o drama e só pretendesse pegar algo em seu casaco pendurado. Sua verdadeira intenção nunca seria conhecida, porque o assustado White atirou duas vezes nele, primeiro na cabeça, depois nas costas enquanto o corpo flácido de Franks se retorcia sobre o carpete do jato.

Tendo cometido o assassinato, White voltou a arma para a cabeça da comissária; ela podia sentir que o cano ainda estava quente. "Você é a próxima", disse ele.

Passageiros saíram em desabalada correria e gritando do avião, passando pelo sequestrador, a comissária refém e o cadáver de Franks. Quando o caos terminou, White repetiu sua exigência aos pilotos: Vietnã do Norte. E também queria 75 mil dólares, além de uma metralhadora carregada.

Depois que o corpo de Franks foi retirado do avião quase vazio, o voo seguiu para o Aeroporto Internacional John F. Kennedy, onde White foi informado de que poderia se transferir para um jato maior capaz de voar até o sudeste da Ásia. Pousado em Nova York, White enfiou a cabeça para fora da janela da cabine para examinar o local. Viu algo se mover na escuridão abaixo da asa direita do avião – um homem agachado no asfalto, se esgueirando para a frente centímetro a centímetro. White disparou imediatamente contra o invasor e errou; o homem, um agente do FBI que estava em seu segundo sequestro em muitas semanas, respondeu ao fogo e acertou White no bíceps esquerdo. Sangrando, o sequestrador imediatamente se rendeu, acovardado.

Dois dias depois, quando White era empurrado para fora do hospital por agentes federais, um repórter gritou: "Por que você estava indo para o Vietnã?"

"Eu queria levar braços para ajudar o povo de lá a lutar", gritou de volta White, que nunca antes expressara o menor indício de que se interessava pela guerra.

Nos dias que se seguiram a TWA foi muito criticada pela falha de segurança que levara ao assassinato de Howard Franks; White fora capaz de caminhar até a pista e subir até a entrada do avião mesmo sem ter cartão de embarque. Como White não era um passageiro com bilhete, nenhum agente da TWA o comparara com o perfil de sequestrador da FAA.

Mas a TWA rejeitou a ideia de modificar de qualquer forma suas políticas de segurança. "Até onde as companhias aéreas podem ir?", retrucou um porta-voz da TWA claramente irritado ao ser perguntado se seu empregador planejava fazer alguma mudança em seus procedimentos de embarque.

"Retirar do terminal todos que não tiverem um bilhete? Impedir de entrar na área do aeroporto todos que não tenham uma passagem?"

Mas o sequestro de Gregory White de fato aumentou a fé das companhias aéreas no FBI. O agente que feriu White fez isso no escuro, disparando para cima, de uma distância de quinze metros. Sua precisão sob pressão convenceu as companhias aéreas de que o FBI merecia confiança no uso de força letal, embora apenas se não houvesse passageiros presentes.

Foi precisamente isso o que aconteceu seis semanas após a prisão de White, quando um ex-mecânico de aviação da Marinha chamado Richard Obergfell sequestrou um voo da TWA enquanto decolava do aeroporto LaGuardia de Nova York. Obergfell exigiu ser levado a Milão, onde pretendia pedir uma correspondente em casamento. O Boeing 727 que tomara não era capaz de cruzar o Atlântico, mas Obergfell recebeu a promessa de um jato de longa distância caso libertasse os reféns. Ele o fez de volta a LaGuardia, mantendo apenas uma comissária de 21 anos de idade enquanto embarcava em uma van de serviços na direção do aeroporto Kennedy, onde um Boeing 707 aguardava para levá-lo à Itália.

Enquanto caminhava na direção do novo jato com a arma apertada contra as costas da comissária, Obergfell não tinha ideia de que estava marcado para morrer. Um atirador de elite do FBI escalara até a metade da parede de metal de três metros que ficava atrás da cauda do 707. Vestindo calças brancas apertadas que subiam até as panturrilhas, o atirador equilibrava seu rifle poderoso no alto da parede e olhava pela mira telescópica. Mas Obergfell estava perto demais da refém para que o atirador disparasse com segurança.

A poucos passos das escadas do Boeing 707 a comissária pisou acidentalmente nos dedos de Obergfell. O sequestrador perdeu o equilíbrio por um momento, recuando um pé. O atirador aproveitou a oportunidade de fração de segundo.

A comissária ouviu dois disparos e pensou: *Estou morta; ele me matou.* Mas então ouviu o baque de um corpo caindo na pista e se deu conta de que não tinha mais o cano de uma arma pressionando sua coluna.

"Eu olhei ao redor e [Obergfell] começou a se levantar sobre o cotovelo", ela recordou depois. "Parecia um pouco tonto. Quando vi que ainda estava no chão, pensei que iria atirar em mim, então comecei a correr."

Mas Obergfell nunca conseguiu puxar o gatilho. Uma das balas do atirador de elite rasgara seus órgãos vitais; ele foi dado como morto no Jamaica Hospital meia hora depois.

A TWA não escondeu sua empolgação com o destino de Obergfell. "A TWA é grata ao FBI por impedir um novo sequestro de aeronave da TWA para a Europa, com toda a tragédia potencial que poderia resultar com um homem armado comandando uma equipe", escreveu a companhia em nota oficial. "A garantia de justiça imediata e rápida é o método mais seguro para desestimular atos de agressão armada contra os passageiros e tripulantes de aeronaves."

Pela primeira vez desde o começo de 1970, quando a estreia do perfil comportamental da FAA coincidira com uma redução repentina dos sequestros aéreos, havia uma verdadeira esperança de que a epidemia tivesse chegado ao seu crepúsculo. A publicidade da morte de Obergfell certamente deveria dissuadir possíveis sequestradores, já que eles agora sabiam que o FBI tinha os meios e a autoridade para matar quando quisesse. Talvez eventuais sequestradores ainda pudessem se safar indo direto para a vizinha Cuba, onde provavelmente acabariam em um gulag tropical. Mas aqueles com ambições maiores sempre precisariam parar em solo americano para conseguir combustível ou resgate. E quanto mais tempo um sequestrador passasse em um aeroporto, maiores as chances de ser abatido pela bala de um atirador de elite.

Mas embora os sequestradores de aviões pudessem ser um bando delirante, doença psicológica não necessariamente interfere na inteligência. Aqueles que aspiravam cometer o crime estudaram as falhas de seus antecessores e aprenderam uma lição vital: a melhor forma de evitar os agentes da lei era evitar o solo.

Paul Joseph Cini poderia ter sido um personagem celebrado no folclore do crime caso não fosse tão diligente com seu embrulho.

Quando Cini, de 26 anos de idade, sequestrou um voo da Air Canada de Calgary para Toronto em 13 de novembro de 1971, fez isso carregando um pacote de papel pardo amarrado firmemente com barbante. Ninguém prestou muita atenção no embrulho, pois todos estavam mais preocupados com as armas que Cini brandia: uma escopeta de cano serrado e dez bananas de dinamite, uma das quais enfiou grosseiramente na boca de uma infeliz comissária de bordo. Alegando falsamente ser membro do Exército Republicano Irlandês,* Cini exigiu 1,5 milhão de dólares e ser levado para a Irlanda. A Air Canada recolheu 50 mil dólares, que entregou a Cini no pequeno aeroporto de Great Falls, Montana. Diferentemente de Arthur Barkley, que surtara quando a TWA sonegara a ele 99.899.246 dólares, Cini não se importou com um resgate menor.

O DC-8 estava voltando a Calgary para reabastecer quando Cini decidiu revelar sua surpresa; mandou a tripulação abrir uma das saídas de emergência do avião para que pudesse saltar para a liberdade. Nos preparativos para o salto, ele começou a desembrulhar seu pacote de papel pardo, que continha um paraquedas comprado em uma loja especializada em Chicago.

Cini passara mais de um ano planejando sua ação. Em setembro de 1970, enquanto virava copos de vodca em seu apartamento em Victoria, na Colúmbia Britânica, Cini vira uma reportagem no noticiário da TV sobre um sequestro fracassado na Califórnia. Sua mente embotada pelo álcool de algum modo conseguiu ter um momento de epifania: um sequestrador só poderia escapar com o resgate saltando do avião.

Cini inicialmente não tinha intenção de tentar isso ele mesmo, pois morria de medo de altura. Mas quanto mais pensava no golpe arriscado, mais se convencia de que era a única oportunidade de melhorar sua vida sem graça. "Eu queria reconhecimento", explicaria mais tarde. "Queria me levantar e dizer: 'Ei, sou Paul Cini, eu estou aqui e existo e quero ser notado.'"

Cini passou meses se preparando para o crime. Investigou aeroportos, estudou projetos de aeronaves e fez muitas perguntas em uma escola de salto em Calgary. Preocupado que seu paraquedas vermelho e amarelo

* No dia seguinte ao sequestro o IRA deu o passo incomum de declarar publicamente que não tinha nenhuma relação com Cini. "Nosso trabalho é organizar a classe operária da Irlanda do Norte em sua luta", disse um porta-voz da organização em Vancouver. "Aterrorizar pessoas inocentes a bordo de aviões não é parte dessa missão."

chamasse atenção demais no céu, Cini o tingiu de azul-escuro e depois pagou a um paraquedista militar canadense para dobrá-lo corretamente. Na manhã do sequestro encheu uma maleta com doces e equipamento de sobrevivência apenas para o caso de ter de passar dias vagando pelo interior de Alberta.

Mas um pequeno erro foi a perdição de Cini: ele embrulhou apertado demais o pacote contendo o paraquedas.

Sem conseguir soltar o barbante do pacote, Cini pediu a um dos pilotos um instrumento afiado para cortá-lo. Quando o piloto ofereceu a ele o machado de incêndio do DC-8, Cini distraidamente pousou a escopeta para aceitá-lo. Vendo o sequestrador desarmado, o piloto chutou para longe a escopeta e agarrou Cini pelo pescoço. Outro membro da tripulação pegou o machado e o lançou sobre a cabeça de Cini, fraturando o crânio. Paul Joseph Cini seria lembrado não como o primeiro "parassequestrador" do mundo, mas como um tolo.

A fama pela qual Cini tanto ansiava terminou cabendo a um homem que chamava a si mesmo de Dan Cooper. Apenas onze dias após a desventura de Cini, Cooper subiu a bordo de um voo da Northwest Orient Airlines em Portland, Oregon. Pouco depois da decolagem, ele informou à comissária ter uma bomba em sua maleta. Exigiu 196 mil em espécie e quatro paraquedas, tendo recebido tudo quando o avião pousou em Seattle. Após libertar os reféns, Cooper pediu para ser levado à Cidade do México, com uma escala para reabastecimento acertada em Reno, Nevada.

Mas pouco antes que o Boeing 727 chegasse à divisa com o Oregon, Cooper saltou das escadas traseiras para uma nevasca terrível. Nunca mais tornou a ser visto, embora cédulas esfarrapadas do dinheiro do resgate tenham sido posteriormente encontradas ao longo das margens do rio Columbia.

Paraquedistas experientes debocharam da ideia de que Cooper pudesse ter sobrevivido ao salto. O homem parecia não saber nada sobre saltos, como ficou evidente pelo fato de ter saltado sem paraquedas reserva e de não ter pedido equipamento de proteção. O avião voava a aproximadamente 312 quilômetros por hora quando Cooper saiu, velocidade que mesmo paraquedistas experientes consideram insegura; é possível que

Cooper tenha ficado inconsciente imediatamente após saltar.* Mesmo se sobrevivesse ao mergulho inicial em temperaturas abaixo de zero e pedras de neve contundentes, o terreno abaixo era letal – nada além de abetos de trinta metros de altura e lagos e rios gelados. Como muitos sequestradores de aviões antes dele, o mais provável era que Cooper fosse psicologicamente perturbado demais para ter elaborado um plano minucioso.

Mas uma enorme busca pelas florestas do sul de Washington e norte do Oregon não encontrou nenhum sinal de Cooper, vivo ou morto. A falta de solução para o caso deu ao público a liberdade de transformar o sequestrador em um herói popular, um quase Robin Hood que roubava dos ricos para provar a grande masculinidade do homem americano. "O feito dele foi impressionante na batalha entre homem e máquina", declarou um sociólogo da Universidade de Washington que se apresentou como especialista em Cooper. "Um indivíduo superando, pelo menos por um tempo, tecnologia, empresa, o establishment, o Sistema."

Conhecido do público como D.B. Cooper por causa do erro de transcrição de um repórter, o sequestrador misterioso foi festejado em arte e comércio. Um garçom de Seattle de 29 anos de idade ganhou uma pequena fortuna vendendo camisetas mostrando uma maleta cheia de dinheiro presa a um paraquedas; um cantor de boate de Portland conseguiu um pequeno sucesso com "D.B. Cooper, Where are You?", que incluía um verso de admiração: "D.B. Cooper não feriu ninguém/ Mas certamente perturbou algumas cabeças."

A esta altura bastante experientes quanto à natureza contagiosa do sequestro de aviões, as companhias aéreas e o FBI se prepararam para o inevitável surto pós-Cooper. Mas ainda estavam lamentavelmente despreparados para o enorme tumulto de 1972.

---

* Nenhum paraquedista profissional tentou saltar de um Boeing 727 até a Convenção Mundial de Queda Livre de 1992 em Quincy, Illinois. Um participante, que saltou a uma velocidade de "apenas" 246 quilômetros por hora, ficou impressionado com a violência da experiência. "A primeira coisa que você percebe depois do salto é o calor dos motores a jato e o cheiro de querosene de aviação", disse. "Havia um vácuo mortal, depois a pancada do jato. Eu me senti como se derrubado por trás no futebol americano."

6. Operação Sísifo

PLANEJAR A MISSÃO PARA LIBERTAR Angela Davis se tornou a ocupação em tempo integral de Roger Holder no final de abril de 1972. Ele começou com um conceito amplo: iria sequestrar um avião e trocar os passageiros por Davis, que estava sendo julgada em San José, Califórnia. Depois levaria a professora de filosofia comunista para o Vietnã do Norte, onde o grato primeiro-ministro do país daria a ela asilo político. O circo midiático resultante de alguma forma obrigaria os Estados Unidos a confrontar as duras realidades que haviam colocado Holder contra a guerra: as mortes sem sentido por armadilhas, o otimismo infundado dos generais, a falta de simpatia do Exército para com seus soldados mais leais.

Mas como Holder iria assumir o controle da aeronave? Como evitaria os atiradores de elite do FBI enquanto em terra? E, mais importante, o que ele e Cathy Kerkow fariam depois de deixar Davis em segurança em Hanói?

Holder passou horas refletindo sobre esses detalhes vitais, enchendo página após página de um caderno espiral com sua caligrafia tediosamente limpa. As ideias saíam dele em um ritmo tão furioso que tinha dificuldade de mantê-las organizadas. Quanto mais se concentrava no projeto, mais seus pensamentos ficavam confusos. Aumentou o consumo de maconha para dar conta de sua agitação, assim como antes havia apelado para a droga de modo a apagar a barulheira do Vietnã.

Holder escondeu cuidadosamente seus planos de Kerkow, que estava ocupada tentando vender o suficiente da maconha de Fast Eddie para que o casal sobrevivesse. Algumas vezes Holder desaparecia um dia inteiro, depois dizendo a ela que havia levado as gêmeas à praia ou ao zoológico. Mas na verdade passara esse tempo viajando entre San Diego e São Francisco, estudando os procedimentos de segurança das companhias aéreas e a disposição interna de seus jatos. Conseguia fazer essas viagens graças à gentileza de uma comissária da Pacific Southwest Airlines com quem tivera um caso um ano antes: sempre que havia espaço disponível os funcionários das empresas podiam dar bilhetes gratuitos a amigos.

Enquanto Holder concebia um plano para libertar Angela Davis, sua vida com Kerkow chegou a um obstáculo. Beth Newhouse e o namorado, Lee Davis, haviam finalmente deixado o apartamento de El Cajon em 1º de maio, tendo decidido que não podiam mais suportar as vibrações esquisitas de Holder. O lugar era caro demais para Holder e Kerkow bancarem sozinhos, então eles ficaram devendo ao senhorio o aluguel de maio e começaram a procurar acomodações mais baratas.

Mais ou menos na mesma época Holder decidiu que precisava ir à casa dos pais recuperar uma das poucas coisas que ainda tinha de seu tempo no Exército: um manual de maio de 1966 intitulado *Guide to Selected Viet Cong Equipment and Explosive Devices* [Guia de equipamentos e artefatos explosivos vietcongues selecionados]. O livreto continha diagramas de várias bombas caseiras, incluindo um modelo do tamanho de uma maleta que interessava especialmente a Holder. A detonação do artefato era controlada por um relógio de pulso comum ligado a uma pilha alcalina.

Kerkow levou Holder à casa dos pais em seu Fusca gasto – era a primeira vez que fazia isso. Enquanto ele procurava o manual de explosivos, ela se apresentou a seus pais, Marie e Seavenes. Eles não ficaram satisfeitos com a escolha de namorada do filho. A relação de Kerkow com Coos Bay lembrava a eles um capítulo humilhante da história da família, que haviam passado os treze anos anteriores tentando esquecer.

Mas Holder ignorou o desprezo dos pais. Cada fragmento de sua energia mental era dedicado a planejar o sequestro perfeito. Ele tinha certeza de que seria aquele a ter sucesso após tantos outros naquele ano falharem.

"Quando eu me levantar você tem de vigiar o outro. Do contrário iremos cair."

Ida Robinson ficou confusa com a instrução enigmática sussurrada em seu ouvido pelo namorado, Allen Sims. O voo do casal pela Pacific

Southwest Airlines estava a cinco minutos de pousar em Los Angeles, e Robinson se concentrava no filho de cinco meses, Atiba, que dormia em um berço ao lado dela. Imaginou que uma combinação de exaustão e o ronco dos motores fizera com que não entendesse Sims.

Mas quando ele enfiou a mão no berço de Atiba, Robinson de repente entendeu o que estava prestes a acontecer e o que seria esperado dela.

Sims tirou rapidamente uma escopeta de cano serrado que escondera sob os cobertores de Atiba e a enfiou no nariz de uma comissária que passava. Robinson então sacou uma pistola do berço e a apontou para as outras comissárias do voo. Ela não tinha ideia de por que o namorado decidira sequestrar o avião, mas a universitária estudiosa confiava nele cem por cento. Estava louca de paixão pelo carismático Sims, um discípulo da radical Frente de Libertação do Terceiro Mundo, e ignorava totalmente que ele havia sido hospitalizado por delírios paranoicos apenas quatro meses antes.

Sims exigiu ser levado à África, embora não especificasse um país. Mas mesmo que tivesse feito isso, não estaria com sorte: as operações da Pacific Southwest eram limitadas à Califórnia, de modo que a companhia não tinha um único jato capaz de cruzar o oceano Atlântico. Sims ficou furioso ao compreender seu erro e descontou a frustração em um jovem de cabelos compridos, que agrediu com a escopeta ao mesmo tempo que gritava: "Vá se foder, hippie!"

Robinson, enquanto isso, começou a se soltar e gostar da brincadeira com o poder absoluto. Ordenou que uma comissária desse a mamadeira a Atiba, e que a outra fizesse um gorro de crochê para o bebê.

África descartada, os sequestradores se decidiram por uma viagem para Havana, chegando à capital cubana na tarde de 8 de janeiro de 1972, com uma escala para reabastecimento em Tampa. Foi o primeiro sequestro americano do ano; comparado com a multidão que se seguiria, foi um caso relativamente banal.*

---

* Robinson retornou aos Estados Unidos furtivamente em 1975, deixando Sims na Jamaica. Foi presa em 1987 depois que Atiba avisou as autoridades; ele alegou que Robinson e o namorado haviam tentado matá-lo depois que fugira de casa. Robinson, que cumpriu quase metade de sua pena de prisão de vinte anos, hoje comanda uma organização de São Francisco que ajuda detentas a voltar a conviver com os filhos.

Ao final do mês, cinco outros aviões haviam sido sequestrados no espaço aéreo americano – o maior número em um único mês desde janeiro de 1969. O golpe mais ousado envolveu um ex-paraquedista do Exército chamado Richard LaPoint, que assumiu o controle de um DC-9 da Hughes Airwest Airlines mostrando à tripulação o que pareciam ser dez bananas de dinamite presas com fita. (Na verdade eram sinalizadores rodoviários.) Após conseguir 50 mil dólares de resgate e dois paraquedas no aeroporto de Reno, Nevada, LaPoint saltou do avião acima do nordeste do Colorado. Diferentemente do misterioso D.B. Cooper, ele sabia muito sobre saltos – pedira um capacete, por exemplo, além de um paraquedas controlável que lhe permitiu pousar em um campo de trigo. Mas escolheu mal o calçado, optando por saltar com botas de cowboy que lhe davam pouco apoio. Como resultado, torceu o tornozelo esquerdo ao pousar no solo congelado. Completamente imobilizado pela contusão, LaPoint foi rapidamente rastreado pelo FBI, que tinha providenciado para que recebesse paraquedas dotados de transmissores de rádio.

Na acuração dois dias depois, o juiz informou a LaPoint que tinha direito aos devidos cuidados médicos pelo tornozelo contundido. O veterano da Guerra do Vietnã resmungou uma resposta que apelou a milhares de ex-soldados lutando para retomar a vida depois do combate: "Que tal alguma ajuda mental em vez disso?"

Considerando o que havia acontecido a dois de seus colegas sequestradores de aviões naquele mês, LaPoint teve sorte de sofrer apenas uma torção de tornozelo. Um antigo paciente psiquiátrico chamado Garrett Brock Trapnell foi baleado na mão e no ombro após um impasse de nove horas no aeroporto Kennedy de Nova York; o atirador foi um agente do FBI que conseguira subir a bordo do avião da TWA disfarçado de piloto substituto. Outro sequestrador, um pai de sete filhos chamado Heinrich von George, de 54 anos, foi decapitado pelo disparo de escopeta de um agente do FBI enquanto tentava fugir do aeroporto de Albany, Nova York, com um resgate de 196 mil dólares. Sua família depois alegou que George sequestrara o Voo 452 da Mohawk Airlines por precisar de dinheiro para pagar a cirurgia cardíaca do filho mais velho.

Reagindo à mais nova onda de sequestros, o major-brigadeiro Benjamin O. Davis Jr., czar nacional dos sequestros desde setembro de 1970, ordenou que todas as companhias aéreas fizessem relatórios detalhando seus protocolos de segurança. Davis ficou chocado ao saber que várias empresas haviam parado de usar o perfil comportamental da FAA, considerado incômodo demais. "Sabem como é, recebemos um número impressionante de pessoas engraçadas embarcando em nossas aeronaves todos os dias", explicou um agente de passagens da Eastern Air Lines ao *Washington Post*. "Se eu tentasse barrar todos os que se encaixam na síndrome do sequestrador acho que poucos aviões decolariam do meu portão." Dos nove sequestros mais recentes, sete haviam acontecido em voos cujos passageiros não foram examinados.

Os relatórios das companhias aéreas a Davis revelaram um segundo grande problema no sistema de combate a sequestros da FAA: havia poucos detectores de metais, e as empresas aéreas se recusavam a comprar mais. Os aeroportos dos Estados Unidos recebiam aproximadamente 15 mil voos comerciais por dia, mas tinham no total apenas 350 detectores funcionando. Esses equipamentos portáteis precisavam ser levados de portão em portão enquanto os aviões se preparavam para o embarque, missão praticamente impossível nos aeroportos mais movimentados. Em vez de atrasar a partida de um voo até a chegada de um detector, os agentes de passagens geralmente abandonavam por completo a revista.

Como a situação da segurança era claramente insustentável, a FAA deu uma ordem de emergência tornando o sistema de revista obrigatório, em vez de voluntário, pelo menos para voos de mais de trezentos quilômetros. Isso significava que as companhias aéreas não podiam mais orientar seus agentes de passagens a abandonar o perfil comportamental por questões de agilidade. Mas a FAA não chegou a exigir que as empresas revistassem todos os passageiros que o perfil recomendava, se curvando ao argumento de que tal obrigação não era possível em função da carência de detectores de metais. Em vez disso as companhias aéreas tiveram a opção de não revistar pessoas selecionadas que pudessem apresentar uma identificação válida com foto.

Algumas semanas depois da ordem da FAA, surgiu uma ameaça inteiramente nova, uma que não podia ser detida com a revista de passageiros: extorsão telefônica.

Pouco antes do meio-dia de 8 de março um homem telefonou para a sede da TWA em Manhattan e disse que havia uma bomba em um voo que acabara de decolar de Nova York para Los Angeles. O homem orientou a empresa a verificar um armário de aluguel em seu terminal no aeroporto Kennedy. O armário específico continha duas bolsas de lona vazias e um bilhete afirmando que havia bombas instaladas a bordo de quatro aviões da TWA. A não ser que as bolsas fossem enchidas com 2 milhões e entregues em um local a ser determinado, as bombas explodiriam a intervalos de seis horas.

O voo para Los Angeles foi chamado de volta a Nova York e os 45 passageiros, evacuados. Uma pastora-alemã farejadora de explosivos chamada Brandy foi levada a bordo para caçar a suposta bomba. Às 12h48 ela começou a bater furiosamente com a pata em uma maleta preta na cabine. Era o tipo de maleta que pilotos usavam para levar planos de voo e guias técnicos; estava até mesmo identificada em letras brancas como da tripulação. Um integrante do esquadrão antibombas da polícia de Nova York usando traje especial abriu cuidadosamente a maleta e examinou com atenção seu conteúdo pela fresta do capacete de aço e nylon. Viu um bloco de 2,2 quilos de explosivo plástico C-4 preso a um despertador. O alarme estava marcado para explodir em doze minutos.

O policial saiu em disparada do avião apertando a maleta junto ao colete. Ele se ajoelhou em um ponto distante da pista e cortou os fios que ligavam o C-4 ao detonador. Agitou os braços em sinal de "sem perigo" às 12h55.

A TWA deixou em terra mais de duzentos voos em busca de outras bombas, enquanto negociava com o homem anônimo. A companhia enviou um jato executivo com 2 milhões de dólares a Atlanta, onde o chantagista disse que marcaria um encontro para receber o dinheiro. Mas depois que o jato pousou a TWA não teve mais notícias do homem.

Por volta de uma hora da manhã uma bomba explodiu na cabine de um jato vazio da TWA no aeroporto de Las Vegas; a enorme explosão teria causado a morte de todos a bordo se o avião estivesse voando. Os inspetores da TWA de alguma forma não viram o artefato, embora houvessem vasculhado o avião duas vezes.

Ao longo dos dois dias seguintes, mais doze ameaças de bombas foram feitas por telefone a várias companhias aéreas em todos os Estados Unidos, com as exigências variando de 25 mil a vários milhões de dólares. Embora não tenham sido descobertas mais bombas, dezenas de milhares de americanos assustados cancelaram suas viagens. De repente, poltronas vazias superavam o número de passageiros em voos que normalmente tinham overbooking.

Pela segunda vez em dezoito meses o presidente Richard Nixon se sentiu obrigado a fazer um pronunciamento à nação sobre a crise na segurança da aviação.

> Nosso sistema de transporte enfrenta uma nova ameaça na forma de violentas tramas de extorsão como as que foram dirigidas ao tráfego aéreo por todo o país esta semana. Não podemos nos deixar intimidar por essa ilegalidade. Em vez disso, devemos e iremos enfrentar essa chantagem em terra com o mesmo vigor com que enfrentamos a pirataria no ar.

O presidente ordenou que as companhias aéreas limitassem o acesso às instalações de bagagem, para que não passageiros não pudessem inserir bagagem nos voos. Também cogitou a ideia de proibir as companhias aéreas de dar dinheiro a chantagistas e sequestradores. Mas seus conselheiros jurídicos concluíram que apenas o Congresso poderia impor tal proibição, e mesmo assim teria de incluir exceções para circunstâncias extremas – uma empresa privada não podia ser obrigada a deixar seus clientes morrer.

Enquanto isso, as cinco maiores companhias aéreas dos Estados Unidos se uniram para criar um fundo de recompensa especial de 246 mil dólares, esperando conseguir informações sobre planos de bombas e sequestros aéreos. E deram aos seus tripulantes novas obrigações antes do voo para ajudar a garantir que os aviões estavam livres de explosivos antes da decolagem. A TWA, por exemplo, orientou suas comissárias a verificar todos os kits de primeiros socorros em busca de bombas e a jogar em um lavatório desocupado granadas que porventura encontrassem.

Brotaram mil teorias acerca das motivações psicológicas dos sequestradores de aviões. John Dailey, o psicólogo que desenvolvera o perfil comportamental para a FAA, acreditava que o sequestrador típico era um egomaníaco ansioso por fama instantânea. A única recompensa com que um homem assim realmente se importava não era dinheiro ou ganhos políticos, mas cobertura da imprensa. "Ele é como um índio caçador de escalpos", Dailey disse em audiência do Congresso. "Se os outros índios não soubessem que escalpelara alguém, ele não faria isso."

William Davidson, presidente de um *think tank* de Washington chamado Institute for Psychiatry and Foreign Affairs, tinha uma visão mais simpática dos sequestradores, que considerava manifestantes contra uma sociedade cada vez mais impiedosa. "Eles são os despossuídos", escreveu sobre os sequestradores de aviões em um artigo no *Washington Post*. "Não se importam com suas vidas ou as vidas de outros. Eles se sentem inteiramente impotentes, e o avião é um enorme símbolo do poder e da tecnologia que os esmaga. Então eles o tomam e tornam seu, pensando pouco ou nada que inevitavelmente em algum momento a aventura irá terminar." Davidson argumentou que a única forma de acabar com a epidemia era dar aos membros da camada psicológica mais inferior da sociedade empregos com significado que não envolvessem "apertar parafusos em uma placa de metal 480 vezes por dia".

Mas na primavera de 1972 o analista mais festejado da disposição mental do sequestrador de aviões foi um psiquiatra de Dallas chamado David Hubbard, autor do sucesso de vendas nacional *The Skyjacker: His Flights of Fantasy*. Consultor de um hospital penitenciário federal no Missouri, Hubbard entrevistara mais de trinta sequestradores de aviões desde janeiro de 1969. Essas conversas o convenceram de que todos esses homens eram marcados por traumas de infância que os tornaram obcecados com voar.

O sequestrador de aviões americano, concluiu Hubbard, era fruto de um pai alcoólatra violento e uma mãe extremamente religiosa. Tivera dificuldade para aprender a andar, depois fora vítima de perseguições na escola por sua falta de coordenação física. Posteriormente suas relações com mulheres acabaram em fracassos desalentadores por causa de suas sensações de incompetência sexual. Como resultado desse sofrimento, o sequestrador desenvolveu um grande interesse por aviões, que subconscientemente associava a movimentos graciosos e libertação de humilhações passadas. Comandar um veículo tão impressionante era o equivalente a triunfar sobre a gravidade, a força que um dia tanto incomodara a criança cambaleante.

"Os sequestradores de aviões parecem querer ficar sobre os próprios pés, ser homens, encarar seu Deus e decolar deste planeta para um lugar mais agradável", escreveu Hubbard. "Assim como quando uma criança ousa enfrentar o 'desconhecido' da posição vertical, [os sequestradores] precisam assumir não apenas o fardo pesado, mas a possibilidade de cair e ser destruídos." Hubbard também argumentou que os sequestradores desfrutavam de uma emoção erótica com seu crime: apontar uma arma para uma comissária, ele disse, "podia ser o primeiro ato sexualmente agressivo de suas vidas".

The Skyjacker foi uma sensação em 1972, e não apenas por causa do tema oportuno. A psicanálise era uma das grandes modas de autoajuda do ano, promovida por astros de Hollywood e retratada em seriados de TV, e Hubbard tinha algum brilhantismo para aproveitar a curiosidade popular pelas teorias de Sigmund Freud. O rosto barbado e familiar de Hubbard se tornou presença constante nos noticiários sobre a epidemia de sequestros aéreos, e as revistas com frequência destacavam sua pesquisa nos resumos semanais de sequestros. A *Life* o saudou como "o homem que provavelmente conhece melhor que ninguém a psicologia do sequestrador".

Hubbard também era valorizado como especialista por não temer as polêmicas. Atacou abertamente o perfil comportamental da FAA como sendo "uma fraude" que levaria a "um caro Estado policial com base em suposições falaciosas". Considerava fútil tentar apanhar sequestradores em terra, pois aqueles realmente dedicados sempre encontrariam um modo de enganar a segurança. Em vez disso Hubbard recomendava medidas concebidas para fazer o sequestro de aviões parecer desinteressante para os psicologicamente perturbados. Isso incluía a disseminação popular de pesquisas médicas relacionando o crime a desajustes sexuais, o fim dos ataques de atiradores de elite do FBI, que Hubbard criticava por alimentarem um "desejo de morte" universal entre sequestradores de aviões, e a formação de mulheres astronautas, para que os possíveis sequestradores tivessem menos tendência a associar o conceito de voar com masculinidade.

Mas a ideia mais estranha de Hubbard era a de que seria possível impedir sequestros no útero. Ele acreditava que todos os sequestradores de aviões sofriam de deformações fisiológicas no ouvido interno, o que explicava seu equilíbrio ruim. Hubbard suspeitava que essas deformações fossem causadas por dietas pré-natal carentes de manganês e zinco. Para testar essa hipótese ele realizou uma série de experiências em sua instalação de pesquisa em Dallas, o Aberrant Behavior Center: Hubbard e sua equipe injetaram toxinas nos ouvidos de bebês macacos e depois compararam a locomoção dos animais com a de macacos cujas mães foram privadas de manganês e zinco durante a gravidez. Hubbard antecipava o dia em que todas as grávidas tomariam suplementos minerais contendo esses dois elementos, dessa forma cortando pela raiz qualquer futura epidemia de sequestros aéreos.

À medida que a fama de Hubbard aumentava, críticos invejosos e rivais atacavam suas teorias mais delirantes. John Dailey, da FAA, debochou da preocupação de Hubbard com a dinâmica sexual do sequestro de aviões, acusando-o parcialmente em tom de brincadeira de querer colocar prostitutas nos voos de modo a distrair sequestradores sexualmente imaturos. James Murphy, diretor da divisão de segurança da FAA, igualmente debochou da insistência de Hubbard em que todas as revistas deveriam ser abandonadas por serem inúteis. Ele disse: "O público quer que continuemos mantendo os desgraçados fora dos aviões."

As companhias aéreas, por outro lado, eram grandes fãs da análise de Hubbard, já que em grande medida as absolvia da responsabilidade pelos sequestros. Praticamente todas o contrataram como consultor para orientar seus pilotos sobre a melhor maneira de lidar com sequestradores. Talvez não por coincidência, Hubbard se tornou um grande defensor de seus empregadores, colocando a maior parte da culpa na mesma imprensa que o adorava. Atacou a imprensa por "transmitir as técnicas de sequestro como uma pessoa com tifo em um berçário" e sugeriu que os órgãos de imprensa fossem processados por publicar diálogos entre pilotos sequestrados e controladores de tráfego aéreo.

Jornalistas experientes só podiam rir da ingenuidade de Hubbard em relação ao seu campo. A onda de sequestros era uma das maiores pautas de 1972, no nível da marcante viagem do presidente Nixon à China. Mesmo o sequestro mais banal produzia boas matérias. E os verdadeiramente sensacionais eram como presentes dos deuses do jornalismo – sobretudo aqueles envolvendo homens que despertavam simpatia ao evocar o "pequeno sequestrador que há em todos nós", como Hubbard tão eloquentemente descreveu.

RICARDO CHAVEZ ORTIZ TINHA uma úlcera, uma úlcera realmente ruim que fazia com que não passasse uma hora sem vomitar. Ele não estava em condições de viajar, mas sentia uma urgência irresistível de deixar Albuquerque imediatamente. Estava na cidade havia apenas 36 horas, tendo ido procurar emprego de cozinheiro – um último esforço para sustentar sua esposa e os oito filhos em Los Angeles. Mas depois de uma noite insone em um motel que era um pulgueiro, Chavez Ortiz mudou de ideia: após dezenove anos vivendo com dificuldade, ele estava farto dos Estados Unidos. Iria voltar para seu México natal e se tornar policial em Tijuana. O pagamento seria péssimo comparado com o que poderia ganhar fritando ovos nos Estados Unidos, mas pelo menos seu próprio povo não o chamaria de sujo ou tentaria enganá-lo o tempo todo.

Chavez Ortiz gastou praticamente todo o dinheiro que lhe restava em duas coisas: uma passagem da Frontier Airlines para Phoenix e uma pistola calibre .22. Planejava tomar o ônibus de Phoenix para Tijuana e vender a arma no mercado negro, lucrando cinquenta dólares – o suficiente para sustentá-lo até o primeiro pagamento. Após alguns meses na polícia de Tijuana ele mandaria buscar seu filho mais velho, Jorge, para impedir que o adolescente entrasse para uma gangue do lado leste de Los Angeles.

Enquanto o Voo 91 da Frontier se elevava acima de Albuquerque na manhã de 13 de abril de 1972, Chavez Ortiz meditava sobre a vida miserável que deixava para trás. Trabalhara muitos dias durante quinze horas lavando pratos e limpando banheiros e passara muitas noites dormindo em pensões infestadas de baratas longe da família. Um dos filhos nascera prematuro e morrera com sete meses, uma tragédia pela qual Chavez Ortiz culpava a si mesmo; não conseguira comprar um suplemento alimentar especial que poderia ter salvado a vida do bebê. Agora as ruas do bairro tentavam lhe roubar Jorge também.

De repente, uma meta se cristalizou em sua mente perturbada. Após uma vida inteira sendo um otário, ele iria se levantar.

> Tantos garotos começam a viver a melhor parte de suas vidas e são mandados para matar pessoas. Eu vejo muitos milhões de crianças aqui neste país, principalmente as pessoas pobres, o homem negro, e elas usam drogas e estragam as coisas. Então vejo os oceanos, os rios, os lagos poluídos. A comida – a melhor coisa da vida – poluída... Então eu digo: "Ah, Cristo, alguém precisa me escutar. Eles sabem que estão destruindo o mundo todo." Então penso: o que posso fazer? Podemos fazer algo. Mas alguém precisa me escutar.

Chavez Ortiz colocou sua pistola calibre .22 descarregada no colo e disse à comissária que gostaria de falar com o piloto.

Ao ver um homem armado entrar na cabine, o piloto se preparou para o que certamente aconteceria: a sempre popular exigência de dinheiro. Apenas seis dias antes um professor de escola dominical mórmon e ex-boina-verde do Exército chamado Richard McCoy conseguira 500 mil dólares após sequestrar um voo da United Airlines partindo de Denver. McCoy saltara do avião de paraquedas perto de sua casa em Provo, Utah, confiando em sua grande experiência para dar o salto perfeito; diferentemente de Richard LaPoint, McCoy se preocupara em calçar botas de combate para se proteger de ferimentos no tornozelo. Embora McCoy tivesse sido capturado rapidamente após suas digitais terem sido encontradas no avião sequestrado, as companhias aéreas sabiam por experiência que esse golpe sensacional iria inspirar imitadores.*

Mas Chavez Ortiz não estava interessado em resgate. Pediu apenas que o piloto passasse por Phoenix e pousasse em Los Angeles, onde alegremente libertaria os reféns com uma condição: que os repórteres da imprensa em língua espanhola da cidade fossem levados a bordo para ouvir sua declaração sobre as indignidades que sofrera nos Estados Unidos.

"Não quero ferir ninguém, por favor", disse Chavez Ortiz ao piloto em seu inglês ligeiramente capenga. "Isto é para salvar meus filhos e também os seus filhos. Estou tentando salvar os Estados Unidos, salvar o mundo inteiro, porque estamos todos malucos. Estamos loucos."

Ele cumpriu sua palavra. Deixou que os passageiros desembarcassem no Aeroporto Internacional de Los Angeles, mantendo apenas os quatro tripulantes do voo. Um grupo de jornalistas foi a bordo, incluindo engenheiros de som de duas emissoras de rádio locais que planejavam transmitir a declaração ao vivo. Assim que os microfones foram ligados ele começou seu discurso: *"Buenas tardes. Esto es su amigo, Ricardo Chavez Ortiz..."*

O discurso incoerente que se seguiu durou 34 minutos. Chavez Ortiz falou de tudo, dos vários chefes que o haviam roubado nos salários até a natureza castradora do sistema de bem-estar social dos Estados Unidos. Insistiu repetidas vezes em que poderia ter pedido um milhão de dólares e voado para o México, mas que transmitir sua mensagem literalmente era mais importante. Assim que terminou, ele educadamente entregou sua arma descarregada ao piloto enquanto se desculpava pelos inconvenientes do dia.

---

* McCoy era piloto de helicóptero da Guarda Nacional na época do sequestro. No dia seguinte ao salto de paraquedas em segurança, ele acabou convocado para participar da busca aérea ao sequestrador – ou seja, ele mesmo. Foi preso em casa menos de 24 horas depois; o resgate, encontrado em uma caixa de papelão, faltando trinta dólares que McCoy já havia gastado.

Esse desempenho caótico fez de Chavez Ortiz um herói instantâneo para o nascente movimento chicano, que tentava despertar a consciência política entre jovens mexicano-americanos. Um comitê de defesa foi criado para recolher doações e pagar sua fiança de 35 mil dólares; dezenas de famílias se ofereceram para dar as casas como garantia. Uma semana após sua captura, Chavez Ortiz saiu da cadeia municipal de Los Angeles sob aplausos de partidários reunidos do lado de fora. Enquanto aguardava julgamento, o antigo cozinheiro e lavador de pratos percorreu as principais universidades da Califórnia fazendo palestras confusas sobre a experiência do imigrante abaixo de gigantescos cartazes que diziam "Liberdade para Ricardo Chavez Ortiz" e traziam seu rosto cansado.

Como Raffaele Minichiello, o sequestrador ítalo-americano que havia sido aclamado em Roma, Chavez Ortiz inadvertidamente tocara uma fonte de fúria. Embora sua mensagem fosse essencialmente incoerente, sua essência apelou a segmentos da sociedade que se sentiam totalmente divorciados do processo político – adversários da guerra cujos anos de marcha não tinham levado a nada, ou moradores de cidades arruinadas que viviam com medo do crime nas ruas enquanto o presidente se preocupava com bombas em campi. Eles admiravam Chavez Ortiz por ter a garra de arriscar tudo para ter voz, mesmo que por apenas 34 minutos.

O louvor a Chavez Ortiz não passou despercebido a Roger Holder enquanto ele se preparava para sua missão. Ao contrário, alimentou sua crença de que também ele seria louvado assim que seu plano engenhoso desse frutos.

CATHY KERKOW HAVIA SIDO reduzida a poucos dólares, uma situação agravada pelo esforço de encontrar um novo apartamento para ela e Holder. Finalmente escolheu um quarto e sala na Lauretta Street, logo atrás do campus da Universidade de San Diego. Mentiu ao corretor dizendo que trabalhava como recepcionista em uma empresa que vendia casas móveis. Também escondeu o fato de que Holder iria morar com ela, já que sabia que relacionamentos inter-raciais não eram bem-vistos. O corretor foi seduzido e lhe deu as chaves; Kerkow se mudou em 15 de maio, aparecendo em uma van emprestada com seu colchão de água e pouco mais.

Quando Holder chegou alguns dias depois, o casal teve uma conversa franca sobre o futuro. Kerkow acabara de vender seu Fusca para levantar dinheiro, mas o saldo em sua conta corrente continuava perigosamente baixo. Disse que o pai desejava que ela o visitasse em Seattle depois do Memorial Day, no fim de maio. Embora seus sonhos de se tornar músico de jazz em tempo integral nunca tivessem se tornado realidade, Bruce Kerkow tinha uma vida boa vendendo imóveis. Estava disposto a mandar a Cathy uma passagem de ida e volta para Seattle e talvez emprestar algum dinheiro. Mas a generosidade do pai era apenas uma solução temporária para seus apuros financeiros – quando voltasse a San Diego ela e Holder teriam de procurar trabalho.

Não se preocupe, disse Holder. Vai ficar tudo bem. As constelações estão alinhadas a favor dos dois.

Enquanto Kerkow se preparava para voar rumo a Seattle em 31 de maio, Holder redobrou os esforços para concluir o plano Angela Davis. Estudava matérias de jornal sobre cada sequestro de avião recente, fazendo anotações do que funcionara e do que dera errado. O mês não carecia de intrigantes estudos de caso, incluindo dois sequestros acontecidos no mesmo dia. O primeiro envolvera um jovem de Dakota do Norte recém-convocado para o Exército que sequestrara um voo da Western Airlines de Salt Lake City para Havana; fizera isso com um bilhete afirmando ser apenas um de "vários membros fortemente armados do movimento anti-imperialista" que trabalhavam para garantir que "os céus da América não fossem seguros novamente até que o governo dos Estados Unidos cesse sua agressão ao povo da Indochina". Quase no mesmo exato instante em que o avião da Western pousava em Havana, um homem de 49 anos da Pensilvânia chamado Frederick Hahneman saltava de paraquedas de um Boeing 727 da Eastern Air Lines enquanto sobrevoava o norte de Honduras. Levava com ele um resgate de 303 mil dólares, conseguido da companhia aérea durante uma escala em Washington. Hahneman desapareceu na selva, em meio a boatos de que planejava doar o dinheiro a rebeldes marxistas.

Mas quanto mais informação Holder reunia, mais confuso ficava seu planejamento. Ele concebera pelo menos sete diferentes estratégias de sequestro de complexidade variável, mas não conseguia decidir qual delas seguir. Rabiscara em seu caderno instruções passo a passo para cada caso, juntamente com uma relação de destinos alternativos para ele e Davis caso o sequestro desse errado. E esboçou as frases que iria usar durante o sequestro, tentando acertar na linguagem e no tom.

Com as páginas do caderno terminando, Holder deu à sua missão um nome tirado da mitologia grega: Operação Sísifo, referência a um rei sádico condenado a passar a eternidade rolando uma rocha colina acima.

No dia 24 de maio, ou perto dele, com a cabeça girando de tanto esforço mental, Holder tirou uma folga para ver o último filme de Charlton Heston – uma obra de ação fantasiosa intitulada *Voo 502 em perigo*.

O filme era polêmico em função do tema, e muitas emissoras de TV se recusaram a veicular anúncios a seu respeito; um gerente de emissora em Washington disse temer que o filme levasse espectadores com "mentes impressionáveis" a sequestrar aviões. Mas ainda assim *Voo 502 em perigo* estreou com boa bilheteria, atraindo cinéfilos curiosos para experimentar o terror da vida a bordo de um jato sequestrado.

Apesar de um elenco estrelado que incluía Rosey Grier e Yvette Mimieux, além de Heston, *Voo 502 em perigo* era medonho, cheio de furos no roteiro. Baseado em um romance popular intitulado *Hijacked*, o filme era um mistério pobre no qual o sequestrador inicialmente faz suas ameaças de forma anônima, rabiscando mensagens no espelho de um toalete. Não é uma grande surpresa quando se descobre que o culpado é um estereotipado veterano do Vietnã interpretado por James Brolin, de 31 anos de idade. Aborrecido com o modo como foi tratado pelo Exército, o perturbado personagem de Brolin decide fugir para a União Soviética, onde está certo de que terá recepção de herói. Previsivelmente, seu plano insano fracassa, embora não antes que o Boeing 707 esteja pousado em Moscou.

Holder ficou fascinado com o péssimo *Voo 502 em perigo*, pois se identificava com o soldado moralmente ferido de Brolin. Ambos haviam desertado ao voltar do Vietnã, e ambos se sentiam desrespeitados pelo Exército.

Em uma cena, enquanto o piloto interpretado por Heston se curva para ajudar a tirar um agente do FBI moribundo do compartimento de bagagem do avião, o personagem de Brolin o chuta nas costelas. "Isso é o que você consegue por cumprir sua obrigação", zomba ele enquanto Heston se encolhe de dor. "É o padrão."

Quando o clímax do filme se aproxima, Brolin coloca seu uniforme de gala do Exército, para encontrar a elite soviética devidamente. Holder gostou do toque impertinente; pouco depois de ver *Voo 502 em perigo* ele resgatou seu próprio uniforme de gala na casa dos pais e mandou lavar e passar. E comprou um conjunto de insígnias de capitão em uma loja de excedentes militares para prender na lapela do uniforme; achou que o sequestro seria mais tranquilo caso se disfarçasse de oficial.

Naquele fim de semana Holder disse a Kerkow que deveriam sair para um jantar especial, já que tinha algo importante para discutir com ela. Os pais dele levaram o casal de carro ao Anthony's Fish Grotto, em North Harbor Drive, uma instituição de San Diego conhecida por seus coquetéis de frutos do mar. A refeição foi uma grande extravagância, considerando o lamentável estado das finanças do casal, mas Holder jurou que tinha um bom motivo para o luxo.

No meio do jantar ele estendeu a mão sobre a mesa e fez um gesto para que Kerkow a pegasse. Chegara o momento de convidá-la a participar da Operação Sísifo.

Holder não se deteve em muitos detalhes operacionais – isso era responsabilidade dele, e só dele. Mas deu a Kerkow uma ideia geral do que tinha em mente, começando por seu plano de sequestrar um avião de Los Angeles com destino ao Havaí; explicou que tal avião certamente tinha a autonomia necessária para a missão.

Assim que assumisse o controle do avião, ordenaria que fosse para o Aeroporto Internacional de São Francisco, onde trocaria metade dos passageiros por Angela Davis e uma quantia considerável. Então seguiriam rumo ao Vietnã do Norte, parando em Honolulu para reabastecer e libertar o restante dos passageiros. Quando se aproximassem de Hanói ele pediria que o primeiro-ministro Pham Van Dong fosse ao aeroporto receber Davis e oferecer asilo político. Assim que soubesse que Davis estava em boas mãos, Holder publicamente doaria o dinheiro do resgate ao líder vietcongue como uma forma de aplacar a culpa que sentia por seu papel na guerra.

Mas o sequestro não terminaria em Hanói. Após deixar Davis e o resgate, o casal voaria para a Austrália – Holder alegava que seriam autorizados a se instalar no deserto. Eles se casariam e então mandariam buscar as filhas gêmeas dele, que Kerkow ajudaria a criar como suas.

E viveriam felizes para sempre.

Kerkow nunca havia ouvido algo tão incrivelmente extraordinário. Ela sempre soubera que Holder tinha uma faceta desafiadora, mas aquele plano era uma verdadeira rebelião. Só havia uma maneira de responder a uma proposta tão deliciosamente radical.

"Então, o que eu visto para um sequestro?"

Havia muito a fazer naqueles últimos dias de preparativos. Um dos maiores obstáculos que Holder e Kerkow enfrentavam era a pobreza – o jantar no Anthony's Fish Grotto acabara com suas magras reservas financeiras, e as passagens para o Havaí custariam mais de quinhentos dólares. Kerkow telefonou para a ex-colega de quarto Beth Newhouse para pedir um empréstimo, mas ouviu um não frio.

Kerkow então teve uma ideia engenhosa: compraria as passagens no aeroporto de San Diego na manhã do voo, usando um cheque que inevitavelmente seria devolvido. Se questionada, alegaria ter colocado um cheque de pagamento em uma caixa de depósito do Security National Pacific Bank naquela mesma manhã. Quando a companhia aérea descobrisse a mentira, disse, seu voo de conexão já estaria a caminho de Los Angeles para o Havaí.

Satisfeito com a viabilidade do esquema de compra de passagens, Holder orientou Kerkow sobre o que mais esperava dela como ajuda no sequestro. O casal se sentaria separado e fingiria não se conhecer no momento do embarque. Depois que ele executasse a tomada, ela permaneceria incógnita entre os passageiros, atenta a problemas. Esse papel seria especialmente importante enquanto o avião estivesse em terra, pois Kerkow seria responsável por alertar Holder caso algum agente do FBI se esgueirasse pelas saídas.

Holder, enquanto isso, se comunicaria com ela pelos alto-falantes. Iria se referir a ela pelo codinome "Stan" – uma esperta homenagem ao melhor amigo de Holder no Vietnã, Stanley Schroeder, um soldado de dezoito anos morto por uma armadilha.

Em 31 de maio Kerkow não embarcou no voo programado para visitar o pai em Seattle. Naquela tarde Holder ligou para o escritório central de bilhetes da United Airlines em Chicago e fez duas reservas para a viagem rumo a Honolulu em 2 de junho; o pagamento seria feito no balcão de passagens do aeroporto. Mas após consultar mapas astrológicos algumas horas depois ele mudou de ideia. Ligou novamente para a United e antecipou as reservas em 24 horas, para que ele e Kerkow partissem já no dia seguinte.

Mas quando acordou antes do amanhecer Holder decidiu que não poderia partir sem se despedir da família. Pediu que o pai fosse buscá-lo, dizendo que queria ver as gêmeas. Na casa dos pais, Holder anunciou que ele e Kerkow estavam prestes a ir para a Austrália, onde planejavam se casar e viver da terra. Marie e Seavenes acharam a ideia totalmente louca, mas haviam passado a esperar esse comportamento errático de Roger desde seu retorno do Vietnã. Marie concordou em levar o casal de carro ao aeroporto às sete horas da manhã seguinte.

Naquela noite, no apartamento de Lauretta Street, Kerkow alegremente fez a mala para sua nova vida como agricultora australiana. Não sabia nada sobre o país, mas imaginava que haveria muito sol e oportunidades para nadar. As roupas que escolheu tenderam bastante para a leveza – duas blusas florais, sandálias italianas de couro, dois shorts de tricô verdes, um biquíni azul Beachmates.

Holder não se preocupou com malas. Viajaria apenas com duas bagagens de mão, uma pequena valise preta e uma maleta Samsonite. A valise conteria seu material de planejamento – o caderno, o manual de explosivos, bilhetes de resgate e seus mapas astrológicos preferidos.

A maleta conteria sua bomba.

7. "Há *weathermen* entre vocês"

Roger Holder se inclinou na direção do espelho do banheiro, inspecionando cada vinco e condecoração em seu uniforme de gala Classe A do Exército. Esfregou saliva nas asas de aviador de prata presas no paletó e ajustou o nó Windsor da gravata. Depois limpou delicadamente as lentes âmbar de seus óculos de aro de metal para que não houvesse pontos ou manchas. Ele não suportava ver algo menos que perfeito para a Operação Sísifo.

Enquanto ele se curvava para polir os sapatos pretos, Cathy Kerkow bateu na porta do banheiro. "Ei, rápido aí dentro", disse. "Preciso cagar." Holder odiava quando Cathy falava assim; gostava de fingir que damas bonitas eram criaturas impolutas. Abriu a porta timidamente e a viu segurando uma xícara de chá. Escolhera um modelo levemente riponga para aquele dia grandioso: calças roxas apertadas nos quadris, cinto de couro grosso que ela mesma fizera e uma blusa rosa-claro. Como Holder, usava óculos da moda, embora suas têmporas fossem escondidas pelos cabelos castanhos que cascateavam.

Kerkow riu ao ver Holder de uniforme. "Você parece um robô!", disse, depois o beijou na face. Holder estava incomodado com a leveza dela; temia que pudesse estar subestimando o significado da missão.

Eram 6h15 de 2 de junho de 1972. O primeiro voo do casal pela United Airlines naquele dia, de San Diego para Los Angeles, iria partir em menos de três horas.

Ao desembarcar no Aeroporto Internacional de Los Angeles às 9h25, Kerkow anunciou que tinha de usar o banheiro mais uma vez. Holder, que viajava sob o pseudônimo de "C. Williams", prometeu esperar por ela junto ao portão de desembarque.

Enquanto Holder acendia um Pall Mall, um homem de blazer azul acinzentado o abordou e perguntou se era o capitão Williams. Quando Holder confirmou, o homem se identificou como representante de serviços ao cliente da United.

"Temos um pequeno problema que precisamos discutir, senhor", disse o representante, fazendo de tudo para soar respeitoso à suposta patente militar de Holder. Explicou que era um problema com o cheque que Catherine Marie Kerkow passara no aeroporto de San Diego. A pedido de um desconfiado agente de passagens da United, o Security Pacific National Bank revisara cuidadosamente os registros de retiradas e depósitos recentes de Kerkow. O banco concluíra que a conta estava estourada em 2,97 dólares; como resultado, a United não poderia receber seu cheque de 580,83 dólares. O representante pediu educadamente que Holder entregasse as passagens do casal do voo de conexão rumo a Honolulu.

Enquanto Holder afirmava ignorar o estado das finanças da namorada, Kerkow retornou de sua ida ao toalete feminino. Jurou ao representante da United que o banco estava equivocado, pois colocara um cheque de pagamento em uma caixa de depósito de agência naquela mesma manhã; seu cheque sem dúvida seria compensado no final do dia. Mas o representante da United não foi convencido por suas mentiras ou seus encantos femininos. Kerkow e Holder não tiveram escolha a não ser entregar as passagens.

Para piorar as coisas, o representante disse a Kerkow que sua bagagem despachada já estava sendo transferida para o voo rumo a Honolulu, portanto não poderia ser retirada. Ela teria de entrar em contato com o departamento de bagagens da United para acertar a retirada de seus pertences.

Ainda não eram dez horas da manhã e a Operação Sísifo já dera errado.

Tendo se equivocado grosseiramente na avaliação da eficiência do setor bancário, Holder e Kerkow pediram bloody marys em um bar do aeroporto e pensaram no que fazer a seguir. Temiam que a polícia fosse chamada caso Kerkow tentasse passar mais um cheque sem fundos para outra companhia. Mas adiar a missão não era uma opção: o júri do caso Angela Davis deveria começar a deliberar naquele mesmo dia.

A situação deles parecia desesperançada até Kerkow se lembrar de uma coisa: a passagem da Western Airlines que seu pai lhe mandara, aquela que não usara dois dias antes enquanto se preparava para o sequestro. Ainda estava em sua bolsa.

Kerkow foi ao balcão de passagens da Western e perguntou se poderia trocar a passagem de ida e volta não utilizada por duas passagens só de ida. O agente disse que não havia problema, e alertou que tinha direito a um reembolso de doze dólares – o voo de Los Angeles era ligeiramente mais barato que o de San Diego. Também sugeriu que o casal poderia viajar por ainda menos caso Holder se valesse de uma oferta especial da Western: militares que ficavam na lista de espera tinham direito a meia tarifa.

De modo algum, disse Kerkow. Eles precisavam garantir poltronas no próximo voo para Seattle – o Voo 701, com partida marcada para 12h50.

O agente de passagens deu uma olhada rápida no casal enquanto Kerkow preenchia seu pedido de devolução. Nada no comportamento deles pareceu estranho. Diferentemente de quatro colegas do Voo 701, Holder e Kerkow não foram escolhidos para revista adicional.

Com cartões de embarque nas mãos, o casal retornou ao bar para um último coquetel antes do voo. Ao terminar, separaram-se friamente: a partir de então fingiriam ser estranhos até que os últimos passageiros tivessem sido libertados a caminho do Vietnã do Norte.

Enquanto enfiava seu exemplar da última *Playboy* na bolsa, uma sorridente Kerkow disse as últimas palavras a Holder: "Crioulo, é melhor não me abandonar." O insulto era uma piada particular deles, uma forma de brincar com suas diferenças raciais.

O embarque começou às 12h35. Não havia lugares marcados: ele pegou o 18D, no corredor, enquanto ela escolheu o 22D. Aproximadamente quinze minutos após terem se acomodado, as rodas do jato perderam contato com a pista. A Operação Sísifo começava.

Holder estava louco por um pouco de maconha, só alguns tapas para acalmar os nervos. Tinha um maço de cigarros cheio de baseados no bolso do peito, mas não havia como dar um tapa no toalete sem chamar atenção indesejada. Então tomou uma segunda rodada de bourbon, levada a ele por uma comissária loura com um belo corpo que disse se chamar Gina. Um solavanco causado por turbulência fez com que ela derramasse um pouco de bebida no paletó de Holder, um acidente pelo qual se desculpou muito.

"Não se preocupe com isso", disse Holder. "Não estragou nada."

Ainda assim Gina Cutcher prometeu dar a ele um *voucher* de lavagem a seco. Holder virou a cabeça para vê-la caminhar de volta para a cozinha da cauda, sua figura atraente apertada no favorável uniforme pêssego da Western. Pensou brevemente em convidar aquela dama exuberante a se juntar a ele e Cathy em sua viagem, se tornar parte do bando alegre de assentados no deserto australiano. Mas sabia que seria tolice se desviar do plano.

Quando Holder ficou sem cigarros, filou um do homem sentado na 18E, um executivo de venda de carros da suburbana Seattle. O homem usou o pedido como uma desculpa para bater papo. Começou a conversa perguntando a Holder há quanto tempo estava no Exército. "Ah, desde antes de nascer", respondeu Holder com uma risada, depois explicando que o pai passara a vida inteira nas Forças Armadas.

Essa foi a última coisa verdadeira que Holder contou ao vizinho de poltrona. A seguir emendou uma trama fantástica de ousadia, alegando ser um piloto de helicóptero que acabara de sair do hospital após sofrer ferimentos terríveis no Vietnã. Disse ter servido também na Coreia, onde fora abatido após uma missão secreta de bombardeio sobre o paralelo 38. Estava indo a Seattle como parte de seu novo posto no serviço de informações do Exército, cargo que conseguira depois de alcançar geniais 141 pontos em um teste de QI. Quando sua carreira militar terminasse ele esperava treinar pilotos da polícia na arte de manobras evasivas.

Quatro fileiras atrás de Holder, Kerkow contava mentiras menos escandalosas para o vizinho de poltrona, um empreiteiro de meia-idade de Los Angeles. Disse que estava indo a Seattle para a festa surpresa de aniversário do pai, e que trabalhava como recepcionista de um consultório médico em San Diego. Pouco depois o homem sentado do outro lado do corredor em frente a Kerkow a atraiu para uma partida de gin rummy, um jogo de cartas parecido com o buraco, em que ela se saiu bastante bem.

Quando o avião passava sobre o monte Hood, no Oregon, Holder sentiu uma forte pontada de dúvida. Temia que já tivesse esperado demais para assumir o controle, uma preocupação que deflagrou dúvidas sobre todos os seus preparativos. Começou a redigir um novo bilhete para o capitão, rabiscando furiosamente em uma folha de bloco pautado. Mas parou de escrever após cinco parágrafos incompreensíveis, incapaz de montar uma mensagem coerente. Seus pensamentos voavam.

Holder pediu outro cigarro ao vizinho de poltrona e tentou ler um perfil da *Life* sobre o governador do Alabama e candidato democrata à presidência George Wallace, que sobrevivera à bala de um assassino em 15 de maio. Embora mantivesse um verniz de calma, estava tentando desesperadamente reunir coragem para seguir com o plano.

Por volta de 14h25 a voz do capitão soou nos alto-falantes. Chamou a atenção dos passageiros para o cume do monte Rainier coberto de neve, que surgia à esquerda da aeronave. Tudo corria bem, acrescentou, e pousariam em Seattle dentro de 25 minutos.

Holder fechou sua revista e apagou o cigarro. *Agora ou nunca*, pensou. *Agora ou nunca*.

Tirou a maleta Samsonite de sob o banco à sua frente e a substituiu pela valise preta. Abriu uma fresta da maleta e pegou um despertador de viagem. Deu corda e o recolocou na maleta.

"Poderia vigiar meu lugar?", pediu Holder ao executivo de venda de automóveis na 18E. Depois se levantou e desceu o corredor até a traseira do avião.

Kerkow o viu passar. Era a hora.

Holder puxou a cortina vermelha da cozinha traseira e encontrou três comissárias enfiando carne e brócolis na boca. A adorável Gina Cutcher era a mais próxima dele.

Ah não, pensou Cutcher. O voucher. *Esqueci do* voucher *dele*.

"Preciso lhe mostrar algo", Holder disse a ela, colocando duas folhas de bloco de anotações no balcão da cozinha. "Leia isto."

Cutcher fez o que ele mandou. O primeiro bilhete começava: *Sucesso pela Morte...*

O DIA DEVERIA SER MARCANTE para Jerome Juergens, que pela primeira vez capitaneava um Boeing 727. O ex-aviador dos Fuzileiros, que estava na Western desde 1959, pilotava 737 havia alguns anos. O 727, mais velho e maior, com seu projeto único de três turbinas e cauda em T, era muito apreciado pelos pilotos por agilidade e respostas; podendo escolher qualquer avião para superar uma tempestade de raios, muitos pilotos veteranos escolheriam o Boeing 727.

O copiloto de Juergens, Edward Richardson, tinha centenas de horas em 727. Ele fora escalado para o Voo 701 de modo a observar e avaliar o desempenho de estreia de Juergens. Completava a tripulação o engenheiro de voo Thomas Crawford, ex-piloto da Força Aérea que começara a voar pousando aviões de carga C-130 na tundra do Alasca. Ele se sentava logo atrás de Richardson, diante de um enorme painel de instrumentos no lado direito da cabine.

Pouco depois de 14h30, quando Juergens baixava o avião na direção do Aeroporto Internacional Seattle-Tacoma, a campainha da cabine tocou duas vezes. Entraram Gina Cutcher e Donna Jones, a comissária-chefe do voo. Cutcher apresentou duas folhas de papel e disse: "Capitão, antes que continue a descer, por favor, o senhor... o senhor precisa ler isto!"

Embora cheia de erros de ortografia, a mensagem dos bilhetes era cristalina; quatro homens, três armas, duas bombas. E o diagrama da maleta provava que, no mínimo, o autor dos bilhetes era familiarizado com explosivos militares.

Juergens sempre se vangloriara de nunca ter passado o comando de um avião a um sequestrador. Fuzileiro orgulhoso, ele achava poder dominar qualquer um tolo o bastante para desafiar seu comando – com as mãos nuas, se necessário. Mas agora, diante da possibilidade muito real de perder todos os noventa passageiros a bordo, Juergens conteve sua bravura. "Volte e diga a esse homem que faremos qualquer coisa que ele quiser", disse a Cutcher.

Juergens repassou de cabeça os procedimentos da Western para sequestros, que eram detalhados em um capítulo de dez páginas no manual do piloto da companhia. Havia um código especial que tinha de ser enviado ao controle de tráfego aéreo em Seattle – "7500" significava um sequestro em andamento, "7700", que vidas corriam perigo iminente. A palavra de código "TRIP" também tinha de ser enviada a Seattle, juntamente com informações pertinentes quanto aos passageiros: se havia bebês a bordo, alguma criança viajando desacompanhada, celebridades ou políticos. Havia até mesmo instruções especiais sobre viagens para países hostis como União Soviética, China e Vietnã do Norte, incluindo especificações para velocidade (400 nós) e a frequência correta na qual transmitir sinais de emergência (121,5 megahertz).

Ed Richardson conhecia esses procedimentos melhor do que qualquer outro piloto da Western, pois tinha experiência pessoal em sequestro. Menos de um mês antes, em 5 de maio, ele integrava a tripulação que levara a Havana um jovem fugindo da convocação do Exército. Aquele sequestrador estava com um revólver escondido em um livro oco; também alegara integrar um movimento paramilitar de oposição ao imperialismo americano. Richardson desprezara o jovem balofo como um "filhinho de mamãe" que apenas tinha medo de lutar no Vietnã. Sua lembrança mais clara do sequestrador foi a primeira frase do autoproclamado revolucionário para os soldados cubanos que subiram a bordo da aeronave: "Vocês conseguem alguém para pegar minha bagagem?"*

* O sequestrador, Michael Lynn Hansen, foi devolvido aos Estados Unidos em 1975. Ele se tornou um ardente neonazista durante sua posterior estadia de cinco anos na prisão, depois da qual fundou o Christian National Socialist White People's Liberation Army.

Cutcher pediu forças ao Senhor enquanto voltava à cozinha de trás. Teve uma sensação ruim sobre o trabalho de comissária desde a primeira entrevista, quando os funcionários da Western passaram mais tempo medindo seu busto e suas coxas do que perguntando sobre suas qualificações. Como ela agora desejava ter seguido seu sonho e ido para a faculdade de enfermagem.

Encontrou Holder apoiado no balcão da cozinha, olhando para seus sapatos sociais imaculadamente engraxados. Repassou, gaguejando, as palavras de Juergens: "O capitão diz que irá... Irá fazer qualquer coisa que o senhor queira."

"Bom, agora me leve à cabine", retrucou Holder. "Você tem dois minutos para me colocar lá." As duas outras comissárias na cozinha, Marla Smith e Carole Clymer, ficaram aliviadas de se livrar do sequestrador; ele as assustara com seus murmúrios de arrependimento por não ter conseguido destruir o avião.

Poucos passageiros perceberam Holder e Cutcher enquanto seguiam pelo corredor. Um dos que notaram, uma mulher de dezenove anos viajando com seu bebê, olhou duas vezes por causa da altura incomum de Holder. Quando este pegou a jovem olhando, deu um sorriso e disse: "Paz."

Holder se abaixou para passar pela porta aberta da cabine e se colocou acima da tripulação de voo de três pessoas. Aproveitou um momento saboreando a sensação de realização; pela primeira vez em muito tempo se sentia totalmente sintonizado com as intenções que o universo tinha para sua vida. Mas depois que essa onda de satisfação passou, ele se esforçou para lembrar do que deveria fazer em seguida. No exato instante de seu maior triunfo, todos os planos elaborados de Roger Holder começaram a se misturar em sua cabeça.

"Meu nome é Richard Bradley Williams", disse Holder, um traço de ansiedade perceptível em sua voz insegura. "Eu me formei como piloto de helicópteros em Fort Rucker. Pilotei Huey Cobras no Vietnã. Estou de volta há 36 dias, trabalhando com o serviço de informações do Exército. Moro em Oakland. Sou divorciado."

Holder se sentou no assento dobrável atrás de Juergens e ficou em silêncio. A tripulação estava chocada, não apenas porque Holder parecia mais interessado em contar a história da sua vida do que em fazer exigências. Um dos bilhetes de sequestro havia claramente instruído os pilotos a deixar a cabine, a quatro passos de distância, e "ocupar assentos nos fundos da aeronave". Juergens estivera se preparando para argumentar contra essa ideia perigosa. Mas Holder parecia ter se esquecido de tudo que escrevera.

Holder ergueu sua maleta Samsonite e moveu o indicador esquerdo, aquele com o anel metálico. A equipe podia ver que o anel estava ligado a um fio de cobre que entrava na maleta. "Isto controla o detonador", explicou. "Há uma granada de concussão dentro, e oito peças de C-4. Capitão, qual o seu nome?"

"Jerry Juergens."

Holder apertou a mão do capitão com firmeza, e depois fez o mesmo com os dois outros membros da tripulação. Tom Crawford notou que a mão do sequestrador estava úmida e que suor escorria pela testa.

"Estou aqui para lhes dizer que fui visitado em minha casa pelos *weathermen*", disse Holder. Ele estava se referindo a um famoso grupo radical, dissidência do Students for a Democratic Society, que orquestrara uma série de atentados a bomba destinados a encerrar o envolvimento dos Estados Unidos no Vietnã. Duas semanas antes os *weathermen* haviam conseguido explodir um banheiro feminino no Pentágono.

"Eles me disseram que haviam tomado meus filhos da minha esposa, os sequestradores", continuou Holder. "Foi assim que me obrigaram a fazer isto; estão com minhas meninas. *Minha família*. Quatro deles estão neste avião agora mesmo, lá atrás com uma bomba. Um é uma garota; a líder. E está cheia de LSD. Eu os vi no aeroporto de Los Angeles, esperando. Mas não sei onde estão sentados agora."

Holder retirou seu caderno espiral de um bolso do paletó e foi para a primeira página. "São Francisco", disse. "Eles querem que sigamos para São Francisco."

"Não há combustível suficiente para isso", disse Richardson. "Precisamos pousar primeiro em Seattle." Holder objetou dizendo que não havia tempo para paradas no caminho. Mas Richardson argumentou que não tinham escolha – mal podiam voltar à divisa entre Washington e Oregon com o combustível que restava.

Então uma ideia repentina ocorreu a Holder – um modo de transformar a Operação Sísifo em uma demonstração ainda mais elaborada e pessoal.

"Quero que pousemos em Coos Bay", disse.

Richardson revirou os olhos com a idiotice do sequestrador. Explicou secamente que mesmo que tivessem combustível suficiente para chegar ao sudoeste do Oregon, um Boeing 727 nunca pousaria no aeroporto minúsculo de Coos Bay. Ou pousavam em Seattle imediatamente ou morriam todos.

Holder concordou, embora insistisse em que o reabastecimento teria de ocorrer em um local distante do terminal, em uma pista vazia – ele queria tornar o mais difícil possível para a polícia chegar ao avião. Crawford passou a notícia por rádio para o centro de comando da Western em Los Angeles, encarregado de lidar com todas as comunicações relativas a sequestros:

> Voo 701: Vamos pousar em Seattle para reabastecimento. Esse é o primeiro problema. Precisaremos de combustível, e também poderemos precisar de algum dinheiro.
>
> Western: Entendido.

Tendo acertado a breve parada em Seattle, Holder prosseguiu com as exigências que atribuiu a seus chefes *weathermen* imaginários. "Dinheiro. Você disse dinheiro. Eles querem 3 milhões de dólares."

Crawford virou sua poltrona para a direita a fim de poder olhar Holder nos olhos. "Escute: acredite ou não, meu pai é vice-presidente do Federal Reserve Bank de Cleveland", disse, falando a verdade. Crawford explicou que os únicos bancos com 3 milhões de dólares em mãos provavelmente seguiam a política do Federal Reserve de trancar seus cofres precisamente às 17 horas às sextas-feiras – dali a pouco mais de duas horas. As fechaduras são controladas por temporizadores, de modo que absolutamente ninguém consegue abri-las até oito horas da manhã de segunda-feira.

"Se você quer 3 milhões de dólares hoje, a esta hora, não irá conseguir", disse Crawford. "Terá sorte se conseguir encontrar meio milhão."

"Certo, então é meio milhão", disse Holder. "E Angela Davis. Levá-la para o aeroporto de São Francisco, na pista. Vestindo algo branco – um vestido branco." Holder pensara bastante nesse último detalhe; ele queria ter certeza de poder ver Davis de longe.

Crawford repassou essas exigências ao controle da Western, enfatizando que eram feitas por um homem que levava uma bomba e alegava ter companheiros armados consumidores de LSD entre os passageiros. No momento em que Crawford encerrou a transmissão Holder de repente se lembrou de algo mais que queria.

"E cinco paraquedas. Queremos cinco paraquedas."

Enquanto Crawford falava ao rádio mais uma vez, Juergens levantou o nariz do avião e virou à esquerda. Eles teriam de entrar em uma rotina de espera enquanto uma pista era esvaziada. De modo a preparar os passageiros para a inesperada brevidade de sua estadia em Seattle, Juergens decidiu ser claro com eles. Ligou os alto-falantes e começou a falar, escolhendo as palavras com muito cuidado.

"Senhoras e senhores, nós, ahn, temos um grupo aqui na cabine que não deseja ir para nosso destino programado. Estamos colaborando inteiramente com ele. Vamos pousar em Seattle em alguns momentos para abastecer. Darei mais detalhes quando os tiver."

Os passageiros haviam visto noticiários em número suficiente para entender precisamente o que estava acontecendo. Alguns enfiaram dinheiro e joias nas meias, temendo que o sequestrador tentasse roubá-los a caminho de Havana; outros baixaram as cabeças em prece ou procuraram rosários de contas nos bolsos. Uma mulher na primeira classe começou a hiperventilar e soluçar descontroladamente até o marido abafar seus gritos enfiando a cabeça dela no seu blazer; para alívio das comissárias, a mulher histérica logo desmaiou.

Mas Holder achou que o anúncio de Juergens não havia sido suficientemente assustador. Ele queria que os passageiros sentissem o máximo de medo, para que ninguém ficasse tentado a agir temerariamente. Ele arrancou o intercomunicador do capitão.

"*Weathermen*, relaxem – não estamos encontrando absolutamente nenhuma resistência, eles estão atendendo a todas as nossas exigências", disse Holder para seus supervisores fictícios. Depois voltou seu comunicado para os passageiros. "Há *weathermen* entre vocês. Eles têm uma bomba. Um deles está cheio de LSD. Permaneçam calmos. Não tentem nada. Esses homens irão nos explodir caso alguém saia da linha."

Olhos se viraram nervosamente enquanto os passageiros tentavam identificar os sequestradores ocultos no meio deles. A não ser por crianças e idosos, todos eram suspeitos.

Na poltrona 22D, Cathy Kerkow mal conseguiu conter um sorriso. O plano de seu futuro marido era ainda mais inteligente do que ela imaginara.

O Voo 701 POUSOU em Seattle às 15h14. Seguindo as instruções de Holder, o avião imediatamente taxiou para uma pista sem tráfego. Enquanto um caminhão de combustível se aproximava do avião estacionado, um passageiro frenético tentou abrir uma saída de emergência sobre a asa esquerda. Seu vizinho de poltrona o segurou com força e o lembrou da ameaça do sequestrador. "Você não escutou? Não faça nenhuma gracinha."

Enquanto isso Holder ficava mais agitado a cada minuto que passavam em terra. Sua pesquisa lhe ensinara que as chances de sucesso de um sequestro despencavam em proporção direta à sua duração. Ele estava quase 1.196 quilômetros ao norte de São Francisco, e por causa da confusão com o cheque devolvido naquela manhã, já estava ficando tarde. No instante em que o caminhão-tanque se afastou do jato, Holder deu uma ordem no ouvido de Juergens: "Certo, branco, coloque esta coisa em movimento."

"Certo, eu vou apenas..."

"Agora. Coloque em movimento agora."

Juergens apertou o acelerador e fez o jato disparar pela pista 34L. Passageiros que haviam se levantado para esticar as pernas foram sacudidos como bonecas de pano.

Assim que o avião estava no ar e seguindo rumo ao sul, o gregário Crawford tentou arrancar informações de Holder. "E então, aqueles lá atrás, os *weathermen*. A bomba deles é igual à sua, com granada e C-4?"

Holder balançou a cabeça. "Aquela tem um dispositivo de tempo. Eles irão reajustar a cada duas horas desde que continuem a conseguir o que querem."

Minutos depois Donna Jones tocou a campainha da cabine. Um passageiro lhe dissera que a esposa estava morrendo em um hospital de Seattle. Viajara de Los Angeles porque ela estava sendo submetida a uma operação de emergência. Estava desesperado para saber se sobrevivera ao suplício. Havia alguma forma de a companhia aérea descobrir o quadro dela?

Crawford pediu permissão a Holder para transmitir a mensagem. Aquela pequena deferência satisfez Holder, que autorizou. *Esse cara aceita negociar*, pensou Crawford. *Temos uma afinidade. Posso trabalhar com ele.*

Após receber a notícia de que a esposa do passageiro angustiado estava se recuperando, Crawford testou Holder ainda mais: "Então, depois de São Francisco, para onde quer que levemos vocês?"

Holder foi apanhado desprevenido pela pergunta. Ele não planejara revelar seu destino até depois que Angela Davis estivesse segura a bordo. Ele se atrapalhou com a resposta: "Talvez eu queira ir para... ahnnnn, Vietnã do Norte?"

Silêncio total na cabine. Isso iria ser um problema.

Crawford apontou para as asas de prata presas no uniforme de Holder. "Você pilotou Cobras, certo?"

Quando Holder anuiu, Crawford tocou em uma fileira de três marcadores em seu painel de instrumentos. "Certo, então você entende isto. Veja, eis o fluxo de combustível nos três motores. Cada um deles gasta 3 mil libras por hora, certo? Com 9 mil libras por hora, só temos cinco horas de autonomia. Certo?

Holder olhou sem entender para o marcador de combustível. Crawford viu que tinha de ser mais claro: "Isso significa que você não consegue chegar lá. Vietnã do Norte? Não dá. Não em um 727. Não é possível fazer isso."

Holder demorou um momento para compreender a enormidade de seu equívoco. Em sua pressa para descobrir outro voo para sequestrar após perder as passagens da United para o Havaí, ele esquecera completamente a questão da autonomia. Agora ele acidentalmente se apossara de uma aeronave incapaz de chegar a Honolulu, quanto mais a Hanói.

Mas era tarde demais para abortar a Operação Sísifo. Angela Davis estava em sua hora mais desesperada. Holder teria de improvisar.

"Então arranje um avião que consiga."

Crawford pediu para Holder mudar de ideia, escolher um destino que o Boeing 727 pudesse alcançar. Explicou que a tripulação do Voo 701 não era treinada para pilotar jatos de longo alcance, de modo que novos pilotos também teriam de ser encontrados. Ele sugeriu ir direto para Havana, ou algum país centro-americano. Mas Holder permaneceu firme em seu desejo de um avião capaz de cruzar um oceano.

"Que tal King Salmon, Alasca?", sugeriu Crawford, lembrando de uma cidade isolada de seu tempo na Força Aérea. "Conheço uma pequena pista lá para onde podemos levar você. Iremos embora e deixaremos você sozinho."

"Não. Quero outro avião."

Crawford ligou para a central da Western com as más notícias:

> Voo 701: Estamos negociando aqui e querendo saber se podemos conseguir outra aeronave, nossa ou de outra companhia, e uma tripulação nova para um voo transpacífico. Tentaremos deixar os passageiros e levar apenas tripulação e pessoas envolvidas. Querendo aeronave para levar ao destino correto.
>
> Western: Entendido. Contate rampa de controle em SFO para mais instruções e informações.

Holder agora tinha de pensar em uma confusão logística totalmente imprevista: como poderia passar em segurança de uma aeronave para outra? Ele pensou no falecido Richard Obergfell, o sequestrador que havia sido abatido por um atirador de elite do FBI a poucos passos do Boeing 707 que deveria levá-lo para Milão. Holder temia que pudesse facilmente ter o mesmo destino.

Angela Davis estava sentada sozinha em um café de San José às 15h45, tentando desfrutar de um almoço vegetariano tardio e um raro momento de paz. As 24 horas anteriores haviam sido um redemoinho de arrasar os nervos, começando com os argumentos finais emocionantes do julgamento em 1º de junho: seu advogado atacara o caso como "uma fraude gigantesca não apenas contra a ré, mas também contra o nome da justiça americana". Horas depois alguém telefonara para o escritório do procurador-geral do condado de Santa Clara fazendo uma ameaça de morte, jurando que Davis seria assassinada quando aparecesse no tribunal na manhã seguinte. Portanto, a segurança havia sido extraordinariamente rígida para os procedimentos do dia, que consistiram em o juiz Richard Arnason dar as últimas instruções detalhadas ao júri. As deliberações sobre o julgamento de treze semanas haviam finalmente começado.

O gerente do café interrompeu o almoço de Davis dizendo a ela que havia um telefonema de seu advogado. Inicialmente Davis imaginara que estava ligando para avisar que já havia um veredicto. Mas o júri só estava deliberando desde o meio-dia – como poderia ter decidido tão rapidamente aquele caso complexo?

O advogado ainda não tinha notícia de um veredicto, mas sim uma mensagem importante do juiz Arnason: um grupo de militantes havia sequestrado um avião perto de Seattle e seguiam para São Francisco na esperança de trocar seus reféns por Davis. Três ajudantes do xerife estavam a caminho do café de modo a escoltar Davis de volta ao tribunal; o juiz Arnason queria vê-la imediatamente.

Chocada com a notícia, Davis voltou à sua mesa para esperar a polícia. Não era a primeira vez que uma alma desorientada pensava em usar violência para garantir sua liberdade: em novembro de 1970 um homem chamado Ronald Reed fora preso por planejar raptar o governador de Minnesota, sequestrar um voo da United Airlines e então fazer uma troca por Davis.* Mas até o momento ninguém chegara perto de realmente levá-la embora.

* As acusações contra Reed acabaram sendo retiradas, mas depois ele foi preso e condenado a treze anos por roubar um banco em Omaha, Nebraska, em outubro de 1970. Em 2006 ele se declarou culpado de emboscar e matar um policial de St. Paul, Minnesota, em maio de 1970. Reed supostamente cometera o assassinato para impressionar a liderança nacional do Partido dos Panteras Negras.

Os ajudantes do xerife chegaram por volta de quatro da tarde e rapidamente levaram Davis ao gabinete do juiz Arnason. Dezenas de repórteres continuavam no tribunal quando ela chegou, esperando para mandar suas matérias sobre o primeiro dia de deliberação. Ficaram atônitos ao ver Davis retornar em meio a uma multidão de policiais, seu xale de cores brilhantes enrolado sobre o rosto para ajudar a esconder a expressão abalada.

O juiz Arnason podia ver que Davis ficara genuinamente chocada com a notícia do sequestro, e acreditou em sua afirmação de que não tinha nada a ver com aquilo. O juiz mencionou que o FBI poderia querer que Davis falasse com os sequestradores para tentar convencê-los a se render. Mas Davis disse que não queria nada com malucos assim, nem mesmo pelo telefone.

Enquanto Davis saía do tribunal com sua escolta policial, seus defensores mais próximos se apressaram em se afastar do sequestro. O Comitê Nacional Unido pela Liberdade de Angela Davis deu aos repórteres que cobriam o julgamento uma breve declaração escrita às pressas. "Não sabemos nada sobre isso", dizia a declaração. "Não concordamos com este método de obter a liberdade de Angela Y. Davis."

A PARANOIA ERA GRANDE na cabine de passageiros do Voo 701 a caminho de São Francisco. Todos especulavam quem poderia estar associado ao sequestrador, doidão de LSD e segurando uma bomba. Holder alegremente reforçava essa tensão transmitindo mensagens para seus *weathermen* inventados. "Stan, ainda estamos na página seis, parágrafo dois." Holder tentava transmitir a ilusão de que seguia um plano minucioso de uma operação militar.

Ao estudar a cabine em busca de "Stan" vários passageiros se concentraram em um homem de vinte e tantos anos sentado na 17F – o único outro passageiro negro no avião. Não importava que os *weathermen* fossem fundamentalmente uma organização branca; a suposição geral a bordo do Voo 701 era de que um sequestrador negro como Holder teria um cúmplice da mesma raça.

As suspeitas aumentaram depois que as comissárias começaram a servir champanhe grátis para os reféns: o homem da 17F foi o único adulto a recusar uma taça. Donna Jones, a comissária-chefe, ouviu vários passageiros do sexo masculino discutindo quais ferramentas poderiam usar para espancar o negro até a morte.

Jones olhou para a 17F e viu o homem olhando pela janela, fingindo não notar que havia sido escolhido para ser assassinado.

Enquanto isso, uma fileira atrás, o antigo vizinho de Holder percebeu que o sequestrador deixara sua pequena valise preta acomodada sob a 17D. Ele abriu a bolsa e examinou cuidadosamente o conteúdo. Enquanto fazia isso, um pequeno grupo se reuniu na fileira 18, ansioso para saber mais sobre o sequestrador.

Havia muito material de leitura na bolsa, incluindo o exemplar de Holder de *Guide to Selected Viet Cong Equipment and Explosive Devices*, marcado com longas anotações à mão. Era acompanhado de dois libretos de horóscopo; um deles, intitulado *Aquarius 1972*, terminava com uma longa passagem sobre a natureza da morte, que Holder marcara com caneta vermelha. Também havia um livro sobre interpretação de sonhos e um exemplar desgastado de *Steal this Book*, o infame guia de Abbie Hoffman sobre como usar pequenos crimes para subverter o "Império Porco" dos Estados Unidos.

A bolsa também continha um frasco de tranquilizantes receitados a Holder por um médico do Exército; documentos detalhando a dispensa desonrosa de Holder; um mapa do sudeste da Ásia recortado do *San Diego Union*; um par de calças boca de sino; uma camisa branca folgada e um pacote de pastilhas de Alka-Seltzer. Mas os passageiros ficaram mais intrigados com uma coleção de bilhetes escritos à mão – aparentemente rascunhos dos bilhetes que Holder usara para sequestrar o avião. Entre eles a carta que Holder tentara escrever a caminho de Seattle e depois abandonara quando seus pensamentos ficaram confusos demais:

> Capitão,
> É com lamento que eu o informei de que minha discussão com você foi de natureza altamente secreta, e que sua carta aberta à imprensa o colocou em uma posição muito indesejável junto ao comando.

É com os melhores sentimentos de admiração que eu o libero de seu comando.

Até o momento não foi feito nenhum pedido de que fosse detido. Você deve se considerar sob prisão domiciliar.

Seu desempenho referente a seus deveres terá algum valor para você.

(Todos os regulamentos referentes a este caso serão revisados o mais rápido possível.)

Os passageiros reunidos na fila 18 só podiam concluir que estavam à mercê de um indivíduo esquisito.

Cumprindo sua obrigação como olhos e ouvidos de Holder na cabine de passageiros, Kerkow se inclinou no corredor para estudar a agitação na fileira 18. Ela podia ver os passageiros reunidos vasculhando a bolsa do seu namorado e examinando seus objetos particulares. Ela tinha de acabar com aquilo.

Kerkow achou Gina Cutcher percorrendo o corredor com uma garrafa de champanhe. "Aqueles caras não deviam poder fazer aquilo", disse Kerkow, apontando para os homens com a valise de Holder. "Não é certo." Ela estava visivelmente chateada, sua voz prestes a se transformar em um guincho.

Cutcher não conseguia entender por que alguém se preocuparia com a moralidade de vasculhar os objetos de um sequestrador. Mas algo na postura de Kerkow a convenceu a intervir. Ela se aproximou dos enxeridos e avisou que seus atos poderiam aborrecer os *weathermen* que estavam ali. Recolocou todos os objetos de Holder na bolsa e os acomodou sob a 17D. Mas sussurrou para o vizinho de Holder que ele deveria escrever o que vira – o FBI poderia considerar a informação útil.

Uma nuvem de maconha subiu junto às cabeças dos pilotos enquanto Holder fumava o primeiro de seus baseados. Consciente de que a tripulação careta desaprovava seu prazer, Holder tentou garantir a eles que agia no interesse de todos. "Não se preocupem, isso não me deixa irracional", disse aos pilotos. "Na verdade me deixa lógico."

Mas enquanto o Voo 701 sobrevoava as florestas do norte da Califórnia, Holder se tornou irritável em vez de relaxado. Eram quase cinco da tarde e não havia uma palavra da Western em relação a suas muitas exigências. Ele decidiu aumentar a pressão.

"*Weathermen*, estamos meia hora fora de fase", anunciou pelos alto-falantes. Disse aos pilotos que a mensagem indicara a um de seus supervisores para ajustar o temporizador na bomba dos *weathermen* para trinta minutos. Se suas exigências não fossem atendidas até então o avião seria destruído enquanto circulava sobre a área da baía de São Francisco.

Crawford falou pelo rádio com a central em Los Angeles.

> Voo 701: Teremos de ficar sul-sudoeste de Oakland até que possam dar alguma informação em relação a aeronave, tripulação, Angela Davis, paraquedas e dinheiro.
>
> Western: Entendido, aguarde.

Crawford estava prestes a dizer a Holder para manter a paciência quando lhe ocorreu uma ideia diferente: como o sequestrador reagiria a um blefe?

"Lamento, eles dizem que não conseguem paraquedas", disse Crawford. Era uma pequena manobra de sua parte; Crawford tinha a sensação de que Holder era razoável demais para detonar sua bomba por algo tão banal, certamente não antes de deixar clara sua insatisfação.

Holder apenas anuiu para a mentira de Crawford, aparentemente impassível com a falta de paraquedas.

Buscando uma desculpa para tentar uma jogada mais arriscada, Crawford voltou a falar com a central.

> Voo 701: Gostaria de deixar clara a necessidade de acelerar a tomada de decisões. Caso haja alguma informação, por favor transmita agora.
>
> Western: Entendido, aguarde. Verificando e chamamos em dois minutos.

Crawford fez sua jogada: "Ei, Angela Davis... sabe, dizem que ela foi inocentada hoje."

Com a mente borbulhando de uma energia maníaca, Holder não desconfiou da informação. Na verdade ficou maravilhado com o papel que a Operação Sísifo certamente desempenhara em garantir a absolvição de Davis. Ele ficou pensando em qual momento o júri havia sido informado do sequestro, e se a libertada Davis estaria pensando nele com carinho naquele momento. Como expressaria sua gratidão por tudo que havia feito por ela?

Mais uma vez Holder apenas anuiu para Crawford – Davis não seria mais um tópico da negociação. Mas ele ainda queria aquele segundo avião capaz de chegar ao Vietnã do Norte – que, disse a Crawford com dureza, era algo de que seus supervisores *weathermen* não abriam mão.

Pouco depois das 17 horas o rádio chiou com informações de Los Angeles:

> WESTERN: Tentando o dinheiro. Difícil a esta hora. Não sabemos quanto tempo.
>
> VOO 701: Reforce que dinheiro não é a primeira preocupação. Conseguir aeronave de grande autonomia é o principal.
>
> WESTERN: Nenhuma aeronave na área e nenhum voluntário de outras.
>
> VOO 701: Se for impossível conseguir aeronave é possível pedir aos militares para usar uma deles. Não há acordo nesta situação. Quero insistir, não há saída. Necessário conseguir aeronave de grande autonomia.
>
> WESTERN: Entendido.

Satisfeito que estivessem obedecendo às suas ordens, Holder folheou seu caderno, procurando ideias para ajustar a Operação Sísifo agora que Davis supostamente estava livre. Ele ainda queria falar sobre o Vietnã, chocar o país para que compreendesse a loucura daquela guerra distante. Mas a libertação de Davis parecia um sinal inconfundível de que o objetivo final de Holder era ligeiramente errado. E ele não gostava de ignorar conselhos cósmicos.

Então, enquanto o Voo 701 da Western Airlines seguia para São Francisco, Holder avaliou a lista de destinos alternativos em seu bloco. Talvez ele não devesse chegar a Hanói.

8. "Vocês não conseguem um helicóptero?"

Aqueles que visitavam o escritório de William Newell não podiam deixar de notar a fotografia policial em preto e branco pendurada acima de sua mesa. O personagem da foto, um garoto de orelhas grandes com um bigode falhado, tinha uma expressão entre amargurada e fatigada. O pequeno quadro-negro que ele segurava na altura do peito apresentava uma intrigante mistura de letras, sendo as três primeiras "Kfg" – o acrônimo em alemão para *Kriegsgefangener*, ou "prisioneiro de guerra".

Newell tinha apenas dezenove anos de idade quando posou para aquela foto no Stalag Luft I, o campo de prisioneiros alemão onde passou os últimos quatorze meses da Segunda Guerra Mundial após saltar de um Mustang P-51 danificado. Ele raramente falava sobre seu tempo de cativeiro, a não ser para observar que fora consolado por uma lembrança que os guardas não haviam conseguido confiscar: um único cacho dos cabelos de sua jovem noiva. Mas apenas a fotografia era suficiente para impressionar pares e subordinados no Aeroporto Internacional de São Francisco, onde Newell era o piloto-chefe da Western Airlines. Mesmo em uma empresa cheia de veteranos de combate calejados, Newell era visto com algum assombro.

Na tarde de 2 de junho de 1972, o calvo e belicoso Newell estava sentado curvado abaixo de sua fotografia alemã, folheando uma grossa pilha de papéis. Ele sabia que nunca terminaria o trabalho até as cinco da tarde, estando assim condenado a começar com atraso o fim de semana de verão. No ritmo em que estava, certamente seria quase noite quando chegasse em casa no subúrbio de San Mateo.

Aproximadamente às 16h15, Newell recebeu um telefonema de Norman Rose, chefe do centro de controle da Western em Los Angeles. Rose tinha notícias perturbadoras: o Voo 701 para Seattle aparentemente havia sido sequestrado por uma gangue de *weathermen* alucinados com LSD e armados com várias bombas. O Boeing 727 seguia para São Francisco, onde os sequestradores esperavam receber 500 mil dólares, cinco paraquedas e – o mais bizarro – Angela Davis vestida de branco. Uma equipe de agentes do FBI estava a caminho do aeroporto para montar um posto de comando no quarto andar do terminal principal. O FBI conhecia bem o aeroporto e seus prédios; aquele seria o quarto sequestro de que o departamento cuidava em São Francisco desde 1969.

Quando Newell encontrou o posto de comando improvisado, localizado em uma sala isolada protegida por um portão de aço retrátil, os agentes do FBI já haviam chegado. Um deles instalava telefones que davam acesso ao mundo exterior e ao sistema de comunicação da Western. Outro prendia diagramas do aeroporto e do interior de um Boeing 727. E um terceiro esvaziava uma bolsa de lona com escopetas e coletes à prova de bala, arrumando cuidadosamente os itens em uma mesa dobrável.

Os agentes estavam se sentindo ousados, animados por uma rara vitória na guerra aos sequestros aéreos: naquela manhã o fugitivo Frederick Hahneman, que saltara de paraquedas na selva hondurenha em 5 de maio, havia se entregado na embaixada americana em Tegucigalpa – embora sem os 303 mil dólares que extorquira da Eastern Air Lines e cujo destino se recusara a revelar. Os agentes queriam ampliar aquele pequeno sucesso acabando rapidamente com o sequestro do Voo 701.

Um vice-presidente da Western também estava no posto de comando e atualizou Newell sobre os esforços da companhia para atender aos sequestradores. Angela Davis se recusara peremptoriamente a se envolver no caso, de modo que aquela exigência específica era impossível. Mas dois funcionários da Western reuniam o resgate no Bank of America da South Van Ness Avenue. Como o FBI insistia em que o banco registrasse o número de série de cada nota, o processo iria demorar pelo menos mais duas horas. Mais importante, os sequestradores estavam no momento pedindo um novo avião capaz de fazer viagens transoceânicas. O vice-presidente sabia que a Western não tinha avião assim em São Francisco no momento. Pediu a Newell para dar alguns telefonemas.

Newell retornou ao escritório e examinou seu fichário, começando pelos seus equivalentes na United e Pan Am. Mas as duas companhias aéreas estavam compreensivelmente relutantes em emprestar à Western um jato de grande autonomia, especialmente após Newell admitir que o sequestro envolvia explosivos. Newell então apelou para as outras bases de operação da Western, na esperança de que uma delas pudesse abrir mão de uma aeronave. Após muita frustração, Newell finalmente teve sorte: um Boeing 720H baseado em Minneapolis estava programado para pousar em Las Vegas pouco depois das seis da tarde.* Ele acertou para que o avião fosse levado a São Francisco assim que os passageiros tivessem desembarcado. Com alguma sorte, chegaria por volta das oito da noite.

Mas Newell temia que o 720H pudesse ser apenas uma solução temporária. Com base na ideologia antiguerra dos *weathermen*, bem como nas poucas informações que conseguira com Norm Rose, Newell deduzira que os sequestradores queriam ir para o Vietnã do Norte, um dos raros países que poderiam oferecer asilo. Mas o 720H tinha autonomia máxima de apenas 7 mil quilômetros, que não bastavam de modo algum para chegar ao continente asiático a partir de São Francisco. O avião certamente chegaria ao Havaí, onde a Western poderia então conseguir uma transferência para um Boeing 707-320C com autonomia de cerca de 10 mil quilômetros – quase exatamente a distância entre Honolulu e Hanói. Seria prudente reabastecer em Tóquio ou Manila, mas coordenar uma parada oceânica como essa seria difícil para uma companhia aérea cujos destinos mais exóticos eram Edmonton e Cidade do México.

Mas a questão mais urgente era quem iria pilotar o 720H, já que Jerry Juergens e sua tripulação não eram treinados para isso. Newell se escolheu como o capitão do novo avião – como piloto-chefe ele se sentia obrigado a

* O Boeing 720H era um modelo único na Western, uma versão do popular 720B, modificado pelos engenheiros da própria empresa. Fora ajustado para ser ligeiramente mais leve que o 720B, e assim gastar menos combustível por quilômetro viajado.

pegar o trabalho. Examinou a escala de trabalho para encontrar dois outros homens em quem pudesse confiar. Para seu copiloto Newell logo se decidiu por Donald Thompson, um veterano da Segunda Guerra Mundial que estava na Western desde 1949. Richard Luker, um capitão de corveta da Reserva Naval que pilotara caças A7 Corsair no Vietnã, seria seu engenheiro de voo.

Newell chamou Thompson primeiro. Quando conversaram pelo telefone do aeroporto, suas instruções foram vagas e secas: "Vou precisar que fique de prontidão, Don. Parece que talvez precisemos fazer uma viagem."

Roger Holder conseguia ver os pontinhos de carros cruzando a Bay Bridge. Sabia que isso significava que o avião fazia a aproximação final do Aeroporto Internacional de São Francisco após esperar perto de Oakland por quarenta minutos até que uma pista fosse liberada. Ele pediu a Tom Crawford para perguntar sobre a situação do dinheiro e do jato de longo alcance. A resposta da Western o aborreceu muito:

> Western: O dinheiro está sendo coletado agora no centro de São Francisco e será enviado em carro-forte para o aeroporto, e com o trânsito a esta hora do dia levará entre uma hora e meia e duas horas para chegar ao aeroporto.
> Voo 701: Vocês não conseguem um helicóptero?
> Western: Aguarde.
> Voo 701: E qual o problema para conseguir a aeronave? Se puder nos dizer podemos reagir e fazer algum plano. Diga por que a aeronave está atrasada.
> Western: Entendido, aguarde.
> Voo 701: Seja rápido. Teremos de agir logo.
> Western: Entendido, voltamos em dois minutos.

A procrastinação da Western se tornou demais para Holder. "Em menos de vinte minutos eles irão nos matar!", ele berrou, fazendo com que a maleta Samsonite sacudisse precariamente em seu colo. "Eles estão com a minha família!"

Não foi apenas a tripulação do voo que ouviu o ataque de Holder – mas todos no centro da Western e no posto de comando do FBI. Ao fazer os preparativos para o pouso Ed Richardson acidentalmente esbarrara no botão que ligava seu rádio. O copiloto não se deu conta da tolice até um despachante preocupado perguntar: "Ah, diga novamente?"

Richardson tentou esclarecer a situação. "Essas pessoas foram à casa desta parte e estão com a família dele. Ele é uma parte intermediária, uma parte preocupada cuja família está sendo, ahn, digamos, *controlada*. Ele está do nosso lado. É um intermediário entre nós e os outros. Os outros são do grupo dos *weathermen*, e vocês conhecem seus desejos no que diz respeito a este país."

O despachante confirmou ter entendido a explicação de Richardson – a tripulação lidava com um sequestrador que alegava estar sendo coagido. Mas os agentes do FBI na escuta continuaram confusos. Eles não conseguiam distinguir a voz de Holder da de Richardson, e temiam que um sequestrador pudesse estar apontando para a cabeça do copiloto, obrigando-o a retirar seu pedido de ajuda. Os agentes alertaram o escritório de campo do FBI em Los Angeles, pedindo que a casa de Richardson na vizinha Palos Verdes fosse examinada em busca de sinais de sequestro.

O Voo 701 pousou em São Francisco às 18h15 e taxiou até a extremidade norte da pista 19R. Assim como em Seattle, Holder não queria cair nas mãos do FBI perdendo tempo em terra. Exigiu que o avião fosse reabastecido depressa, depois decolasse novamente quando os tanques estivessem cheios. Eles iriam circular sobre o aeroporto até que seus 500 mil dólares e o jato de longo alcance tivessem sido entregues.

De volta à cabine de passageiros, Cathy Kerkow entrou em ação assim que o avião parou. Caminhou até a saída traseira, onde Gina Cutcher estava sentada em um assento dobrável. "Ei, o que está acontecendo?", perguntou alegremente. "Há algo que possa fazer para ajudar?" Ficou de olho na escada dobrável do jato, buscando sinais de que estivesse prestes a ser usada para permitir uma emboscada do FBI.

Cutcher agradeceu a Kerkow pela preocupação e pediu que retornasse à sua poltrona. Enquanto ela se acomodava na 22D, espiou pela janela, esperando ter um vislumbre de Angela Davis. Mas só viu um caminhão-tanque solitário da Western cruzando a pista.

Ao retornar ao posto de comando do FBI após conseguir o Boeing 720H, Newell percebeu que um dos agentes não vestia mais o terno azul-escuro. O homem colocara o uniforme de funcionário de manutenção da Western, com direito a um colete de segurança laranja brilhante. Um par de pontas de asas brilhantes saía de sob os punhos desgastados de seu macacão emprestado.

Os agentes explicaram que o colega disfarçado planejava subir a bordo do Boeing 727 fingindo consertar um motor. Iria avaliar a situação e determinar se seria prudente um ataque. Caso algo desse errado ou ele vislumbrasse uma oportunidade de encerrar o sequestro pessoalmente, usaria a pistola enfiada em sua manga.

Havia pouco tempo para executar o plano, já que o Boeing 727 iria decolar assim que reabastecido. O FBI pediu a Newell para emprestar a eles um caminhão de manutenção da Western, equipamento essencial para a operação. Mas Newell se recusou a colaborar.

"Absolutamente não", bufou. "Não quero ninguém armado naquele avião." Ele lera matérias demais sobre tiroteios entre sequestradores e o FBI. Newell não iria permitir tal violência a bordo de um voo lotado.

Os agentes apelaram a Newell garantindo que não fariam nada para colocar em risco a vida dos passageiros. Argumentaram que sua jogada poderia impedir uma verdadeira catástrofe, já que os *weathermen* obviamente não tinham nenhum problema em detonar bombas. Mas Newell não foi convencido.

Enquanto os agentes frustrados se reuniam para debater suas opções, Newell usou o sistema de comunicação do FBI para entrar em contato com o Voo 701. Garantiu à tripulação que o dinheiro e a aeronave de grande autonomia estariam logo em São Francisco – no máximo uma hora e meia.

"Entendido, mas não pode demorar mais que isso", retrucou Ed Richardson. "Essas pessoas estão falando sério. São profissionais."

O Voo 701 voltou a decolar às 18h59, com combustível suficiente nos tanques para sobrevoar o aeroporto por cinco horas. "Stan, página dezenove, parágrafo dois", anunciou Holder para os *weathermen* imaginários enquanto o Boeing 727 se erguia sobre a baía de São Francisco. Ele não queria que os passageiros se esquecessem da suposta bomba em meio a eles.

Kerkow ficou aliviada com o som da voz do namorado, que não ouvira em mais de uma hora. Ela não tinha ideia de por que haviam decolado novamente sem dinheiro nem Angela Davis a bordo. Nem entendia por que o avião não estava sobrevoando o oceano Pacífico na direção do Havaí. Mas ainda tinha fé em que tudo ficaria bem. Um homem brilhante como Holder certamente sabia o que estava fazendo.

Mas Holder estava lutando para refazer seu plano prejudicado. Nenhum dos sequestros que estudara envolvera a transferência de muitos reféns de um avião para outro. Ele teria de conceber um método seguro de fazer isso, e logo: a central da Western dizia que o Boeing 720H deixara Las Vegas e pousaria em São Francisco às 20h05.

Os detalhes operacionais no caderno davam a Holder pouco consolo; ele precisava de seus mapas astrológicos para ter paz de espírito. Mandou uma comissária pegar a valise preta instalada sobre a 17D, a bolsa que seu vizinho vasculhara no caminho desde Seattle. Esperava que *Aquarius 1972* lhe desse a orientação de que necessitava tão desesperadamente.

Holder saiu da cabine e levou os livretos para o toalete da primeira classe. Fumou outro baseado enquanto repassava as mensagens gravadas nas estrelas. A logística da transferência de avião ganhou forma em sua mente.

Ao retornar à cabine Holder estava cheio de ordens minuciosas para a tripulação. Quando voltassem a pousar em São Francisco ele queria primeiramente o dinheiro, levado à porta da frente do avião por um caminhão equipado com elevador hidráulico. Insistiu em que o caminhão se aproximasse pelo lado esquerdo do avião; com base no que observara da pista 19R ele sentia que isso lhe daria a melhor visão do veículo e seus ocupantes.

Assim que o dinheiro fosse entregue, Holder queria que o 720H taxiasse até sessenta metros do Voo 701. A nova tripulação ficaria na base das escadas do 720H, as mãos sobre as cabeças como soldados capturados. Metade dos passageiros do Voo 701 marcharia para o segundo avião em fila indiana, com Holder no fim. Assim que os passageiros estivessem acomodados, todos os que houvessem permanecido a bordo do primeiro avião estariam livres para partir.

"E qual metade você quer?", perguntou Crawford.

Holder franziu o cenho, confuso.

"Os passageiros. Você sabe, qual metade dos passageiros?"

Esse era outro detalhe fundamental que de alguma forma escapara da cabeça de Holder enquanto planejava a Operação Sísifo: embora sempre tivesse pretendido libertar metade dos reféns em São Francisco, nunca concebera um método para dividi-los.

"Que tal um dos lados do avião?", sugeriu Crawford. "Acho que isso seria o mais fácil, não é?"

Holder anuiu.

"Certo, qual você quer, esquerda ou direita?"

Holder repassou a pergunta na cabeça, lutando para se lembrar em qual lado Kerkow estava sentada. Ele a vira pela última vez quase cinco horas antes, enquanto seguia pelo corredor com Gina Cutcher.

"Direito."

Flanqueado por carros de polícia azuis e brancos com sirenes ligadas, o carro-forte com o resgate chegou ao aeroporto às 19h30. O Bank of America finalmente conseguira reunir a quantia exigida juntando 10 mil dólares em notas de 5. O volume total, consistindo em 12.500 notas de diferentes valores, foi transferido para um grande saco de lona onde estava gravado FONES DE OUVIDO ESTÉREO: PROPRIEDADE DA WESTERN AIRLINES. A bolsa cheia pesava mais de doze quilos.

Enquanto isso, Bill Newell fazia os preparativos finais para comandar o Boeing 720H. Dick Luker e Don Thompson, seus tripulantes escolhidos, haviam sido informados da situação e nenhum deles expressou qualquer problema em voar para Hanói. Newell tinha todos os mapas necessários para levar o 720H até Honolulu, um destino diário da Western; teriam de descobrir como ir de lá para o Vietnã do Norte quando chegassem ao Havaí.

Tudo ia bem até Newell ouvir Tom Crawford transmitir a última exigência do sequestrador: todos os passageiros do lado direito do Voo 701 subiriam a bordo do 720H.

Newell imaginara que seus únicos passageiros seriam o sequestrador e seus parceiros *weathermen*. Agora ele tinha de cuidar das necessidades de clientes da Western cuja viagem de rotina para Seattle poderia terminar na cidade hostil de Hanói. Newell passou uma mensagem para o pager da comissária-chefe de plantão, Glenna MacAlpine, que acabara de sair para o fim de semana. Quando informada de que o voo sequestrado precisava de comissárias, MacAlpine não hesitou em se oferecer como voluntária; assim como Newell, sentiu-se obrigada a se colocar em risco. Ela deu alguns telefonemas e encontrou três outras "garotas" dispostas a ajudar: Pat Stark, Chris Hagenow e Deirdre Bowles. Todas estavam jantando com os maridos quando chamadas para trabalhar em um voo sequestrado; todas imediatamente correram para o aeroporto, sabendo muito bem que a viagem poderia levá-las a uma zona de guerra.

Enquanto MacAlpine montava sua tripulação, Newell foi chamado para uma reunião com o FBI. Os agentes novamente demonstraram sua ansiedade de impedir que o sequestro avançasse mais. Disseram que compreendiam a preocupação de Newell com armas e não iriam mais pressioná-lo a ajudar a colocar um agente disfarçado a bordo do avião. Agora só queriam sua permissão para inspecionar o Boeing 720H quando chegasse, para que se familiarizassem com sua disposição.

Newell estava desconfiado das intenções do FBI. "Vocês estão me colocando em uma posição dos diabos", disse, destacando que os sequestradores poderiam não reagir bem se vissem agentes do FBI circulando por seu jato de grande autonomia. Newell suspeitava de que os agentes ainda pretendiam usar de violência.

Pouco antes das oito da noite o confronto entre os agentes e Newell foi interrompido por um telefonema do quartel-general do FBI em Washington. Era do escritório do diretor interino Patrick Gray, dando notícias urgentes: um segundo avião sequestrado estava a caminho de São Francisco.

9. "É tudo mentira"

O COMBUSTÍVEL ESGUICHAVA E ESCORRIA dos tanques sob as asas do Voo 701, evaporando em fitas e névoa branca enquanto eles disparavam para a estratosfera. Muitos dos passageiros que viram o espetáculo temeram que algo tivesse dado muito errado na cabine dos pilotos e que logo iriam despencar 6 mil metros para a morte. Mas o capitão Jerry Juergens estava jogando combustível fora por uma boa razão: o resgate de 500 mil dólares estava pronto para ser recolhido e o avião precisava estar milhares de quilos mais leve para pousar em segurança.

Juergens informou aos passageiros que logo estariam em terra, e agradeceu pela paciência. Não fez nenhuma referência ao segundo avião que chegava de Las Vegas.

O Voo 701 pousou às 20h09, e mais uma vez taxiou até parar na extremidade norte da pista 19R. Roger Holder se inclinou para a frente em seu assento dobrável e olhou pelo lado esquerdo da cabine. Um caminhão de serviço se aproximava do avião, como havia determinado.

"Quero uma garota na cabine", anunciou Holder pelo sistema de som. Ele precisava que alguém se esticasse e pegasse o dinheiro no caminhão; fazer isso ele mesmo o deixaria vulnerável a atiradores de elite.

Donna Jones, a comissária-chefe, atendeu ao pedido de ajuda de Holder. Mas era bastante pequena, com apenas 1,55 metro, e Juergens achou que não conseguiria levantar o dinheiro sozinha. Sugeriu que Tom Crawford fizesse o serviço. Holder concordou.

Jones abriu a porta da frente da aeronave para Crawford. O saco de fones de ouvido estéreo estava no elevador hidráulico do caminhão, isolado. Crawford passou para o elevador, pegou o saco e o levou de volta ao avião. Pousou com um baque surdo no corredor, chamando a atenção do avião todo.

Os corações dos passageiros ficaram leves ao mesmo tempo. O dinheiro chegara. Certamente sua libertação estava próxima.

Os agentes do FBI corriam para saber tudo o que pudessem sobre o segundo sequestro, mas havia poucos detalhes. Só conseguiram descobrir que um jovem desgrenhado entrara à força em um Boeing 727 da United Airlines que recebia passageiros em Reno. O homem, armado com uma Magnum .357, exigia 196 mil dólares e ser levado a São Francisco. Como os bancos já estavam fechados para o fim de semana, a United estava tentando conseguir dinheiro nos cassinos locais; o Harrah's, na Virginia Street, prometera à companhia aérea adiantar três quartos do resgate.

O sequestrador de Reno não mencionara motivações políticas, mas o FBI não podia descartar seu desejo de chegar a São Francisco como mera coincidência. Os agentes temiam que pudesse estar agindo em parceria com os sequestradores do Voo 701, parte de uma enorme conspiração para libertar Angela Davis que apenas começava a ganhar forma. Se o sequestrador da United descobrisse que os *weathermen* a bordo da aeronave da Western haviam sido abatidos, iria retaliar executando seus reféns? Ou invadir o Voo 701 era a única forma de salvar vidas? O FBI teria de agir com grande cautela na definição de seu movimento seguinte.

Enquanto os agentes lutavam para reunir informações sobre a situação em Reno, o Boeing 720H de grande autonomia pousou e taxiou até um hangar perto da pista 19R. Vendo o FBI momentaneamente distraído, Newell rapidamente chamou seus dois tripulantes, Dick Luker e Don Thompson, para acompanhá-lo até o jato recém-chegado. Não havia tempo para que os homens vestissem uniformes; Newell queria ir ao 720H imediatamente, para impedir que agentes do FBI penetrassem.

Os três homens chegaram ao hangar às 20h23. Podiam ver da janela da cabine o caminhão de serviço voltando para o terminal, entrega concluída. Era hora de fazer a troca.

Holder não se preocupou em abrir o saco de lona que continha o meio milhão de dólares. Estava concentrado demais em ir para o novo avião. Mas onde estava? Ficara escuro do lado de fora, e as únicas luzes que conseguia ver eram as que marcavam a pista ou iluminavam o terminal distante. Não havia outra aeronave se aproximando.

"Eles vão matar todos nós se não entrarem no avião", Holder disse a Crawford. "Reajustaram o temporizador. Agora está quase acabando."

Crawford repassou a mensagem para a torre de controle de tráfego aéreo do aeroporto.

> Voo 701: Estamos agora lidando com minutos. Reabasteça aquele 720 logo e o traga para cá. Sem gracinhas. Estamos chegando perto. Absolutamente nenhum golpe. Garanta que o pessoal da rampa saiba disso, e logo.
> SFO: Entendido.

Quando os agentes do FBI ouviram o comunicado sinistro, procuraram Newell e se deram conta de que o piloto-chefe e sua tripulação os haviam enganado. Um dos agentes correu até o hangar onde o 720H estava sendo reabastecido. Chegou lá pouco depois de 22h30, no momento em que Glenna MacAlpine e suas comissárias subiam.

O agente implorou a Newell para manter o avião no hangar. O FBI ainda queria inspecionar o 720H e talvez também dar uma olhada melhor na área ao redor da pista 19R. As coisas estavam agitadas no momento, com agentes tentando avaliar os acontecimentos em Reno, mas logo estariam prontos para fazer a inspeção. Quanto tempo Newell estava disposto a esperar?

"Não irei taxiar pelos próximos quinze minutos", prometeu Newell. O agente disse que era aceitável e que logo voltaria com dois colegas.

Assim que o agente saiu Newell passou um rádio para Juergens e mandou que se preparassem – estavam indo para a pista 19R imediatamente. Ele não iria dar ao FBI tempo de montar algum esquema idiota que pudesse colocar em risco as vidas dos seus passageiros.

O CLIMA DA CABINE DO Voo 701 era de júbilo enquanto os passageiros aguardavam sua libertação. O estoque de destilados e champanhe do avião secara quase uma hora antes, de modo que passageiros tontos brindavam uns com os outros com copos de água gelada. Estranhos se abraçavam e prometiam manter contato, talvez até marcar uma reunião para que pudessem rir do sofrimento que haviam acabado de partilhar. Poucos prestaram atenção às luzes piscantes do Boeing 720H que rolava na direção deles.

Donna Jones conclamava os passageiros a deixar o corredor livre quando teve um vislumbre do 720H por uma janela do lado direito. Ela o viu entrar na pista 19R e ir diretamente até o Voo 701, apontando ligeiramente para a esquerda do avião sequestrado. Um caminhão de manutenção seguia de perto, rebocando escadas de embarque.

Jones seguiu rápido pelo corredor em busca de Cutcher, que brincava com dois passageiros barulhentos sobre sua sensação mútua de alívio. Jones a agarrou pelos ombros e sussurrou em seu ouvido: "É mentira. É tudo mentira. Não acabou."

Na cabine dos pilotos, Jerry Juergens viu o 720H parar a cerca de sessenta metros de distância, o nariz apontando para o do 727. Era hora de fazer o anúncio que temia desde que o chapado Holder falara a ele sobre o plano de transferência.

"Senhoras e senhores, vamos fazer uma transferência para outra aeronave", disse Juergens pelos alto-falantes. Os passageiros imaginaram que era uma boa notícia; seus captores *weathermen* estavam prestes a partir.

A porta da frente do 720H se abriu. Newell e sua tripulação desceram as escadas e se alinharam no asfalto com as mãos nas cabeças.

Holder não gostou do que viu. As mulheres vestiam uniformes de comissárias, mas os homens estavam em trajes civis – paletó e gravata. Ele avisou a Juergens que se fosse um truque do FBI as consequências seriam graves.

Juergens jurou que os pilotos eram autênticos. Depois transmitiu para a cabine de passageiros as ordens de Holder.

"Será que as comissárias poderiam soltar as escadas? Senhoras e senhores, vamos precisar que todos os sentados do lado direito saiam pela traseira do avião e entrem na outra aeronave. Caminhem rápido."

Todas as conversas e risos pararam imediatamente. Os passageiros do lado direito olharam ansiosos para a esquerda, esperando encontrar lugares vazios para os quais passar. Mas esses lugares eram poucos.

Alguns poucos passageiros corajosos do lado direito se levantaram e foram na direção das escadas ao fundo. Cathy Kerkow estava entre eles. Ela passou por Cutcher na saída. "Estarei rezando por você. Deus a abençoe", disse a comissária. Kerkow expressou sua gratidão com um sorriso simpático.

O resto dos passageiros do lado direito seguiu logo, a não ser por uma mulher viajando com o filho de colo. Ela ficou imóvel, rezando para que o sequestrador não a obrigasse a juntar-se aos outros.

Na cabine dos pilotos, Holder ordenou que Crawford carregasse o resgate para o novo avião. O engenheiro de voo fez como ordenado; Holder caminhou alguns passos atrás, apertando a maleta Samsonite sobre o estômago com uma das mãos e carregando a valise preta com a outra. Os dois homens passaram por Donna Jones, que estava de pé na cozinha da primeira classe. Ela olhou para uma garrafa de champanhe vazia sobre o balcão. *Esmagar a cabeça dele*, pensou. *Esmagar a cabeça dele e tudo isto termina.*

Mas e a bomba – e quanto à bomba? Jones resistiu ao impulso de ser uma heroína.

Chegando à traseira do avião Holder viu a mulher e o filho pequeno ainda sentados do lado direito, cercados por um mar de poltronas vazias. Ela parecia morrer de medo, os braços apertados com força ao redor do bebê que se remexia. O impassível Holder não reduziu o passo enquanto seguia Crawford escada abaixo até o asfalto.

Não olhe ao redor, pensou Holder. *Apenas siga.*

Da segurança de seu posto de comando os agentes do FBI usavam binóculos para acompanhar a procissão em fila indiana de um avião para outro. Eles haviam sido surpreendidos pela transferência; nem Juergens nem Newell haviam contado a eles seus planos. A opção de colocar um atirador de elite perto da pista 19R não era mais viável.

Os agentes furiosos ligaram para a base aérea da Guarda Costeira mais próxima e pediram que um jato fosse preparado para seguir o 720H após a decolagem. Talvez Newell escutasse os pedidos de um colega piloto militar.

Enquanto os passageiros azarados marchavam para o novo avião, uma mulher saiu da fila e se jogou de joelhos, acometida por uma tontura repentina. "Volte, madame", disse Holder a ela enquanto passava com Crawford. Grata pelo alívio inesperado, ela cambaleou de volta ao 727.

Vinte e sete passageiros embarcaram no 720H. Chocados com a repentina mudança de sorte, escolheram seus lugares melancolicamente. Kerkow se instalou na 11A, bem em cima da asa esquerda. Ainda não tinha ideia de por que haviam mudado de planos, nem por que Angela Davis não aparecera, mas precisava confiar em que Holder tinha a situação sob controle. Logo estariam tomando banho de sol no deserto australiano.

Holder pediu a Crawford para colocar o dinheiro em uma poltrona da primeira classe, depois anuiu em despedida – o engenheiro de voo estava livre para partir. Assim que Crawford retornou ao primeiro avião, Juergens fez um anúncio cansado aos passageiros remanescentes. "Para todos vocês ainda aqui, acabou. Acabou."

Quando Newell, Luker e Thompson entraram na cabine do 720H, Holder esperava por eles, de pé do lado de dentro. Não era absolutamente o que esperavam: os pilotos haviam imaginado um tipo desmazelado de olhos alucinados, não um soldado elegante com óculos de armação de metal.

"Não há heróis aqui, há?", Holder perguntou aos pilotos.

"O que quer dizer com isso?", retrucou Newell. Embora compreendesse que a situação era delicada, não gostava de jogos verbais.

"Vocês não pretendem fazer algo drástico, pretendem?", devolveu Holder.

"Não", respondeu Newell. "E você?"

Holder sorriu, como se revigorado pelo diálogo brusco. Apertou as mãos dos três pilotos, apresentando-se como Richard, depois se instalou no assento dobrável da cabine. Estava se sentindo bastante satisfeito consigo mesmo – conseguira manter a Operação Sísifo em marcha apesar de várias complicações. Estava claramente em harmonia com o plano majestoso do universo.

"Para onde quer ir?", perguntou Newell enquanto recuava o 720H do ponto de encontro na pista 19R.

"Eu avisarei", respondeu Holder. Ele honestamente ainda não havia decidido. Hanói continuava a ser uma possibilidade, claro – esse seria o palco mais óbvio de onde transmitir sua indignação com a guerra. Mas Holder não podia ignorar o presságio de Angela Davis, que o deixara pensando se o Vietnã do Norte não seria um erro trágico; agora tinha visões de caças MiG-17 inimigos cobrindo o jato da Western Airlines com tiros de canhão. Holder mais uma vez folheou seu caderno espiral de planejamento para ver se algum dos destinos alternativos lhe soava auspicioso.

Às 21h21 o Boeing 720H disparou pela pista 19R e começou a subir acima da baía de São Francisco. A partir daquele ponto o avião seria conhecido pelos controladores de tráfego aéreo e despachantes da empresa como Western Airlines Voo 364.

Newell se preparou para virar à esquerda na direção da Bay Bridge, aprontando-se para contornar a península e seguir rumo oeste para o Pacífico – primeiro passo na maratona até o Vietnã do Norte. Mas decidiu verificar uma última vez com o sequestrador o itinerário desejado.

"Para onde quer ir?"

Holder sabia que era hora de tomar uma decisão. Ele sentiu a resposta cosmicamente apropriada crescer em sua garganta.

"Argel."

10. A escolha

Embora Bill Newell fosse um homem cosmopolita, sua geografia do Norte da África estava enferrujada. *Onde em nome de Deus fica Argel?* Demorou um momento para se dar conta de que precisava ir na direção exatamente oposta àquela que imaginara – não oeste rumo a Hanói, mas leste na direção da capital da Argélia.

Newell ficou em parte aliviado com a decisão do sequestrador: pelo menos os Estados Unidos não estavam em guerra com a Argélia, de modo que havia pouco risco de ser explodido no céu ao se aproximar. Mas também sabia que o governo da Argélia era abertamente hostil ao Ocidente. O país rompera relações diplomáticas com os Estados Unidos em 1967, durante a Guerra dos Seis Dias entre Israel e seus vizinhos árabes. Desde então a Argélia se tornara uma destacada apoiadora de vários movimentos revolucionários ao redor do planeta, incluindo o Vietcongue. Newell temia que um país tão virulentamente antiamericano não teria pudores em confiscar seu avião e prender a tripulação.

Mas a preocupação mais imediata de Newell era simplesmente chegar à Argélia, em vez de imaginar um modo de evitar a prisão assim que chegasse lá. Ele sugeriu a Holder voar primeiro para Nova York, onde o avião poderia ser reabastecido e a tripulação receber um navegador qualificado, pois a Western não operava a leste do rio Mississippi, e o voo precisaria de um navegador acostumado a viagens transatlânticas.

Holder deu sua bênção ao plano de Newell, com a ressalva de que ficaria extremamente aborrecido caso o navegador se revelasse um agente do FBI disfarçado. Disse que seria obrigado a detonar sua bomba se houvesse qualquer indício de logro.

Depois que Dick Luker informou à central da Western o destino do Voo 364, Newell pegou o rádio para pedir um favor: "Podem ligar para as esposas dos tripulantes e garantir a elas que tudo está bem, dizer para que não se preocupem?" Os três pilotos voluntários não haviam telefonado para casa antes de subir a bordo do Boeing 720H; suas famílias ainda os esperavam para jantar.

Alguns minutos depois Luker ouviu algo inesperado em seus fones: uma transmissão de um jato da Guarda Costeira. O piloto do jato informou que estava seguindo o Voo 364 e desejava fazer algumas perguntas pertinentes. A tripulação da Western tinha como determinar se havia vários sequestradores a bordo? Haviam visto armas de fogo? Qual curso estariam seguindo?

Newell mandou Luker ignorar o inquisidor da Guarda Costeira. Ele não iria suportar mais interferências do FBI.

Os PASSAGEIROS FICARAM MUITO ALIVIADOS ao ouvir que a próxima parada seria o Aeroporto Internacional John F. Kennedy de Nova York. Correra o boato de que estariam indo para Havana, espalhado pela piada inconveniente de uma comissária de que o serviço de bordo teria café "Cuban", em vez do habitual Yuban. Enquanto se dedicavam a seus pratos de frango mornos por volta de 22h45, os passageiros renovaram as esperanças de que o sofrimento pudesse terminar em solo americano.

Mas Cathy Kerkow estava confusa com o plano de voo do 364. Holder nunca mencionara a possibilidade de uma viagem rumo a leste. Agora, além de fracassar em libertar Angela Davis, seu namorado os fizera voar para longe dos destinos previamente acertados de Vietnã do Norte e Austrália. A fé de Kerkow na Operação Sísifo começava a ficar abalada.

A duas poltronas de Kerkow, na 11C, estava um homem de 23 anos de idade que viajara a Seattle para uma corrida de hidroaviões. Não parava de olhar para ela, seu interesse despertado pelo fato de que claramente não usava sutiã sob a blusa rosa. Quando as comissárias chegaram para encher flûtes de champanhe, o homem decidiu ganhar algo com uma situação ruim e tentar a sorte romântica.

Mas sua tentativa de iniciar uma conversa não foi longe, pois Kerkow não estava em clima de flerte. Embora tivesse sido relativamente honesta com o vizinho de poltrona a caminho de Seattle, dessa vez achou melhor mentir. Disse ao homem que seu nome era Marti e estudava na Universidade Estadual de San Diego, e que estava se formando em "recreação". Quando o homem perguntou quais matérias fizera no semestre anterior ela apenas deu de ombros. Ele entendeu.

Depois que a conversa morreu Kerkow se desculpou e foi para a fileira de poltronas vazia do lado oposto do avião. Olhou pela janela, vendo as luzes nas pontas das asas piscando na escuridão até o sono derrotá-la.

Assim como Tom Crawford, Dick Luker era um tipo gregário que julgava inteligente fazer amizade com o sequestrador. Assim que o avião estava seguro, em altitude de cruzeiro a 10 mil metros, Luker virou sua poltrona noventa graus e encarou Holder, que contava o dinheiro na sacola de lona. O engenheiro de voo avisou a Holder que precisava pegar um mapa ao lado do assento dobrável.

"Por que está me dizendo isso?", perguntou Holder.

"Não quero fazer nada que possa assustá-lo."

"Faça o que quiser. Acredito que você não tentará nada que coloque em risco aquelas pessoas lá atrás."

Notando que Holder falara com um sorriso, Luker sentiu uma abertura para ser mais pessoal.

"Então, tem filhos?"

"Duas garotas. Gêmeas. Mas a mãe e eu não somos mais casados. Os *weathermen* estão com elas. Por isso estou fazendo isto."

Os dois homens conversaram longamente, com Holder contando muitas das mesmas mentiras que havia partilhado com seu vizinho de poltrona a caminho de Seattle: alegou ter sido piloto de helicóptero no Vietnã e ter QI 141. Mas também deixou escapar algumas verdades, como o fato de que passara algum tempo em uma cadeia militar, uma experiência desmoralizante que não queria repetir. "Não tenho nada a perder", disse em dado momento, uma observação que fez Luker suspeitar bastante que os *weathermen* eram ficção e Holder agia sozinho.

Luker ficou surpreso com o quanto gostou de conversar com Holder – se impressionou com a óbvia inteligência e simpatia do sequestrador. Mas enquanto batiam papo, também debatia se deveria violar a política da Western e usar de força para acabar com o sequestro. A meia-noite se aproximava depois de um dia longo e agitado. Caso Holder cochilasse, Luker ousaria tirar a maleta Samsonite da mão do sequestrador?

Mas Holder estava em um estado demasiadamente maníaco para se sentir fatigado. Encomendou uma xícara de café com açúcar, a primeira coisa que ingeria desde o almoço. Depois pediu a Newell para esvaziar a primeira classe de modo que pudesse se sentar ali sozinho.

Depois que os passageiros da primeira classe haviam sido transferidos para acomodações menos luxuosas na classe econômica, Holder se instalou na poltrona 1B e acendeu outro baseado. Uma calma momentânea lavou seu corpo e ele pensou na recepção que o aguardava em Argel.

Dezenas de repórteres e cinegrafistas tomavam os vários aeroportos envolvidos nos dois sequestros do dia. Em Reno, o grupo da imprensa acompanhava atrás de uma cerca enquanto uma agente de passagens da United Airlines levava o resgate de 196 mil dólares para o Boeing 727 sequestrado. Na pista ela teve uma visão estranha: três indivíduos bastante juntos com um cobertor sobre as cabeças. O trio escondido consistia de duas comissárias de bordo e o sequestrador, que tinha sua Magnum .357 engatilhada. O truque do cobertor frustrou um atirador de elite do FBI que esperara encerrar o sequestro com uma única bala.

O jato da United finalmente decolou para São Francisco por volta de 23h30, seguindo rumo sul para o lago Washoe. Com apenas 32 quilômetros de viagem o sequestrador saltou de paraquedas pela saída de trás, levando o dinheiro que a United pegara emprestado com dois cassinos de Reno. Pousou em segurança na rodovia que passava pelo lado oeste do lago e desapareceu na vegetação.

Enquanto isso, no aeroporto de São Francisco, os passageiros e tripulantes do Voo 701 estavam reunidos em um corredor isolado da imprensa. Comiam sanduíches de rosbife enquanto esperavam para ser ouvidos pelo FBI. Uma dessas entrevistas se provou extraordinariamente útil para os investigadores: o passageiro da poltrona 18E afirmou ter vasculhado a valise do sequestrador, que continha papéis de dispensa do Exército de um soldado chamado Willie Roger Holder.

Mas na maioria as entrevistas do FBI foram inúteis. Para decepção dos agentes, vários dos passageiros libertados estavam alcoolizados demais para se lembrar de detalhes úteis do sequestro; muitos outros, possivelmente temendo incorrer na ira dos *weathermen*, alegaram nunca ter dado uma boa olhada no homem negro com uniforme de gala do Exército. A imprensa também teve dificuldades em seu esforço de compreender a história; os relatos iniciais das agências de notícias descreviam os sequestradores do Voo 701 como quatro radicais negros.

Embora a polícia tivesse impedido os repórteres de entrevistar muitos passageiros em São Francisco, não havia a mesma segurança no Aeroporto Internacional Seattle-Tacoma, onde famílias preocupadas haviam permanecido após a breve parada para reabastecimento do Voo 701. Os entes queridos dos passageiros transmitiram a crescente insatisfação popular com a incapacidade do governo de deter a epidemia de sequestros. "Espero que o FBI tenha um bom comitê de boas-vindas esperando [pelos sequestradores], uma recepção realmente calorosa", rosnou o marido idoso de uma refém. "Acho que devemos dar a eles o mesmo que ameaçam dar ao nosso pessoal. Precisamos de menos advogados e mais carrascos."

Um repórter do *Seattle Times* ouviu um garoto de cinco anos cuja bisavó estava a bordo do Voo 701. Perguntou à criança se sabia por que o avião estava atrasado. "Eles foram sequestrados", respondeu o garoto. "Os homens queriam dinheiro. Acho que centenas de dólares."

"Um comentário sobre a sociedade moderna", lamentou o repórter. "'Sequestro' fazer parte do vocabulário de um garoto de cinco anos."

Holder apagou seu terceiro baseado no Voo 364 e retornou à cabine, onde Newell tinha diversos assuntos a debater. Primeiramente o capitão tentou vender a Holder a ideia de voar para Havana em vez de Argel, insistindo em que o governo cubano mais seguramente o receberia de braços abertos. Diante da recusa de Holder, Newell levantou a possibilidade de ir para algum lugar no Canadá, aonde a Western tinha alguma experiência em levar sequestradores: em fevereiro de 1971 a companhia aérea deixara um convocado pelo Exército de dezenove anos em Vancouver após ele ter assumido o controle de um voo rumo a Seattle de modo a evitar o treinamento básico.

Mas quanto mais Newell tentava negociar o destino final do voo, mais Holder se aferrava à sua ideia de Argel. Ele escolhera a cidade por impulso no lugar de Pequim e Moscou, confiando em seu instinto para decifrar as mensagens esotéricas transmitidas pelas estrelas. Os protestos do capitão agora faziam Holder sentir que o Sistema estava realmente perturbado pelo modo como a Operação Sísifo se desenrolava – uma confirmação, acreditava, de que seus instintos estavam corretos.

"Argel", insistiu Holder. "É o que querem que eu faça."

Com sua sedução não dando em nada, Newell mudou de abordagem. "Mas como eles se sentem sobre você talvez deixar os passageiros saírem em Nova York? Eles não podem mais ajudá-lo. Talvez possam ser até uma ameaça a você caso descubram que quer levá-los a Argel."

Holder disse que não tinha problemas com isso. Ele sempre planejara libertar os reféns remanescentes antes de cruzar o mar, embora em Honolulu, em vez de Nova York.

Newell despertou metade do avião com seu anúncio seguinte. "Senhoras e senhores, acredito ter notícias muito boas. Negociei com nosso passageiro aqui, e ele concordou em libertá-los em Nova York. Se algo mais acontecer, os avisarei."

Kerkow estava entre os que foram despertados pelo aviso de Newell e os aplausos que se seguiram. Seu pretendente do outro lado do corredor notou que, diferentemente do resto dos passageiros, ela não demonstrou contentamento de ouvir que sua libertação era iminente. Ficou apenas sentada ali desalentada, com um cobertor enrolado no pescoço, olhando para o céu negro.

Quando o avião passava pelo sul de Illinois, Newell caminhou até a cabine de passageiros – em parte para esticar as pernas, mas também para ver se conseguia identificar algum dos cúmplices do sequestrador. Descobriu que conhecia bastante bem um dos passageiros: Bud Brown, um piloto da Western baseado em Seattle que estava pegando carona no Voo 701.* Newell perguntou a Brown se podia ir até Argel como reserva no caso de a tripulação ficar exausta demais para voar. Brown concordou imediatamente.

Assim que o Voo 364 começou a descida rumo ao Aeroporto Kennedy às 4h49 de 3 de junho, Holder deu instruções específicas sobre como o avião seria reabastecido e como o navegador iria integrar a tripulação. A exigência na qual ele mais insistiu foi que o nariz do avião deveria estar voltado para o lado oposto da cerca que circundava a pista 22R. Holder não se esquecera de que fora aquele o aeroporto em que um atirador de elite do FBI matara Richard Obergfell.

O Boeing 720H pousou às 5h12 e o reabastecimento se deu sem atraso. Newell imaginara que logo chegaria um caminhão com escadas para que o navegador pudesse subir e os passageiros, desembarcar. Mas quinze minutos se passaram sem qualquer sinal de atividade. Newell pediu uma explicação à torre de controle aéreo. A resposta que recebeu era a última coisa que ele queria ouvir.

> JFK: Capitão, aqui é o agente especial encarregado, Baker, do FBI. Gostaria de conversar com você sobre ter voado o dia todo, e a tripulação cansada de voar todas as horas que passaram no ar.
>
> NEWELL: Bem, não haverá troca de equipe, e quanto mais cedo sairmos daqui, melhor. Mande as escadas para cá, e o navegador!
>
> JFK: Quantas horas voou, em relação a segurança e tudo o mais?

* Gíria da aviação para quando tripulantes viajam como passageiros comuns, normalmente para poder pegar o voo seguinte em que trabalhariam.

NEWELL: Bem, isso não é da sua conta. Temos de ir, então vamos acabar com isso.

JFK: Capitão, eu poderia falar com o sequestrador?

Era a primeira vez que o FBI pedia para falar diretamente com Holder. Mas àquela altura do sequestro ele não estava no clima para diplomacia.

HOLDER: O que você quer, cara?

JFK: Olá. Está na cabine?

HOLDER: Certo. Diga, se você está querendo manchetes, acho que irá descobrir em poucos minutos. Então, olhe, você tem pouco tempo. Traga as escadas para cá agora.

JFK: Vamos levar as escadas até aí agora. Gostaria de conversar com você sobre...

HOLDER: Eu não quero conversar com você.

Newell olhou para trás e percebeu Holder puxando o fio de cobre preso à maleta – talvez um alerta de que havia sido levado ao limite. "Ele não quer falar mais!", rosnou Newell para o agente do FBI. "Ele quer ação. Vamos lá!"

Mas algum grau de procrastinação fazia parte do plano do FBI. O departamento iria tentar novamente seu truque do funcionário de manutenção, mandando um agente disfarçado ao avião junto com as escadas. O agente só precisava de mais alguns minutos para vestir um uniforme da American Airlines, que estava emprestando o equipamento para a operação.

Minutos se passaram. Holder começou a falar sozinho, murmurando coisas muito perturbadoras. "Não me importa caso eu morra aqui agora ou um pouco depois", resmungou. Newell, cada vez mais nervoso, voltou a exigir as escadas e o navegador, inutilmente.

Às 5h48 Holder decidiu cuidar daquilo pessoalmente.

HOLDER: Poderia colocar aquele agente do FBI no telefone?

JFK: Agente do FBI encarregado, Baker.

HOLDER: Veja bem, cretino. Melhor trazer essa merda para cá agora, seu branco bundão. Agora.

JFK: A escada está se movendo neste instante.

HOLDER: Não quero ouvir suas merdas. Apenas traga tudo para cá imediatamente.

JFK: Movendo neste instante.

HOLDER: Porque você não está de sacanagem com um crioulo idiota, está entendendo?

As escadas apareceram trinta segundos depois, puxadas por um caminhão amarelo com três homens. Um era o navegador, Ira McMullen, um funcionário da FAA que trabalhara para a TWA antes de entrar para o funcionalismo público. Outro era um legítimo funcionário de manutenção da American Airlines. E o último era o agente do FBI disfarçado.

Holder foi até a porta da cabine e olhou pela porta aberta do avião, onde as escadas estavam sendo colocadas. Ele não conseguia ver quem estava dentro do caminhão, já que a cabine estava sob a fuselagem. Isso o deixou lívido.

"Onde eles estão, porra? Coloque-os onde eu possa vê-los!", gritou. "Por que não estão seguindo minhas instruções? Afaste-os, afaste-os!". Holder se virou para a cabine e alertou Luker de que iria detonar a bomba em dez minutos se suas ordens não fossem obedecidas.

O tumulto de Holder podia ser ouvido no avião inteiro. Kerkow foi para uma janela lateral e olhou para fora. Viu um homem vestido como funcionário de manutenção caminhando ao lado do avião. Ele parecia se mover com cautela, quase furtivamente, enquanto olhava para os rostos dos passageiros nas janelas.

Kerkow de repente se deu conta: esquecera-se de fazer seu trabalho. "Espero que eles não tentem fazer nada idiota!", gritou enquanto disparava pelo corredor. Procurou freneticamente a porta de trás, o tempo todo rezando para que o FBI não tivesse iniciado o ataque. Uma comissária a agarrou pelo braço e lhe disse para se acalmar e voltar ao seu lugar. Kerkow concordou, mas não antes de se assegurar de que a saída de trás ainda estava fechada.

McMullen finalmente subiu os degraus. Holder apontou para uma poltrona na primeira classe, satisfeito pelo funcionário da FAA parecer um navegador de verdade. Depois voltou à cabine e disse a Newell que era hora do desembarque de passageiros e comissárias. Apenas a tripulação da Western, aumentada por McMullen e Bud Brown, o acompanharia a Argel.

Seguindo as instruções de Newell, todos na cabine se reuniram silenciosamente no corredor enquanto dois ônibus eram estacionados na pista, a cerca de noventa metros do avião. Assim que as portas dos ônibus foram abertas, os passageiros começaram a seguir para a saída.

A dúvida esmagou Kerkow enquanto a fila de reféns quase libertados passou por sua poltrona. Ninguém suspeitava de que conhecia Holder; poderia sair do avião sem causar tumulto. Talvez o FBI nunca descobrisse sua ligação com o sequestro. Mas mesmo que sim, ela sempre podia mentir e alegar que havia sido forçada a acompanhar, ou que Holder nunca revelara seus planos. Achava que podia enganar qualquer agente do FBI dando o seu sorriso coquete.

Kerkow se levantou e olhou ao redor. Holder não podia ser visto em lugar algum. Os outros passageiros a olhavam curiosos, pensando em quando planejava entrar na fila que se movia rapidamente. Ela baixou os olhos para a bolsa, que estava na poltrona ao lado; só levaria um momento para colocar a bolsa no ombro e se juntar aos reféns que seguiam para a saída.

Então, de repente, a voz de Holder soou nos alto-falantes. "Cathy, você fica aqui."

Kerkow se sentou novamente e jogou os cabelos sobre bochechas e boca, para que os outros passageiros não pudessem ver seu rosto.

"Você não vem conosco?", perguntou Glenna MacAlpine, comissária-chefe do voo, ao passar pela fileira de Kerkow.

Kerkow balançou a cabeça. Ela fizera sua escolha.

Assim que passageiros e comissárias estavam em segurança nos ônibus, o funcionário de manutenção da American Airlines e o agente do FBI disfarçado chegaram ao pé das escadas. Iriam subir a bordo a pretexto de fazer uma inspeção antes do voo. Seria a última chance do FBI de impedir que o avião deixasse os Estados Unidos.

Os dois homens mal haviam começado a subir quando ouviram Newell gritar com eles da janela da cabine. "Voltem! Voltem! Não subam aqui!" Ao mesmo tempo Newell acenava para que Luker fechasse a porta. O piloto veterano levara seu voo até ali sem derramamento de sangue simplesmente trabalhando com Holder; não via razão para confrontar um homem armado que acabara de libertar trinta reféns.

Com o plano frustrado, o funcionário de manutenção e o agente do FBI levaram embora a escada de embarque. De volta à torre de controle do aeroporto, o agente encarregado da operação do FBI registrou a intransigência de Newell. Quando seus superiores inevitavelmente o criticassem por não ter detido o sequestro, ele pretendia colocar a culpa no capitão do Voo 364.

O Boeing 720H decolou às 6h25, seguindo ligeiramente rumo a sudeste na direção de Jones Beach. Holder mais uma vez foi para uma poltrona na primeira classe, onde acendeu outro baseado enquanto a luz brilhante da alvorada penetrava pelas janelas do avião.

Luker notou que Holder deixara dois pedaços de papel no chão sob o assento dobrável. Eram bilhetes manuscritos, evidentemente rabiscados em Nova York. O primeiro era bastante encorajador: "Garantir segurança da aeronave e do capitão."

Mas o segundo era ameaçador: "Ainda tenho duas bombas armadas a bordo."

Enquanto a primeira classe se enchia de fumaça de maconha, Kerkow foi para a frente e se sentou junto do namorado. Holder colocou um cobertor sobre seus corpos e deu a ela o baseado. Era a primeira vez que estavam juntos de novo desde a manhã anterior, quando se separaram no bar do aeroporto de Los Angeles. Mas Holder e Kerkow não disseram uma palavra enquanto se abraçavam sob o cobertor. Apenas ficaram trocando o baseado até não haver nada além de cinzas.

Devidamente chapada, Kerkow fez a Holder a pergunta que a incomodava havia horas: "Para onde estamos indo?"

"Argel."

O nome da cidade não lhe dizia nada. Ela se levantou e enfiou um dedo no peito de Holder. "Sabe, nunca mais poderei confiar em você sobre nada", disse.

A expressão severa de Kerkow então se transformou em sorriso. Havia algo estranhamente libertador em não ter escolha a não ser se perder na aventura; talvez Holder lhe tivesse feito um favor ao forçá-la a superar aquele breve momento de dúvida enquanto os reféns saíam.

Kerkow se inclinou para beijar Holder na face, depois acenou para que o seguisse de volta à classe econômica. "Quero lhe mostrar algo", disse.

Nos fundos do avião, ela levantou os braços de uma fileira de assentos e deitou de costas. Tirou as calças roxas enquanto Holder deixava que as calças formais do Exército caíssem no chão.

Maldição, está gelado aqui, pensou Holder ao expor a pele. Mas assim que se entregou ao abraço de Kerkow parou de se preocupar com o frio.

"Oi, vocês poderiam ligar o aquecimento?"

A tripulação se assustou ao ouvir uma voz feminina fazendo aquele pedido educado. Eles se viraram e viram a cabeça de Cathy Kerkow enfiada pela porta da cabine; até aquele momento os pilotos acreditavam que Holder viajava sozinho para Argel. Ficaram estupefatos ao descobrir que o sequestrador tinha uma bela companheira que não haviam notado.

Luker, que tinha fama de mulherengo, sentiu uma pontada de inveja. *Talvez eu possa fazer alguma coisa*, pensou enquanto avaliava o corpo de Kerkow. Mas ela não tinha interesse em socializar com a tripulação.

Pouco tempo depois Newell foi à primeira classe falar com Holder, que tomava uma latinha de Coca-Cola. Holder primeiramente ofereceu um pouco de maconha ao capitão, sugerindo que a droga poderia ajudar a "ligá-lo". Newell recusou com um resmungo e começou a tentar convencer Holder a escolher um destino menos perigoso que Argel.

Segundo os cálculos de Luker, que levavam em conta um vento de cauda constante, o Boeing 720H podia ir até o norte da África sem precisar de mais combustível. Newell, portanto, abandonara o plano que tinha de fazer uma escala em Shannon, Irlanda, um posto de abastecimento popular entre companhias aéreas americanas. Mas ainda detestava a ideia de pousar na hostil Argel; tendo passado quatorze meses em um campo de prisioneiros nazista, odiava se arriscar a um novo cativeiro.

Newell inicialmente sugeriu pousar em Madri, mas Holder não quis ouvir; ele sabia que a Espanha era governada por um envelhecido ditador fascista que não seria gentil com um subversivo do seu tipo. "Bem, outra possibilidade seria a Suíça; Genebra", disse Newell. "Gostaria de ir para Genebra?"

Holder ficou intrigado. A palavra *Suíça* conjurava imagens de chalés idílicos e belas enfermeiras da Cruz Vermelha. Ficou pensando se o país teria uma indústria aeroespacial, já que um dia ele poderia gostar de trabalhar como engenheiro. "Acha que eles me dariam anistia?", perguntou, esperançoso.

Newell prometeu ver o que poderia fazer. Como o Voo 364 estava fora do alcance de qualquer instalação da Western Airlines, Newell chamou o centro de controle da TWA no Aeroporto Kennedy, que prometeu repassar o pedido a funcionários da Western. Newell imaginou que esses funcionários teriam de informar o FBI, que então notificaria o Departamento de Estado.

Mas a cadeia de comunicação era muito mais curta do que Newell pensava, pois suas transmissões estavam sendo interceptadas pelas Forças Armadas. O Voo 364 era seguido por um KC-135 Stratotanker, que decolara rapidamente da base da Força Aérea em Loring, Maine. O jato normalmente era usado para reabastecer caças no ar, mas dessa vez sua missão era manter o Pentágono informado de cada movimento do Voo 364. Isso era muito incomum, assim como o sequestro: nenhum sequestrador americano levara um avião para a África, e havia preocupações no alto escalão sobre como o drama poderia evoluir.

Poucos minutos após a pergunta de Newell sobre a Suíça a informação chegou à sede do Departamento de Estado em Washington. A sugestão colocava o governo Nixon em uma situação diplomática difícil: embora ele obviamente relutasse em agir em benefício de um sequestrador, preferia que o avião pousasse na Europa em vez de na Argélia. Pelo menos na Suíça o resgate do avião e de sua tripulação seriam garantidos. E os suíços poderiam até mesmo estar dispostos a enganar o sequestrador retirando a oferta de asilo assim que o interesse popular desaparecesse.

Foi dado um telefonema para o embaixador suíço nos Estados Unidos, um aristocrata calvo chamado Felix Schnyder. Ele não sentiu necessidade de levar o esboço de proposta do Departamento de Estado a seus chefes em Berna; rejeitou peremptoriamente a ideia de deixar o avião sequestrado pousar em Genebra. A Suíça não queria ficar conhecida como a Cuba dos Alpes.

Ficou claro que o Voo 364 não tinha escolha a não ser seguir para a Argélia. O Departamento de Estado entrou em contato com seu único representante no país, William Eagleton, que chefiava a seção de interesses dos Estados Unidos na embaixada suíça em Argel. Foi instruído a alertar as devidas autoridades argelinas, depois seguir imediatamente para o Aeroporto Maison Blanche.

HOLDER E KERKOW SE REVEZARAM dormindo enquanto o avião cruzava o Atlântico. Quando o voo se aproximava da costa ibérica, Holder entrou em um toalete para colocar a camisa branca e as calças marrons de boca de sino que levara em sua valise. Tendo queimado doze baseados desde que saíra de Seattle, suas faculdades mentais não estavam muito afiadas; acidentalmente, deixou a maleta Samsonite na poltrona ao lado da adormecida Kerkow.

Quando ouviu a porta do toalete bater, Luker recostou na cadeira e olhou para a cabine dos passageiros. Imediatamente percebeu a maleta desprotegida. Se havia um momento para fazer algo em relação ao sequestro, era aquele.

Começou na cabine um debate sussurrado. Ira McMullen, o navegador da FAA, estava entusiasmado para liderar o ataque. Queria se agachar atrás da porta do toalete com algum instrumento pesado e golpear Holder na cabeça quando saísse. Então alguém poderia agarrar a maleta, dessa forma neutralizando Kerkow como ameaça.

Mas Newell vetou a ideia. Simplesmente havia coisas demais que poderiam dar errado. E se McMullen não conseguisse derrubar Holder na primeira tentativa? Ou se Kerkow acordasse e decidisse detonar a bomba ao seu lado, ou alguma das outras que Holder alegara ter escondido em outros lugares do avião? Embora Newell tivesse sérias dúvidas de que os sequestradores sentissem a coragem de matar, não estava disposto a arriscar sua aeronave em um palpite.

Então a tripulação da Western não fez nada. Holder voltou à sua poltrona em trajes civis, ignorando como chegara perto de estragar a Operação Sísifo.

Às 17h20, horário local, enquanto o Voo 364 cruzava o espaço aéreo espanhol, um funcionário argelino entrou em contato com o avião. Em um inglês passável, pediu para falar com o sequestrador.

"É filiado a algum grupo político?", perguntou o funcionário a Holder.

"Não... Ah, bem, ahn, vamos falar sobre isso em terra. Agora tenho algumas perguntas."

"Sim, por favor."

"Pode garantir minha segurança?"

"Segurança? Sim, segurança. Isso não é problema."

"Certo, agora eu vou querer asilo. Vocês me darão asilo?"

"Asilo? Sim, certo, entendo. Asilo."

Holder estava ficando excitado com a nova vida que tinha pela frente. Achou que os argelinos pareciam entusiasmados com sua chegada iminente. Ele estava certo de que caras tão hospitaleiros não teriam problema em atender a seu último e mais importante pedido.

"E escute, quero que Eldridge Cleaver me encontre no aeroporto."

"Repita, por favor?"

"Eldridge Cleaver. Eu quero Eldridge Cleaver."

11. "Vamos ser amigos"

Em 1968, o ano que Roger Holder passou dirigindo um tanque pelas selvas do Vietnã do Sul, Leroy Eldridge Cleaver concorreu a presidente dos Estados Unidos. Tinha apenas 38 anos de idade na época, portanto constitucionalmente inelegível para o cargo. Mas quando os 218 delegados do partido Paz e Liberdade, de esquerda, se reuniram em convenção em Ann Arbor, Michigan, Cleaver conseguiu a indicação na primeira votação. Ao aceitar a honra com humildade, jurou queimar a Casa Branca e a substituir por um "museu ou monumento à decadência do passado" caso por milagre conquistasse a presidência.

Apenas dois anos antes de entrar na disputa eleitoral Cleaver havia sido detento da prisão de segurança máxima californiana de Soledad, cumprindo uma sentença de quatorze anos por tentativa de assassinato. O garoto que abandonara o colégio se tornou autodidata atrás das grades, devorando obras de Thomas Paine, Voltaire e Malcolm X. Acabou se animando a escrever ele mesmo, produzindo uma série de ensaios provocadores sobre raça, sexo e violência. Quando esses ensaios começaram a ser publicados na revista política trimestral *Ramparts*, Cleaver virou uma sensação literária, louvado pelos críticos como um homem abençoado com um "dom natural da linguagem" e uma "formidável mente analítica". A crescente reputação intelectual de Cleaver o ajudou a conseguir condicional em dezembro de 1966, após cumprir apenas metade da pena; ao deixar a prisão, ingressou na equipe da *Ramparts*.

Mas Cleaver era agitado e ambicioso demais para se acomodar com um mero trabalho de autor. Ele se filiou ao novo Partido dos Panteras Negras em fevereiro de 1967, após ver um de seus fundadores, Huey P.

Newton, expulsar um grupo de policiais fortemente armados do escritório da *Ramparts* em São Francisco. Cleaver ascendeu rapidamente ao posto de ministro da Informação, tornando-se o rosto do partido após Newton ser preso por atirar contra um policial de Oakland em outubro de 1967. Sua habilidade de transformar a ideologia contra o establishment dos Panteras Negras em uma espécie de poesia vigorosa foi algo maravilhoso de ver – ninguém além dele conseguiria fazer a frase "porcos racistas da Gestapo" soar como algo saído de *Rei Lear*.

Mas o entusiasmo de Cleaver pelo combate verbal também era sua maior fraqueza. "Eu sou um boquirroto e um idiota, sabe? Falo demais", confessou a um entrevistador.

Em março de 1968, o braço editorial da *Ramparts* lançou *Soul on Ice*, uma coletânea dos ensaios de Cleaver escritos na prisão. Apenas duas semanas após o sucesso de vendas instantâneo receber uma resenha laudatória no *New York Times*, Cleaver e vários camaradas se envolveram em um tiroteio de noventa minutos com a polícia de Oakland. O incidente resultou na morte de um Pantera Negra de dezessete anos chamado Bobby James Hutton, bem como na prisão de Cleaver por tentativa de homicídio.* Embora tenha conseguido libertação sob fiança, Cleaver sabia que sua condicional certamente seria revogada. Quando começou a campanha naquele verão, ele jurou à esposa, Kathleen, que nunca mais passaria um dia na prisão.

Três semanas após receber 0,05% dos votos na eleição, Cleaver fugiu para Montreal. Lá, pegou um cargueiro para Havana, onde o governo o instalou em um apartamento luxuoso com dois vigias do Ministério do Interior. Mas Cleaver logo deixou de ser bem-vindo em Cuba, primeiro por dar abrigo a dois sequestradores de aviões americanos que haviam escapado de um dos canaviais de Fidel Castro, que mais pareciam campos de concentração. Depois, em maio de 1969, um repórter da Reuters rastreou Cleaver e publicou sua localização na imprensa americana. O

* Embora muitos fatos sobre o tiroteio permaneçam obscuros, aparentemente os Panteras Negras instigaram a batalha armada em retaliação ao assassinato de Martin Luther King. Hutton foi morto pela polícia após a rendição dos Panteras, que teriam sido desarmados e empurrados ao chão.

alarido resultante, que incluiu apelos pela extradição de Cleaver para a Califórnia, convenceu os cubanos a expulsar seu hóspede problemático: eles o colocaram em um avião rumo à Argélia, dizendo que passasse lá uma semana "para fugir da publicidade" causada pela matéria da Reuters.

Mas como os cubanos pretendiam, Cleaver acabou ficando na Argélia a convite do presidente ditador do país, Houari Boumédiène.* Um gênio da organização conhecido pelo ascetismo e crueldade, Boumédiène fora um alto-comandante da ala militar da Frente de Libertação Nacional, o partido que comandara a luta de independência contra a França. Suas experiências de guerra o transformaram em um feroz anticolonialista, comprometido com o apoio a revoluções ao redor do mundo. O dinheiro do petróleo argelino alimentava grupos rebeldes de Rodésia, Eritreia, Portugal e Palestina, entre muitos outros países. Boumédiène naturalmente ficou intrigado com o Partido dos Panteras Negras, que via como a coisa mais parecida com uma insurgência socialista nos Estados Unidos.

Cleaver se mostrou capaz de ler as expectativas de Boumédiène, adaptando seus jargões para dar a eles um tom ainda mais beligerante. Pouco após sua chegada a Argel ele disse a um fotojornalista americano que planejava montar uma organização chamada Frente de Libertação Norte-Americana, dedicada a derrubar o governo dos Estados Unidos e nacionalizar a Standard Oil. "Planejo derramar meu sangue, arriscar minha vida e tirar as vidas dos porcos da estrutura de poder da Babilônia", declarou, usando seu apelido preferido para os Estados Unidos.

Boumédiène ficou impressionado o bastante para deixar Cleaver operar livremente em Argel, bem como para dar a ele um estipêndio mensal de quinhentos dólares. Acompanhado de sua esposa grávida Kathleen e alguns admiradores vindos dos Estados Unidos, Cleaver abriu uma divisão oficial do Partido dos Panteras Negras, que batizou de Seção Internacional. Inicialmente confinada em um bangalô junto ao mar Mediterrâneo, a Seção Internacional logo foi promovida a uma vila cercada no exclusivo

* Na verdade esse era o codinome do presidente. Seu nome real, um segredo bem guardado na época, era Mohammed Ben Brahim Boukharouba.

bairro de El Biar. A vila foi um presente dos antigos residentes, a delegação oficial do Vietcongue, que era grande fã do trabalho de Cleaver. Este então retribuiu a gentileza transmitindo uma mensagem na Rádio Hanói, conclamando soldados afro-americanos a se amotinar: "Se conseguirem reunir a coragem para isso, devem começar a acabar com esses Pai Tomás e esses porcos que ordenam a vocês que matem o povo vietnamita. Devem começar a explodi-los. Jogar aquelas granadas de mão neles. E colocar aquela dinamite sob suas casas, sob seus jipes."

À medida que Cleaver se estabelecia melhor em Argel, mais de uma dúzia de Panteras Negras se juntou a ele – muitos, como Cleaver, fugindo da justiça americana, que tentava destruir o partido. Havia Pete O'Neal, fundador da regional do partido em Kansas City, que fugia da acusação de transportar armas entre estados; Donald Cox, que tinha o título de marechal de campo e era suspeito de participar do assassinato de um informante da polícia; e Sekou Odinga, um dos chamados Pantera 21, um grupo de membros do partido que enfrentava acusações de conspiração em Nova York.

A Seção Internacional também recebeu por um breve tempo Timothy Leary, o psiquiatra de Harvard transformado em guru do LSD. Após receber uma sentença de vinte anos de prisão por posse de maconha em janeiro de 1970, Leary imediatamente fugiu da prisão com a ajuda dos *weathermen*. Acabou em Argel, onde Cleaver permitiu que ficasse em El Biar; esperava que receber Leary ajudasse a criar uma aliança entre os Panteras Negras e os hippies brancos. Mas então um amigo de Leary apareceu com um aparelho de som cheio de LSD, uma substância perigosa em um país profundamente tradicional como a Argélia. "Leary ia para o deserto com a esposa, tomavam ácido e deitavam nus sob o sol, e um pastor de cabras passava e contava ao primeiro policial que encontrava", resmungou Cleaver depois, acrescentando que Leary também distribuía a droga para universitárias. Após alguns meses dessa farra, Cleaver declarou o professor *persona non grata*, obrigando Leary a buscar refúgio na Suíça.

Procurando angariar apoio aos Panteras, Cleaver viajou muito pela Ásia como convidado de honra dos regimes comunistas da região. Percorreu o Vietnã do Norte, onde o primeiro-ministro Pham Van Dong brindou a ele com as palavras: "No Ocidente você é um negro nas sombras, aqui você é um negro ao sol." Passou algum tempo em Pyongyang com Kim Il-sung, o "Grande Líder" da Coreia do Norte, que louvou por seu "comando genial"; Cleaver depois escreveria o prefácio de *Juche*, uma coletânea em inglês dos discursos de Kim.

Mas no verão de 1972 a Seção Internacional estava em franca decadência. Com os direitos autorais de *Soul on Ice* bloqueados pelo governo dos Estados Unidos,* a organização tinha grande necessidade de dinheiro. "Estamos cheios de dívidas", disse Kathleen Cleaver a um jornalista americano. "Nossa conta telefônica de fevereiro a abril foi de 5 mil dólares ... Alugamos quatro casas, e o aluguel está atrasado. Todos os recursos são consumidos por sete crianças, oito famílias, roupas, hospital, médicos e comida. Você pode imaginar o quanto isso custa." Para se sustentar a Seção Internacional negociava vistos falsos e carros roubados levados de Marselha.

Eldridge também estava cada vez mais paranoico, uma disposição causada por cartas que recebia dizendo que Huey P. Newton tentava destruir a Seção Internacional. Cleaver não se dava conta de que as cartas, que alegavam que Newton o chamara de "assassino e vagabundo sem genitais", eram inteligentes falsificações do FBI, concebidas para provocar um racha na liderança do partido.

Com seu futuro na Argélia parecendo funesto, Cleaver ficou muito intrigado com o telefonema que recebeu na tarde de 3 de junho de 1972. Era do gabinete do presidente Boumédiène, que naquele momento estava fora do país, em uma reunião no Senegal. Um ajudante do presidente pedia que Cleaver fosse imediatamente ao palácio.

Quando Cleaver chegou acompanhado de Donald Cox, o ajudante revelou o motivo para a pressa: pela primeira vez na história um avião comercial americano sequestrado estava a caminho de Argel. Tudo que o governo

* O governo dos Estados Unidos alegou que Cleaver se tornara cidadão do Vietnã do Norte e da Coreia do Norte durante suas viagens asiáticas. Como resultado os ativos americanos de Cleaver foram congelados de acordo com a Lei de Comércio com o Inimigo.

sabia era que havia pelo menos uma bomba a bordo, embora talvez outras mais. E os sequestradores carregavam 500 mil dólares em um saco de lona.

Os olhos de Cleaver se iluminaram com esse último detalhe. A revolução certamente poderia ter excelentes usos para meio milhão de dólares.

O Voo 364 ESTAVA TÃO PERTO do Aeroporto Maison Blanche que Holder podia ver as praias do Mediterrâneo ainda cheias de banhistas aproveitando os últimos raios de sol do dia. Ficou empolgado com a perspectiva de se esticar na areia e se banhar na espuma. Ele sabia que as estrelas o haviam guiado bem encaminhando-o para Argel.

"Veja, este é um lugar onde um homem como eu pode ser livre", disse à tripulação, um enorme sorriso no rosto. "O único lugar onde posso ser livre."

Newell perguntou a Holder se ele não poderia pensar em deixar o dinheiro no avião, para que fosse devolvido à Western Airlines. Newell disse que caso fizesse isso as autoridades americanas poderiam deixá-lo em paz. Mas Holder riu da ideia de abandonar 500 mil dólares sem briga.

"Lamento", disse a Newell. "O dinheiro não é para mim. É para as pessoas pobres e necessitadas ao redor do mundo. E se eu viver o suficiente, talvez compre minha própria companhia aérea um dia."

O avião pousou no Maison Blanche às 18h57, horário local. Enquanto parava na pista 22, foi cercado por pelo menos doze veículos militares, todos cheios de soldados. Um sedã preto parou junto à escada de embarque que havia sido colocada junto à porta da frente da aeronave. Dele saiu um homem elegante com olhos pequenos brilhantes vestindo um terno extravagantemente caro. Caminhou até o pé da escada e esperou, um intérprete ao seu lado.

Na cabine do avião, Holder estava empolgado demais para dar um adeus adequado. "Deixei algo para vocês no forno", disse a Luker. Depois jogou o saco de lona sobre o ombro direito e foi para a cabine de passageiros.

Holder encontrou Cathy Kerkow na fileira 19, olhando pela janela para os soldados que haviam cercado o avião. "Você sai primeiro, sozinha", ele disse. "Eles não vão atirar em uma mulher."

Kerkow desviou o rosto da janela e olhou nos olhos de Holder. "Roger, nós saímos juntos." Ficou claro pelo tom enfático que não aceitaria nada menos.

Enquanto o casal se aproximava da porta da frente, Holder parou para retirar sapatos e meias. Queria que o mundo o visse de pés descalços, um floreio para tornar sua saída da aeronave ainda mais dramática.

Exatamente como um escravo fugido, pensou.

Na metade da escada Holder foi recebido pelo homem no belo terno sob medida. O intérprete traduziu seu francês rápido. "Bem-vindo à Argélia. Meu nome é Salah. Agora você está em casa, irmão. Vamos ser amigos. Muito bons amigos."

Que escolha tenho?, pensou Holder enquanto acompanhava Salah Hidjeb descendo a escada na direção do sedã preto à espera. Antes que ele e Kerkow entrassem no carro, um soldado fez um gesto para que Holder entregasse a maleta Samsonite que ainda levava na mão esquerda. Holder o fez com cuidado e o soldado se preocupou em não colocar pressão indevida no fio de cobre.

Da janela da cabine a tripulação da Western viu o sedã se afastar pela pista. Depois ouviram o som de duas dúzias de pés subindo a escada de embarque – soldados argelinos indo em busca de outras bombas.

Tendo em mente as palavras de despedida de Holder, Luker foi até a cozinha e olhou dentro do forno. Encontrou cinquenta notas de cem dólares – uma gorjeta pelo excelente serviço da tripulação.

Por intermédio do intérprete, Hidjeb continuou a falar com Holder e Kerkow enquanto o sedã deslizava na direção do terminal do Maison Blanche. Expressou seu pesar pelo fato de o presidente Boumédiène não estar ali para cumprimentar pessoalmente os sequestradores, mas prometeu que tal encontro seria marcado quando Sua Excelência retornasse do Senegal. Hidjeb explicou ser um "representante da polícia", embora isso fosse minimizar muito: ele na verdade era o diretor da Renseignements

Généraux, uma divisão da brutal polícia secreta da Argélia, bem como o assassino preferido de Boumédiène.*

Dentro do terminal, Hidjeb conduziu Holder e Kerkow à sala vip da Air Algérie, onde o casal um tanto perturbado recebeu copos de suco de laranja e uma travessa de tâmaras. Vendo que os hóspedes pareciam confortáveis, Hidjeb educadamente pediu para ver o dinheiro – queria ter certeza de que todos os 500 mil dólares estavam ali, como os sequestradores alegavam.

Holder relutou em entregar o saco, mas Hidjeb garantiu que o dinheiro seria devolvido em breve. Holder concordou, e o resgate foi levado por um dos ajudantes de Hidjeb.

Enquanto isso, fora da sala vip, Cleaver e vários outros Panteras Negras estavam prestes a bater nas portas trancadas – eles queriam o dinheiro. Igualmente impaciente estava William Eagleton, o diplomata americano encarregado de cuidar do caso. Ele bufava, dizendo a quem quisesse escutar que o Pentágono estava preparado para ordenar um bloqueio naval à Argélia caso o avião e o resgate não fossem devolvidos imediatamente.

Hidjeb finalmente concordou em deixar Cleaver e os Panteras entrarem na sala. Eagleton foi dispensado.

A primeira reação de Cleaver ao ver os sequestradores em carne e osso foi de decepção. Ele esperara uma equipe de quatro ou cinco Panteras Negras vigorosos, não um irmão magrelo de óculos e sua namorada branca hippie.

Os sequestradores, por outro lado, ficaram impressionados de estar na presença de Cleaver. Kerkow havia muito era fascinada pela mística dos Panteras, desde um simpósio na Universidade do Oregon em 1970. Agora ali estava ela, cara a cara com o próprio ministro da Informação fugido, tendo acabado de dar um dos golpes mais ousados da história. Quaisquer dúvidas que pudesse ter tido em Nova York haviam desaparecido, substituídas por pura alegria.

---

* Hidjeb preferia atender pelo codinome Si Salah, um tributo a um comandante guerrilheiro argelino executado pelos franceses em 1961. Ele também usava o apelido "Salah Vespa", uma referência à sua predileção por cometer assassinatos pilotando uma lambreta.

Quando Holder olhou para Cleaver viu a razão pela qual fora para Argel: se unir a um espírito irmão, igualmente ameaçador ao Sistema responsável pela guerra que o deixara em frangalhos. Eram ambos homens perigosos e inteligentes; sem dúvida destinados a formar uma grande aliança na luta contra tudo que havia de podre no mundo.

Enquanto os dois homens apertavam as mãos, Cleaver disse suas primeiras palavras a Holder: "Então, onde está o pão?"

Holder retirou a mão, desalentado. Então era assim que o grande Eldridge Cleaver o via – não como um revolucionário igual, mas como um cifrão. A relação deles começara mal.

Protestando em voz alta que ainda tinha de colocar os olhos no meio milhão de dólares, Cleaver foi retirado da sala, mas não sem antes dar a Holder o número do seu telefone. A seguir entrou uma equipe de filmagem e vários jornalistas argelinos, que irritaram Holder e Kerkow enfiando microfones em seus rostos. Os repórteres cobriram os dois sequestradores com perguntas feitas em um inglês ruim; o casal escondeu os rostos com as mãos, desorientado com as luzes brilhantes e a avalanche de perguntas. "Não tenho nada a dizer", murmurou Holder olhando para baixo. "Absolutamente nada."

A equipe de filmagem passou então para uma sala adjacente, onde a polícia argelina apresentou o saco de dinheiro e a maleta Samsonite preta, que foi aberta para revelar seu conteúdo: um despertador, uma cópia gasta de *A doutrina secreta*, de Madame Blavatsky, e uma caixa vazia de lâminas de barbear descartáveis.

Holder e Kerkow haviam realizado o sequestro aéreo de maior distância da história americana sem uma única arma de verdade.

A ÚLTIMA PARADA DA EQUIPE de filmagem naquela noite foi na lanchonete do Maison Blanche, onde a tripulação da Western Airlines foi filmada fazendo uma refeição – a primeira desde Nova York. Os cinco homens eram só sorrisos, pois haviam sido informados de que seu medo de prisão era infundado: a Air Algérie recebera ordem do governo de reabastecer o Boeing

720H e deixar que partisse do país imediatamente. Ao ser localizado no Senegal, o presidente Boumédiène decidira não arriscar um confronto militar direto com os Estados Unidos; ele preferia combater seus adversários ocidentais financiando prepostos como o Vietcongue e os Panteras Negras.

Enquanto Newell e sua tripulação comiam no aeroporto, Holder e Kerkow cruzavam Argel no banco de trás de um sedã do governo. O motorista era um dos agentes de maior confiança de Hidjeb, Mustafa, que falava inglês. Apresentou o homem reptiliano no banco do carona como Sem Bolas, explicando que o apelido derivava de um infeliz acidente durante a Guerra de Independência.

Mustafa e Sem Bolas escoltaram os americanos até o Hotel Aletti, um prédio *art déco* debruçado sobre o porto da cidade. Enquanto passavam pelo cassino do hotel um murmúrio percorria as mesas de bacará – todos sabiam do sequestro. Vários apostadores se levantaram para aplaudir Holder e Kerkow, mas o casal se sentia cansado demais para apreciar o gesto. Haviam viajado mais de trinta horas, sob circunstâncias demasiadamente estressantes.

Enquanto dividiam uma garrafa de vinho tinto e um prato de frios no salão de jantar do hotel, Holder e Kerkow foram informados de que permaneceriam hóspedes do governo argelino por mais alguns dias, enquanto certas verificações de segurança eram feitas. Seu dinheiro seria devolvido na manhã seguinte, depois que a papelada oficial necessária estivesse pronta.

Assim que estavam levemente tontos e alimentados, Holder e Kerkow foram levados para cima e conduzidos a um quarto bem-equipado com vista para a rue de Constantine; o corredor do lado de fora estava tomado por doze policiais. Mustafa e Sem Bolas lhes desejaram boa-noite, e o casal exausto desmaiou na cama, ainda vestido – Holder com as calças boca de sino e os pés descalços, Kerkow de blusa rosa e calças roxas. Eles se abraçaram enquanto caíam no sono, acalmados pelo som de uma brisa cálida que agitava as cortinas de renda do quarto.

12. “Minha única bomba é meu coração humano”

Nua, Beth Newhouse cambaleou grogue até a entrada da cabana da família, nas florestas acima de Coos Bay. Era domingo e cedo demais para uma visita de amigos, então ficou particularmente alarmada ao ouvir o som de cascalho sendo esmagado do lado de fora. Espiou por uma janela e viu um sedã último modelo subindo a rampa. Era o tipo de carro usado por policiais disfarçados.

Newhouse correu de volta ao quarto, onde seu namorado, Lee Davis, estava ferrado no sono. “Ai, meu Deus, ai, meu Deus!”, gemeu enquanto se atrapalhava vestindo os jeans. “Fomos pegos!”

Newhouse e Davis estavam na cabana havia uma semana, tendo ido de carro a Coos Bay vender um carregamento da maconha de Fast Eddie. Ainda havia vários quilos da droga na mala do carro. Beth temia que a polícia local tivesse ficado sabendo de seu comércio ilícito.

Uma vez vestida, ela foi à porta da frente receber os policiais, esperando afastar suas suspeitas sedutoramente alegando inocência. Mas os dois homens que saíram do sedã verde não eram do Departamento de Polícia de Coos Bay. Um era o pai de Newhouse, Andrew, o mais destacado advogado da cidade; o outro, um amigo dele, um agente do FBI chamado Thomas Elliott, cujo filho se formara na Marshfield High School no mesmo ano em que Beth.

Agora Newhouse estava realmente em pânico. Ela transportara uma enorme quantidade de drogas cruzando divisas de estados, um crime federal. Só podia ser por isso que o FBI estava ali.

Mas Elliott afastou seus medos imediatamente. “Você não está em apuros”, garantiu a ela. “Precisamos conversar. Houve um sequestro.”

Tomando café na cozinha da cabana, o agente do FBI apresentou o máximo da história que podia: como Cathy Kerkow e Roger Holder haviam acabado no Voo 701 da Western Airlines; como Kerkow se recusara a desembarcar em Nova York; e como os argelinos aparentemente relutavam em entregar o casal. Elliott disse que Holder voara usando um nome falso, mas havia sido identificado por um vizinho de poltrona que vira seus documentos de dispensa do Exército. Kerkow, por outro lado, não fez qualquer esforço para esconder sua identidade ao comprar as passagens da Western em Los Angeles.

Newhouse não poderia ficar mais chocada. Ela e Kerkow podiam ter princípios morais meio duvidosos, mas não eram de modo algum criminosas experientes. Apenas garotas hippies comuns, tentando aproveitar a juventude enquanto podiam. A ideia de Kerkow sequestrando um avião e fugindo com meio milhão de dólares era absurda demais para crer. E embora Holder sempre tivesse lhe causado arrepios, Newhouse também não conseguia imaginá-lo fazendo algo tão grandiosamente insano.

Elliott pressionou Newhouse em busca de detalhes que pudessem ajudar na investigação, mas ela não conseguiu ser de muita ajuda. Lembrava de Kerkow ter lhe pedido dinheiro para comprar passagens para o Havaí, mas essa foi toda a sua informação útil. Ela só podia especular que Holder decidira sequestrar o avião por capricho, sem o conhecimento de Kerkow. Nenhuma outra explicação fazia sentido.

O pai de Newhouse perguntou a Beth se ela estaria disposta a viajar à Argélia para convencer Kerkow a voltar para casa. Mas ela se recusou a embarcar em tal missão, e não apenas por ter ouvido dizer que a Argélia era um lugar perigoso. Também sabia que os tribunais estavam sendo duros com sequestradores de aviões condenados, distribuindo sentenças de trinta anos de prisão como doces. Ela não podia ajudar a mandar sua melhor amiga para a cadeia por décadas.

O resto de Coos Bay ficou tão atônito quanto Newhouse ao saber do crime de Kerkow. A mãe de Kerkow, Patricia, a princípio insistiu em que devia haver algum engano, citando noticiários anteriores que equivocadamente descreviam os cabelos da sequestradora como louros. Mas à medida que ficava claro que Cathy de fato fora para Argel com 500 mil dólares obtidos por extorsão, Patricia alegou que a filha devia ter sido enganada: "Pelo que me contaram, não posso acreditar que minha filha estivesse ativamente envolvida nisso de forma alguma. Deve ter sido um ato impulsivo da parte da outra pessoa. Não posso imaginá-la participando do planejamento de algo assim."

Muitos dos conhecidos de Kerkow em Coos Bay só puderam expressar estupefação quando entrevistados pelos muitos repórteres que foram à cidade. "A equipe toda daqui ficou perplexa, chocada", disse Elmer Johnson, diretor da Marshfield High School. "Simplesmente não podemos acreditar que era nossa Cathy. Ela era uma boa menina quando a conhecemos há três anos."

Alguns poucos moradores ofereceram um retrato menos elogioso de Kerkow. Uma amiga do colégio a descreveu como "meio moderninha", que não desconhecia os prazeres da maconha. "Mas era muito inteligente, e não consigo imaginá-la fumando em um avião durante um sequestro quando iria querer estar alerta", a amiga se apressou em acrescentar.

Uma antiga colega em uma loja de utilidades domésticas ficou maravilhada por alguém tão doidona se envolver em um crime tão ambicioso: "Não achei que ela pudesse seguir ordens bem o bastante para ser sequestradora".

Enquanto isso, em San Diego, Seavenes e Marie Holder não ficaram surpresos quando o FBI apareceu à sua porta na manhã de 3 de junho: na noite anterior, quando a notícia do sequestro saiu na TV, Seavenes observara descontraidamente: "Isso soa como algo que nosso filho maluco faria."

Os Holder colaboraram plenamente com a investigação, dizendo aos agentes que Marie levara o filho e namorada de carro ao aeroporto na manhã de sexta-feira; Roger lhes falara dos planos do casal de se instalar na Austrália, embora não os meios pelos quais chegariam lá. Os Holder então levaram o FBI ao apartamento da Lauretta Street que Kerkow alugara três semanas antes. Os agentes reviraram o lugar procurando pistas das motivações políticas dos sequestradores. Também estavam curiosos para descobrir se Holder tinha alguma ligação com o outro sequestrador de aviões de 2 de junho, que fora capturado perto do lago Washoe de

Nevada por volta de 5h30 daquela manhã. O homem, Robb Heady, havia sido paraquedista da 101ª Divisão Aerotransportada, e o FBI especulava se conheceria Holder do Vietnã.*

Mas o FBI não encontrou nada que lançasse uma luz sobre os motivos de Holder e Kerkow. Nem que indicasse que seus caminhos haviam cruzado os de Heady. Afora o colchão de água de Kerkow, tudo que os agentes encontraram foram roupas, livros de astrologia e vários horários de companhias aéreas.

No dia seguinte, às 12h35, hora do Pacífico, o júri do julgamento de Angela Davis deu seu veredicto: inocente de todas as acusações. A habitualmente estoica Davis começou a soluçar descontroladamente ao ouvir que sua provação legal acabara. "Este é o dia mais feliz, pois significa que isso agora acabou e posso retomar a luta contra a opressão", disse ela à imprensa pouco depois de cumprimentar e abraçar os jurados que saíam do tribunal.

Nem Davis nem qualquer de seus correligionários disseram uma única palavra sobre o sequestro do Voo 701.

Quando Holder e Kerkow finalmente acordaram no domingo, 4 de junho, decidiram festejar dando uma caminhada pela movimentada orla de Argel, onde barcos de pesca de cores brilhantes balançavam na água azul-clara. Mas quando saíram do quarto foram detidos no corredor pela polícia, supervisionada por Mustafa e Sem Bolas. Mustafa educadamente informou aos americanos que eles não poderiam deixar o Hotel Aletti por ora, por motivos de segurança. Eram livres para usar o cassino ou jantar no restaurante, mas apenas acompanhados por pelo menos dois guardas.

Holder perguntou sobre o dinheiro. Mustafa disse que seria devolvido assim que o casal tivesse se encontrado com o presidente Boumédiène; Sua

* Procurando por Heady no lago Washoe na madrugada de 3 de junho, um policial local viu um carro estacionado com um adesivo dizendo "Membro da Associação de Paraquedismo dos Estados Unidos". Os policiais vigiaram o veículo até Heady aparecer pouco antes do amanhecer.

Excelência deveria voltar do Senegal na terça-feira, quando o casal teria uma audiência privada.

Holder e Kerkow voltaram ao quarto e tentaram ligar para os Panteras Negras usando o número que Eldridge Cleaver lhes dera no aeroporto. Mas a linha do quarto estava muda.

Na vila da Seção Internacional, no bairro de El Biar de Argel, Cleaver também estava sendo barrado em seus esforços para colocar as mãos no resgate: funcionários argelinos recusaram seus numerosos pedidos, explicando que o dinheiro precisava ser "processado". Mas isso não impediu os Panteras de fazer planos grandiosos para os 500 mil dólares. Quando um repórter do *Oregon Journal* telefonou para Pete O'Neal, lugar-tenente de Cleaver, ouviu muito sobre como o dinheiro seria gasto: "Quando o irmão e a irmã chegaram, conversamos com eles no aeroporto. Eles disseram que o dinheiro que haviam liberado estava destinado a várias causas. Uma quantia substancial iria para as forças de libertação palestinas e o grosso para a luta afro-americana, a ser usado para combater o sionismo ou o imperialismo americano."

Embora o dinheiro permanecesse em um limbo, Cleaver estava empolgado com o sequestro. A Seção Internacional perdia visibilidade havia meses, à medida que a operação argelina deixava de ser novidade; raramente apareciam jornalistas dispostos a pagar quatrocentos dólares ou mais por uma entrevista com Cleaver, que sempre podia ter declarações anteriores citadas, e sua esposa exuberante. Cleaver, cujos talentos literários incluíam uma tendência ao drama, sabia que podia recuperar relevância apelando ao fascínio do público americano pelos sequestros aéreos.

Assim, a Seção Internacional soltou uma declaração oficial louvando Holder e Kerkow como heróis revolucionários que haviam desferido um poderoso golpe na estrutura de poder dos porcos. "Assim como nossos camaradas no Vietnã, todos os negros e os outros povos oprimidos dos Estados Unidos estão movendo uma justa guerra de libertação contra os mesmos assassinos capitalistas", dizia a declaração. "[O sequestro] é uma tática correta e justa de expropriar tudo o que pudermos das grandes empresas e corporações capitalistas que extorquem bilhões do povo."

Na tarde de 6 de junho, como prometido, Holder e Kerkow foram levados do Hotel Aletti ao palácio presidencial, uma impecável vila moura protegida por soldados armados de sabres vestindo compridas capas brancas. Foram recebidos por Salah Hidjeb, o chefe da polícia secreta que lhes dera as boas-vindas no Aeroporto Maison Blanche três dias antes. Ele escoltou o casal por um estreito corredor de mármore até um escritório revestido de madeira com refinados tapetes antigos. Sob uma pintura em moldura de ouro de camponeses argelinos orando havia um homem de aparência rígida com nariz aquilino e um grosso bigode. Um manto escuro estava jogado sobre seu terno esguio. Embora tão magro que os malares quase se projetavam através da pele, ele transpirava um ar de absoluta autoridade.

O presidente Houari Boumédiène se levantou para apertar a mão de Holder, embora ignorasse Kerkow. Sem qualquer outro cumprimento, começou a conversar com Hidjeb em árabe, de modo que os sequestradores não puderam entender uma palavra. Após alguns minutos de discussão, Boumédiène acenou para que Holder e Kerkow fossem levados de volta ao hotel. Ele decidira seus destinos com base em uma única olhada.

Bill Newell e sua tripulação da Western Airlines só se deram conta da magnitude da repercussão do sequestro quando tentavam partir de Madri. Haviam parado na capital espanhola na noite de 3 de junho para tomar alguns uísques e ter um pouco de sono muito necessário. No dia seguinte, no aeroporto, quando seguiam pelo terminal, os pilotos foram parados por um repórter da United Press International e seu fotógrafo. "Tire os óculos escuros", pediu o repórter a Newell enquanto o fotógrafo disparava. "As pessoas irão querer ver seus olhos."

Newell, sempre objetivo, ficou aborrecido com a intromissão, mas concordou em responder algumas perguntas. O repórter pediu que descrevesse o sequestrador da melhor forma possível. "O sequestrador era um homem muito inteligente insatisfeito com suas experiências no Exército", respondeu Newell. "Ele disse querer ir para Argel por ser o único lugar onde poderia ser verdadeiramente livre."

Quando a tripulação levou o Boeing 720H de volta a Los Angeles, o sequestro se tornara uma sensação de imprensa e polícia, exibido como uma prova de que a epidemia de sequestros de aviões agora era uma ameaça existencial à segurança nacional. Ao conseguir proteção na Argélia, Holder e Kerkow haviam inaugurado um novo abrigo para sequestradores, um que apoiava ativamente grupos como o Vietcongue. E o casal também estabelecera um novo recorde americano para o resgate pago por uma companhia aérea, superando a marca anterior em quase 196 mil dólares; o caso do Voo 701 fizera parecer que não havia limite para o quanto os sequestradores podiam extorquir. Todos tinham medo do que certamente viria a seguir: uma onda de imitadores cada vez mais desequilibrados acreditando que também eles poderiam desafiar as probabilidades e sequestrar seu caminho para circunstâncias mais felizes.

O major-brigadeiro Benjamin O. Davis Jr., que o presidente Nixon escolhera para liderar os esforços antissequestro do país dois anos antes, condenou publicamente a Western Airlines por permitir a fuga de Holder e Kerkow. Argumentou que o fiasco do Voo 701 provava que a política de total obediência das companhias aéreas devia ser eliminada. "Precisamos instilar em todas as partes uma determinação crescente de resistir a sequestros e exigências extorsivas no maior grau possível consistente com a segurança da vida humana", declarou. "Com demasiada frequência os sequestradores tiveram serviços e atenção que não são dados sequer ao passageiro de primeira classe. Com demasiada frequência foram levantados recursos e dados a extorsionários em volumes e com uma velocidade que beiram o fantástico." Davis também conclamou as companhias aéreas a ter mais confiança no FBI, insistindo em que os agentes do órgão não eram "pistoleiros que gostam de atirar", mas profissionais experientes que fariam todo o esforço concebível para evitar ferir passageiros.

A Associação de Pilotos de Empresas Aéreas (Alpa), por outro lado, voltou sua ira para o governo federal, argumentando que o governo Nixon não fizera o suficiente para pressionar a Argélia a extraditar Holder e Kerkow. O sindicato implorou que o presidente ordenasse um boicote de serviços aéreos a qualquer país que autorizasse seus jatos a pousar na

Argélia – uma medida que seria uma enorme pressão sobre aliados como França e Espanha para suspender seus voos diários ao país do norte da África. A Alpa também enviou carta aberta ao senador William Proxmire, do Wisconsin, pedindo que pressionasse por um total embargo econômico à Argélia que só seria suspenso caso Holder e Kerkow fossem enviados aos Estados Unidos para serem processados.

Mas uma vez que os apelos a Washington não produziram resposta imediata, a Alpa decidiu tomar uma medida drástica e sem precedentes: o sindicato pediu uma greve de pilotos de 24 horas, começando às duas horas da manhã de 19 de junho.

Após anunciar a greve, a Alpa descobriu que os pilotos americanos não eram os únicos atipicamente perturbados pelo sequestro da Western Airlines: em demonstração de solidariedade, a Federação Internacional de Associações de Pilotos Comerciais, uma coalizão de sindicatos em 64 países estrangeiros, declarou que participaria da paralisação. Durante pelo menos um dia o tráfego aéreo mundial seria interrompido, tudo por causa de Holder e Kerkow.

As maiores companhias aéreas americanas entraram com ações contra a Alpa em vários distritos federais, argumentando que a greve planejada violava o direito inalienável do povo a um serviço básico. Muitos juízes concordaram com essa lógica e concederam liminares impedindo os pilotos de parar. Mas o sindicato prometeu seguir em frente, alegando que seus integrantes não se assustavam com a ameaça de prisão. "Quando os governos não parecem dispostos a agir, nós, os pilotos, que temos responsabilidade pelos passageiros, precisamos fazer algo", proclamou o presidente da Alpa.

A greve internacional pareceu magnificamente efetiva nas primeiras horas, com o serviço aéreo suspenso em grande parte da Europa; o Aeroporto de Paris-Orly ficou completamente parado, enquanto o tráfego no Heathrow de Londres despencou em 60%. Mas quando o dia raiou nos Estados Unidos, os pilotos americanos acordaram com a notícia de que a liminar contra a greve havia sido mantida pessoalmente pelo presidente da Suprema Corte, Warren Burger, que anunciara sua decisão pouco antes da meia-noite. Desanimados com a derrota no mais alto tribunal americano, os pilotos perderam a confiança e no último instante muitos tomaram a decisão de ir trabalhar. Ainda assim, milhares de voos não decolaram, incluindo 1.400 apenas da Eastern Air Lines. Mas pilotos de Northwest Orient, Pacific Southwest e United recuaram no momento final, e a paralisação nos Estados Unidos não foi tão severa quanto inicialmente se temia.

A Alpa fez pose, classificando a greve de "muito, muito eficaz" em despertar a atenção mundial para o sofrimento de seus pilotos. O sindicato exultou com o fato de, no dia seguinte ao fim da greve, as Nações Unidas terem aprovado por unanimidade uma resolução conclamando "todos os Estados a aumentar e intensificar os esforços internacionais de cooperação" para acabar com os sequestros.

Mas os especialistas debocharam do gesto da ONU. "É quase como anunciar que se é 100% a favor da maternidade", observou um colunista.

Dois dias após a aprovação da resolução, um introvertido veterano da Marinha chamado Martin McNally sequestrou um Boeing 727 da American Airlines no aeroporto de St. Louis. Fez isso usando uma submetralhadora que levara a bordo em um estojo de trombone. Querendo quebrar o recorde de Holder e Kerkow de maior resgate pago por uma companhia aérea americana, McNally pediu e recebeu 502 mil dólares. Depois saltou do avião sobre uma área de floresta perto de Peru, Indiana, e pediu carona de volta para casa em Detroit. Foi preso ali cinco dias depois com apenas treze dólares no bolso; confessou que perdera controle do resgate enquanto puxava a corda do paraquedas.*

Em reação ao sequestro de McNally, a Alpa lançou um balão de ensaio para a ideia de um novo protesto: um boicote a todos os aeroportos domésticos cujas medidas de segurança fossem consideradas frouxas demais

---

* O sequestro quase foi impedido por um empresário chamado David Hanley, que não era passageiro do avião. Após ver imagens ao vivo do sequestro no bar de um hotel perto do aeroporto, Hanley levou seu Cadillac para a pista e se lançou contra o Boeing 727, destruindo as rodas sob a asa esquerda. "Uau, aquele cara deve ser maluco!", exclamou McNally ao ver o carro destruído encaixado sob o avião. Hanley sobreviveu à colisão, mas sofreu ferimentos debilitantes permanentes; McNally continuou o sequestro exigindo outro avião.

pelo sindicato. Mas esse plano foi logo abandonado por não ser factível, considerando a simpatia dos tribunais pelo argumento de que a viagem aérea era um direito americano fundamental. Muitos pilotos frustrados começaram a pensar se o FBI estava certo e a violência era a única resposta – mesmo se isso significasse que os passageiros ficariam no fogo cruzado.

Holder e Kerkow passaram duas semanas confinados ao Hotel Aletti, completamente isolados do mundo exterior. Foram interrogados durante horas por agentes de informação argelinos, que perguntaram o tempo todo sobre as ligações radicais do casal e os objetivos políticos. Os agentes tiveram dificuldade em acompanhar os discursos confusos de Holder sobre astrologia, Angela Davis e Hanói. E não conseguiram entender por que a afável Kerkow se metera em um crime tão grandioso.

Toda noite, depois que os interrogatórios terminavam, Holder e Kerkow iam para o cassino do hotel jogar roleta e jantar lagosta fresca. Eram sempre acompanhados por Mustafa e Sem Bolas, que tinham ordens estritas de nunca perder de vista os americanos.

Finalmente convencidos de que Holder e Kerkow haviam agido sozinhos e não tinham nenhuma postura política definida além de uma oposição comum à Guerra do Vietnã, os argelinos informaram ao casal que haviam sido liberados. Holder e Kerkow tinham dúvidas; temiam ser levados ao Maison Blanche e colocados em um voo de volta para os Estados Unidos. Mas, cumprindo sua palavra, Mustafa e Sem Bolas subiram as sinuosas ruas medievais da Casbah e os deixaram no quartel-general da Frente de Libertação Nacional, partido do governo do presidente Boumédiène. Eldridge Cleaver e seus lugares-tenentes esperavam ali para assumir a responsabilidade pelos dois jovens americanos. Holder e Kerkow haviam recebido asilo oficial, e a Seção Internacional lhes dera o título de "Estudantes da Revolução".

Depois da entrega os Panteras brigaram sobre quem deveria abrigar os sequestradores. Havia pouco espaço na residência de Cleaver em El Biar, onde o líder da Seção Internacional vivia com a esposa e dois filhos pequenos. Donald Cox, o antigo marechal de campo e especialista em munições dos Panteras, se ofereceu para colocá-los em seu bangalô no bairro de Bab el-Oued, ao norte do centro da cidade. Seus motivos para isso não eram de modo algum puros: ele acreditava que quem controlasse fisicamente os sequestradores acabaria controlando seu dinheiro, que ainda era retido pelo governo argelino.

Holder e Kerkow adoraram descobrir que seus novos aposentos ficavam perto de Pointe Pescade, uma praia em forma de lua crescente que antes fora a preferida da elite colonial francesa. Passaram os primeiros dias de liberdade na areia, vendo famílias argelinas brincando nas ondas suaves. À noite jogavam xadrez e fumavam haxixe com seus vizinhos amistosos, um professor de economia francês e sua esposa americana. A despeito de seus muitos problemas, a Operação Sísifo finalmente levara Holder e Kerkow a um paraíso mediterrâneo.

Mas o descanso se revelou breve. Em 30 de junho Cox ouviu notícias perturbadoras na transmissão de rádio da Voz da América: o dinheiro sumira.

Ao avaliar os sequestradores em seu palácio, o presidente Boumédiène instantaneamente os classificara mais como ladrões comuns que como revolucionários. Ele queria desestimular tais aventureiros a buscar abrigo na Argélia por razões unicamente comerciais. Por mais que Boumédiène adorasse provocar o Ocidente, também dependia de seu enorme apetite por petróleo e gás para manter o tesouro cheio – e, por extensão, financiar seus insurgentes preferidos do Terceiro Mundo. De fato, a companhia de petróleo estatal, a Sonatrach, estava em meio a negociações secretas para exportar gás natural para os Estados Unidos. Em vez de arriscar colocar o negócio em perigo, Boumédiène ordenou que o dinheiro fosse devolvido.

A transferência se deu em território neutro, uma agência do Bank of America em Paris. Um funcionário da Air Algérie deu o dinheiro a um vice-presidente da Western Airlines, que o contou no local. Havia apenas 487.300 dólares no saco: Holder deixara 5 mil como gorjeta para a tripulação de Newell, e a polícia argelina de dedos ágeis evidentemente sumira com outros 7.700 dólares. O executivo da Western sabia que não devia reclamar.

Holder e Kerkow ficaram tristes ao saber que o dinheiro havia sido devolvido. Enquanto estavam confinados no Hotel Aletti eles haviam fantasiado sobre como melhor gastar sua parte: velejando pelo estreito de Gibraltar, criando um hospital no Vietnã do Norte, construindo uma estátua bizarra em Coos Bay. Mas sua decepção não era nada comparada com a dos Panteras; Cleaver e os outros acreditavam que o governo argelino dera algo que era deles por direito.

Donald Cox ainda sonhava em de alguma forma ganhar dinheiro com os sequestradores. Tinha fama de ser habilidoso nesse tipo de tarefa: em 1970, por exemplo, ajudara a organizar um evento para levantar recursos para os Panteras recheado de celebridades no apartamento de Nova York do compositor Leonard Bernstein. (Tom Wolfe ridicularizou a festa em uma famosa matéria para a revista *New York* intitulada "Radical Chic".) Cox estimou que poderia ganhar pelo menos 3 mil dólares vendendo a história dos sequestradores à imprensa americana; achava que nenhum jornal conseguiria resistir ao apelo de uma entrevista exclusiva com Cathy Kerkow, a garota bonita comum transformada em revolucionária malvada.

Enquanto Cox tentava vender a história dos sequestradores, Holder passou a desprezá-lo. Quando escolhera Argel como destino alternativo para a Operação Sísifo, o maníaco Holder supusera que Cleaver e seus acólitos eram visionários como ele mesmo, homens que o destino escolhera para mudar o rumo da história. Mas Cox estava se revelando pouco mais que um bandido. Em pouco tempo Holder mal conseguia ficar no mesmo aposento com o homem que um dia fora encarregado de ensinar os Panteras Negras a atirar. A animosidade era mútua: Cox disse a colegas da Seção Internacional que Holder provavelmente era um informante do FBI.

Enquanto isso, Kerkow estava lidando com uma culpa nascente. Começava a lamentar não ter dado adeus à família. Sua mãe tentara falar ao telefone com ela por semanas, ajudada pelo escritório do deputado republicano de Coos Bay John Dellenback. Mas os Panteras continuavam negando os pedidos de Patricia Kerkow, e Cathy fora proibida de dar telefonemas a não ser supervisionada por Cox. Em vez disso ela escreveu uma carta breve à mãe, dizendo apenas que estava passando bem em Argel. Não deu nenhuma pista de por que ajudara a sequestrar o Voo 701.

Pouco depois, em uma tentativa de convencer o *Oregon Journal* a comprar a história dos sequestradores, Cox colocou Kerkow ao telefone com um repórter chamado Rolla J. Crick. "Estou bem", ela disse a Crick. "Não tenho uma explicação no momento. Mas estou preocupada com minha família. Penso muito nela."

Crick pressionou Kerkow querendo detalhes sobre suas experiências em Argel. Mas Kerkow foi cautelosa, dizendo que não podia partilhar muito até uma quantia suficiente ter sido enviada para a Seção Internacional. O *Oregon Journal* recusou o negócio, assim como todas as outras publicações que Cox procurou. Mesmo os jornais menos éticos não tinham estômago para a ideia de pagar para ter acesso a sequestradores de aviões.

Tendo fracassado em sua tentativa de arrancar dinheiro da imprensa, Cox concebeu um plano B desesperado. Kerkow dissera que ela e Beth Newhouse haviam negociado maconha em San Diego. Cox lhe pediu para escrever uma carta à velha amiga, propondo um negócio elaborado com drogas: a Seção Internacional mandaria para Newhouse um grande carregamento de haxixe argelino em troca de um carregamento de armas.

Quando Newhouse recebeu a carta em Coos Bay, onde passava o verão, soube que já havia sido aberta e lida por alguém, presumivelmente o FBI. Mas mesmo que sua correspondência não estivesse sendo monitorada, não havia como ela se envolver em um esquema tão ultrajante. Newhouse teve a sensação de que a amiga estava sendo manipulada por pessoas que não hesitariam em machucá-la.

Uma frase da carta de Kerkow soou particularmente sinistra a Newhouse: "É muito fácil mergulhar na escuridão aqui."

O CAPITÃO GENE VAUGHN queria fazer uma declaração. Algo que mostrasse ao mundo que ele e seus colegas pilotos estavam fartos de dar o controle de seus aviões a extremistas e ladrões. Simplesmente matar o jovem que tomara seu Boeing 747 da Pan Am não seria o suficiente; Vaughn queria transformar o cadáver do sequestrador em um alerta, em grande medida como os ingleses um dia haviam sacudido os corpos de piratas enforcados ao longo do rio Tâmisa.

O objeto da fúria de Vaughn era Nguyen Thai Binh, um universitário de 24 anos do Vietnã do Sul. Binh se formara na Universidade de Washington em 10 de junho de 1972, conquistando um bacharelado em administração de pesca. Pretendera permanecer nos Estados Unidos, mas seu visto fora cancelado em 7 de junho por causa de seu ativismo pacifista; fora preso por ocupar o consulado sul-vietnamita de Nova York. Furioso com sua expulsão, bem como com a devastação do Vietnã do Norte, Binh decidira sequestrar seu voo para casa como um "ato de vingança".

Em 1º de julho, um dia antes de embarcar no Voo 841 da Pan Am em Honolulu, Binh enviara uma carta a vários grupos pacifistas explicando a ação que estava prestes a realizar: "Sei que minha voz pela paz não pode ser ouvida, não pode derrotar o rugido dos B-52, dos bombardeios americanos. ... Minha única bomba é meu coração humano."

Binh não anunciou sua intenção à tripulação da Pan Am até estarem sobre o mar do Sul da China. Deu um bilhete a uma comissária: "Vocês irão me levar a Hanói e este avião será destruído quando chegarmos lá." Quando Vaughn se recusou a atender, Binh escreveu um segundo bilhete, que cobriu com uma boa dose do próprio sangue. "Isto indica quão sério estou falando sobre ser levado a Hanói", dizia.

Vaughn foi à cabine de passageiros ver Binh, um jovem de aparência humilde com menos de 1,50 metro. Binh exibiu um pacote envolto em papel-alumínio que disse conter uma bomba. Vaughn não estava acreditando; havia lido tudo sobre a bomba falsa na maleta de Roger Holder e achava que o pequeno Binh estava tentando um golpe parecido.

Vaughn sabia que um de seus passageiros, um policial aposentado de São Francisco, embarcara com uma Magnum .357. Disse ao ex-policial para ficar preparado, pois logo teria uma oportunidade de acabar com a vida de Binh.

Sob o pretexto de fazer uma escala de reabastecimento, Vaughn pousou no aeroporto Tan Son Nhut de Saigon. Assim que o avião estava parado na pista Vaughn voltou para conversar com o sequestrador mais uma vez. Binh estava muito agitado, falando que iria detonar a bomba se o avião não decolasse imediatamente.

"Não consigo entendê-lo direito", disse Vaughn. "Vou chegar mais perto."

Binh inclinou a cabeça para a frente enquanto Vaughn se ajoelhava. Antes que Binh pudesse repetir a exigência o capitão o agarrou pela garganta e jogou ao chão. "Mate este filho da puta!", Vaughn gritou enquanto segurava o agitado Binh.

O policial saiu correndo com a arma em punho. Atirou em Binh cinco vezes à queima-roupa, à vista dos outros passageiros.

Vaughn pegou o corpo sem vida de Binh pelo pescoço e pernas e foi com ele até a saída traseira do Boeing 707. Então ergueu o cadáver de 52 quilos e o lançou ao asfalto, para o mundo inteiro ver.

Ao retornar aos Estados Unidos, Vaughn foi recebido por uma multidão festiva no aeroporto de Phoenix. "Senti que era uma ofensa à raça humana e tive de tirar o cara da minha presença", explicou à multidão de simpatizantes. "Muito tempo e esforço foram gastos tentando impedir sequestros, mas a única coisa eficaz será pena de morte obrigatória para qualquer sequestrador, sem exceções."

A multidão aplaudiu enlouquecida. O amplo louvor a Vaughn não passou despercebido pelas companhias aéreas ou o FBI.

Três dias depois do assassinato de Binh, um jato sequestrado da Pacific Southwest Airlines pousou no Aeroporto Internacional de São Francisco. Operando do mesmo centro de comando no quarto andar de onde haviam visto Holder e Kerkow escapar por entre seus dedos um mês antes, os agentes do FBI encarregados do caso decidiram impedir o avião de deixar o solo. Não tiveram dificuldade em convencer a Pacific Southwest de que a resistência à intervenção do FBI não seria sábia, considerando a crescente insatisfação popular com indulgência para com sequestradores de aviões.

O jato fora sequestrado por dois imigrantes búlgaros, Michael Azmanoff e Dimitr Alexiev, que subiram a bordo do Boeing 737 em Sacramento. Haviam tomado a aeronave doze minutos depois da decolagem, fazendo três exigências enquanto cada um mantinha uma comissária sob a mira de armas: 800 mil dólares em notas pequenas, dois paraquedas e os mapas de navegação necessários para levá-los à Sibéria.

Ao pousar em São Francisco para esperar o resgate, os sequestradores foram informados de que o capitão não era qualificado para voar até a União Soviética. A companhia aérea ofereceu outro piloto com a experiência necessária para contornar o golfo do Alasca e cruzar o mar de Bering. Azmanoff e Alexiev haviam estudado o sequestro do Voo 701, então sabiam que uma segunda tripulação fora usada para chegar à Argélia. Aceitaram a proposta da Pacific Southwest.

O piloto apareceu na pista quase quatro horas depois, vestindo um uniforme da Pan Am e levando os dois paraquedas pedidos. Seguindo as ordens dos sequestradores, ele parou a pouca distância das escadas para esperar novas instruções.

Uma comissária desceu para encontrá-lo. "Você deve tirar suas roupas aqui, para que possam ver se está armado", ela disse.

O piloto passou a se despir, começando pelas calças. Elas atingiram o asfalto com um baque metálico. A comissária desconfiou. "Você não parece um capitão de avião", disse.

"Estou desapontado por não parecer um piloto", respondeu enquanto continuava a tirar as roupas. "Sou um agente. Mantenha a calma."

A comissária teve um vislumbre de movimento perto da cauda do avião. Olhou e viu três homens em macacões brancos se esgueirando sob a fuselagem. Cada um levava uma escopeta. Aqueles agentes do FBI haviam chegado ao avião cruzando a baía de São Francisco em uma balsa da Guarda Costeira.

Assim que o agente disfarçado havia se reduzido a cuecas, recebeu a autorização para embarcar no avião – os sequestradores não haviam visto a pistola calibre .38 escondida no bolso da calça. Um momento após o falso piloto entrar pela porta, três agentes brandindo escopetas subiram as escadas e abriram fogo.

Alexiev, que estava de pé perto da porta, foi o primeiro a morrer; um disparo de escopeta abriu seu peito antes que soubesse o que estava acontecendo. Na cozinha de trás, Azmanoff retribuiu o fogo do FBI com selvageria. Quando ficou sem munição, sacou uma faca de caça e ameaçou matar qualquer um que se aproximasse. Sua teimosia foi recompensada com duas balas na cabeça disparadas pelo agente que se disfarçara de piloto.*

Mas a celebração do FBI foi comedida, pois seu ataque causara significativos danos colaterais. Dois passageiros foram feridos, incluindo o ator sino-americano que interpretava o cozinheiro na série de TV *Bonanza*. E um passageiro, um ex-maquinista aposentado, foi morto por uma bala perdida sentado ao lado da esposa.

Era exatamente o tipo de tragédia que Bill Newell, da Western Airlines, tentara evitar se recusando a colaborar com o FBI durante o sequestro para a Argélia. Mas não houve condenação pública à agressividade do órgão. O clima dominante era o de que sangue precisava ser derramado para conter a epidemia; o maquinista, portanto, foi visto como um mártir infeliz de uma causa meritória.

Ao louvar os assassinatos de Alexiev e Azmanoff, uma figura de destaque sugeriu que mesmo uma forma horrenda de violência era necessária. "Eu recomendaria que tivéssemos um tribunal portátil em um grande ônibus e patíbulos portáteis", disse Ed Davis, chefe do Departamento de Polícia de Los Angeles, quando convidado a comentar a nova audácia do FBI. "Poderíamos fazer um julgamento rápido de um sequestrador e enforcá-lo, com o devido processo legal, no próprio aeroporto."

No dia seguinte ao tiroteio em São Francisco, um soldado desertor chamado Francis Goodell sequestrou outro avião da Pacific Southwest que se aproximava de Sacramento. Pediu para ser levado a San Diego, onde fez suas exigências: um resgate de 450 mil dólares que iria doar a duas organizações palestinas, um paraquedas e um manual de instruções sobre salto de paraquedas.

---

* Depois foi revelado que os sequestradores tinham um cúmplice, Lubomir Peichev, um antigo piloto da principal companhia aérea da Bulgária. O plano era que Azmanoff e Alexiev pousassem o Boeing 737 em uma pista de pouso rural na Colúmbia Britânica, onde Peichev estaria esperando com um pequeno avião fretado que ele sequestrara. O trio então voltaria para uma cidade perto da fronteira dos Estados Unidos e deixaria o segundo avião. Peichev abandonou a operação ao saber do tiroteio em São Francisco; foi posteriormente condenado por conspiração para cometer pirataria aérea e sentenciado a prisão perpétua.

Goodell acabou sendo assustado e levado a se render por um dos reféns, um patrulheiro rodoviário da Califórnia que descreveu para ele os efeitos medonhos da bala de um atirador de elite no cérebro. Mas esse segundo sequestro em muitos dias convenceu o presidente Nixon de que sua intervenção pessoal era mais uma vez necessária. O voo de Goodell passara diretamente sobre a cabeça do presidente enquanto ele tirava férias em sua mansão em San Clemente, a chamada Casa Branca do Oeste. Assustado com a ideia do que poderia ter acontecido caso Goodell quisesse matar, Nixon perguntou ao administrador da FAA, John Shaffer, por que o sequestrador não havia sido identificado pelo perfil comportamental da agência. Shaffer respondeu que o perfil não fora usado – voos curtos como o que Goodell sequestrara eram liberados da revista a passageiros.

Nixon ordenou que a FAA tapasse essa lacuna imediatamente. Mas nada mudou: seis dias depois da avaliação comportamental se tornar obrigatória para todos os voos, dois aviões de ponte aérea foram sequestrados no mesmo dia – um de Filadélfia para Nova York, o outro enquanto voava da cidade de Oklahoma para Dallas. Os sequestradores receberam um total de 1,150 milhão de dólares em resgate antes que suas aventuras terminassem em rendição.

No Capitólio, um político de destaque se deu conta de que o inimaginável se tornara inevitável. Em 20 de julho, o senador Richard Schweiker, da Pensilvânia, apresentou a Lei de Revista de Passageiros da Aviação, que obrigaria as companhias aéreas a fazer todos os passageiros passarem por detectores de metais. "Ninguém embarcará em um avião com uma escopeta ou faca escondida na manga se minha lei for aprovada", prometeu.

Uma versão com emendas da lei de Schweiker, ampliada para incluir medidas como a criação de uma nova Força de Segurança de Transporte Aéreo, acabou aprovada pelo Senado por 75 votos contra 1. Mas, quando chegou à Câmara, os lobistas das companhias aéreas haviam convencido muitos deputados importantes de que a revista eletrônica era inviável. E assim que a lei passou pelo comitê, essa determinação específica foi eliminada. As duas câmaras do Congresso não conseguiram resolver suas diferenças, e a lei teve uma morte silenciosa.

13. "Como você se demite de uma revolução?"

Não tendo conseguido ganhar nada ao hospedar Roger Holder e Cathy Kerkow em seu bangalô de Bab el-Oued, Donald Cox decidiu botar o casal para fora. Em meados de julho ele informou a Eldridge Cleaver que esperava visitantes dos Estados Unidos e, portanto, precisava de espaço em sua casa na praia. Os sequestradores teriam de encontrar outras acomodações.

Felizmente para Holder e Kerkow, o despejo coincidiu com uma das frequentes viagens de Elaine Klein ao exterior. Filha de uma rica dona de loja de vestidos de Connecticut, Klein se tornou uma fervorosa partidária da Frente de Libertação Nacional da Argélia quando frequentava uma escola de arte de Paris no começo dos anos 1950. Depois transformou seu ativismo em um emprego como secretária de imprensa do primeiro presidente da Argélia, Ahmed Ben Bella, que Houari Boumédiène derrubou em 1965. Diferentemente do chefe, que passou o quarto de século seguinte em prisão domiciliar, Klein permaneceu de pé depois do golpe sem derramamento de sangue de Boumédiène, encontrando trabalho como tradutora do Ministério da Informação. Também se tornou uma das mais íntimas confidentes de Cleaver, com frequência atuando como ligação entre o líder da Seção Internacional e o governo argelino.

Klein fora a Paris em junho para uma longa estada com amigos, e deixara com Cleaver as chaves de seu apartamento em El Biar, um imóvel espaçoso na rue de Traité, virando a esquina da sede dos Panteras Negras na rue Viviani. Cleaver convidou Holder e Kerkow a ficar lá até o retorno de Klein. Também deu a eles um envelope recheado de dinares para as necessidades básicas.

Holder e Kerkow torraram o dinheiro em refeições suntuosas em restaurantes, onde sempre causavam comoção ao entrar. Kerkow fazia poucas concessões à cultura argelina de discrição feminina. Adorava passear com as mesmas calças justas que vestira durante o sequestro, um traje escandaloso em um país onde muitas mulheres usavam véus brancos sobre bocas e narizes. Sempre aprontando confusão, ela se divertia vendo os rostos dos clientes do sexo masculino se contorcendo de desgosto e lascívia enquanto ela e Holder acabavam com suas caudas de lagosta.

Kerkow considerava suas provocações nada além de um jogo, mas Holder sentia que ela brincava com o perigo. Para se proteger de argelinos que poderiam se opor violentamente às travessuras da namorada, ele pegou emprestado um revólver Magnum .357 do estoque pessoal de armas de Cleaver.

Quando não estavam se banqueteando de frutos do mar ou no café do Hotel St. George, Holder e Kerkow faziam aulas de educação política com os Panteras Negras. Influenciado por suas viagens a Pyongyang e Hanói, Cleaver desenvolvera um enorme fascínio pelas minúcias da teoria marxista-leninista, enchendo fitas cassete com suas longas reflexões sobre a Primeira Internacional e o revisionismo trotskista. Portanto, as discussões que comandava eram cheias de termos como *materialismo dialético* e *nacionalismo burguês*, para confusão de Holder e Kerkow. O casal nunca imaginara que a revolução poderia ser tão mortalmente tediosa.

Além de repassar sua visão sobre transformar a Babilônia em um paraíso sem classes, Cleaver fazia trabalho diplomático em Argel, tentando conquistar apoio para um de seus projetos preferidos: convencer as Nações Unidas a enviar tropas de paz para cidades do interior dos Estados Unidos. Também começou a escrever um grande discurso que pretendia fazer no dia 18 de agosto para comemorar o sétimo aniversário dos Conflitos de Watts. E sempre que tinha tempo livre praticava tiro ao alvo com sua pistola preferida, presente de um político do Zaire que o admirava.

Mas isso desviava a atenção de Cleaver apenas por pouco tempo da triste realidade diante de si: com os 500 mil dólares dos sequestradores perdidos, a Seção Internacional sem recursos tinha pouca chance de sobrevivência a longo prazo. Simplesmente havia bocas demais a alimentar sem faturamento suficiente entrando.

No entanto, pouco depois da meia-noite de 1º de agosto a disposição depressiva de Cleaver foi alterada por um telefonema de Donald Cox. Algumas horas antes, ouvindo seu rádio de ondas curtas, Cox escutara um noticiário sobre um avião sequestrado na Califórnia. "Não quis acordar você até ter certeza de para onde eles iam", disse a Cleaver. "Estão vindo para a Argélia com 1 milhão de dólares."

Na noite anterior ao sequestro do Voo 841 da Delta Airlines, os cinco moradores adultos de uma casa infestada de ratos em Detroit fizeram uma cerimônia religiosa para abençoar seu crime iminente. Jogaram no chão da sala um monte de terra, sobre o qual colocaram uma boneca branca com um canivete vermelho enfiado no peito. Esse enterro simulado, que simbolizava a rejeição dos sequestradores a um Estados Unidos racista, foi realizado sob um cartaz publicitário trazendo o slogan "Voe no grande jato da Delta".

Os sequestradores, todos jovens afro-americanos que haviam dividido a casa por menos de um ano, tinham diferentes razões para querer deixar os Estados Unidos. Melvin e Jean McNair, um casal da Carolina do Norte, estavam fugindo do Exército; Melvin, um ex-atleta de sucesso da Universidade Estadual de Winston-Salem, passara a se opor à Guerra do Vietnã quando lotado em Berlim Ocidental, e desertara ao receber ordem de combater no sudeste da Ásia. George Wright e George Brown haviam fugido de uma penitenciária de Nova Jersey em 1970: Wright cumpria uma longa pena pelo assassinato do proprietário de um posto de gasolina, enquanto Brown cumpria cinco anos por assalto à mão armada. E Joyce Tillerson, amiga de infância dos McNair, se tornara radical trabalhando no Oberlin College, onde encontrou pela primeira vez as obras de Marcus Garvey e Malcolm X.

Os cinco haviam se reunido em Detroit para formar uma espécie de comuna, uma casa vegetariana que rejeitava álcool, abraçava a maconha e estudava com avidez o misticismo africano. A comuna era completada por três crianças, nenhuma com mais de três anos: os McNair tinham um filho e uma filha, Johari e Ayana, enquanto Tillerson tinha uma filha, Kenya.

A decisão deles de se tornar sequestradores aéreos foi precipitada por um conflito com a polícia de Detroit. Em janeiro de 1972, George Brown teve um encontro violento com uma unidade da polícia de Detroit conhecida como Stress (*Stop the Robberies, Enjoy Safe Streets*, ou "Acabar com os roubos e desfrutar de ruas seguras"). A Stress, que colocava policiais disfarçados de vagabundos em bairros com alto índice de criminalidade, era conhecida por seus métodos brutais; em dois anos de existência seus integrantes mataram dezessete pessoas, todas negras. Brown sobreviveu a seu encontro com a Stress, mas por pouco: após ser confundido com um suspeito de roubo, foi baleado seis vezes.

Milagrosamente, Brown, que usava o pseudônimo de Harold Singleton, não foi identificado como detento fugido enquanto se recuperava dos ferimentos. Quatro meses depois dos tiros ele foi inocentado em julgamento das acusações de roubo e agressão, um veredicto que muito constrangeu a polícia. Quando Brown saiu livre do tribunal, vários policiais da Stress o cercaram, prometendo que ele e seus colegas de casa não chegariam ao final do verão.

Os membros da comuna concordaram que precisavam fugir de Detroit antes que a polícia cumprisse a ameaça. Queriam desesperadamente emigrar para a África, que idealizavam como uma terra encantada livre da decadência ocidental. Mas sem dinheiro ou passaportes tal mudança parecia um sonho inatingível.

Mas então Holder e Kerkow demonstraram que havia um modo de chegar à terra-mãe sem custos e até mesmo conseguir uma bela quantia. Devidamente inspirados, os membros da comuna começaram a planejar sua versão do sequestro perfeito.

O avião que eles tomaram em 31 de julho era um DC-8 com destino a Miami. George Wright, vestindo os trajes de um padre católico e armado com uma pistola calibre .38, confrontou o piloto uma hora antes da chegada do voo. George Brown e Melvin McNair, com dois revólveres calibre .22, ficaram responsáveis por vigiar os passageiros na cabine principal. Joyce Tillerson e Jean McNair cuidaram das crianças, nenhuma das quais era velha o bastante para compreender o que os pais pretendiam.

Os sequestradores disseram querer se juntar a seus irmãos e irmãs revolucionários em Argel, que planejavam honrar com um resgate de 1 milhão de dólares. Pediram que esse dinheiro fosse entregue no avião em Miami por um homem vestindo apenas um traje de banho justo, para que não pudesse esconder uma arma. Também exigiram que esse entregador seminu amarrasse o dinheiro a uma corda que baixariam pela porta da frente do DC-8.

O plano funcionou sem falhas, já que a Delta previsivelmente manteve sua política de completa obediência. Um agente do FBI em trajes de banho levou uma maleta contendo 1 milhão de dólares até o avião. Os sequestradores içaram a bagagem de trinta quilos, depois permitiram que os 86 passageiros partissem. Então o Voo 841 seguiu para o Aeroporto Internacional Logan, de Boston, onde pegaria um navegador qualificado para a longa viagem até Argel. Consciente de que havia três crianças a bordo, o FBI decidiu não arriscar um ataque em Boston; a chamada "Família Sequestradora" foi autorizada a deixar os Estados Unidos sem interferência.

Por volta das oito horas da manhã de 1º de agosto, Cleaver soube que o Voo 841 pousaria no Aeroporto Maison Blanche ao meio-dia. Seguiu para lá acompanhado de vários Panteras, esperando superar Salah Hidjeb e chegar ao dinheiro. Mas as Forças Armadas argelinas haviam fechado o aeroporto, com tanques colocados em cada entrada; chegara a notícia de que um dos sequestradores era um assassino fugido, e os argelinos temiam que seus companheiros tivessem a mesma tendência à violência.

Assim como havia acontecido com Holder e Kerkow, a Família Sequestradora inicialmente recebeu calorosas boas-vindas. "Somos seus irmãos", declarou um sorridente funcionário do governo que subiu as escadas de embarque para encontrar Melvin McNair. "Aqui vocês estão em casa." Os sequestradores foram levados à sala VIP do aeroporto, onde as crianças receberam copos de leite frio. Um integrante da polícia secreta do presidente Houari Boumédiène pediu gentilmente para examinar o dinheiro.

Mas ao descobrir que a maleta continha apenas 700 mil dólares, os argelinos deixaram de lado o semblante gentil. Revistaram grosseiramente os sequestradores e seus filhos, encontrando maços de notas de cinquenta e cem dólares enfiados em roupas íntimas, sutiãs e mesmo na fralda de Ayana McNair. Os sequestradores foram privados de tudo enquanto eram escoltados para um ônibus da Air Algérie com destino ao Hotel Aletti.

Enquanto o ônibus acelerava para o centro de Argel, Cleaver seguiu em seu Renault 16. Sekou Odinga, um dos lugares-tenentes de Cleaver, se inclinou para fora da janela do carona e gritou para os sequestradores: "Não entreguem o pão! Não entreguem o pão!"

O ônibus parou, assim como a escolta policial. Oito homens com submetralhadoras cercaram o veículo de Cleaver e gritaram para que os Panteras dessem meia-volta. Cleaver e Odinga cobriram os argelinos de obscenidades antes de finalmente partir. A Família Sequestradora acompanhou as hostilidades com desalento; eles haviam imaginado que os Panteras Negras e a polícia argelina fossem amigos, unidos em sua oposição ao Ocidente depravado e imperialista.

Enquanto os adultos da Família Sequestradora eram interrogados no Hotel Aletti, os Panteras se reuniam em El Biar para discutir o próximo movimento. Cleaver estava furioso por mais uma vez ser privado de uma fortuna que, em sua cabeça, pertencia à Seção Internacional. Ainda pior, ele estava recebendo fogo "amigo" doméstico – funcionários dos Panteras em Nova York ligavam sem parar cobrando uma parte do dinheiro dos sequestradores.

Pete O'Neal, segundo em comando de Cleaver, fez várias propostas ousadas para chamar atenção para o sofrimento da Seção Internacional: sugeriu que os Panteras organizassem um protesto pacífico na sede da Frente de Libertação Nacional, em Casbah, ou marchassem até a mansão presidencial. Mas Cleaver ridicularizou essas ideias, que julgava sem dúvida desastrosas. "Onde você acha que está, no Harlem?", debochou. Ele sabia que os argelinos, tendo encerrado apenas dez anos antes uma guerra que matara um milhão de compatriotas, não hesitariam em massacrar os Panteras nas ruas. Em vez disso, Cleaver decidiu escrever uma carta aberta ao presidente Boumédiène apresentando seus argumentos sobre por que a Seção Internacional merecia o milhão de dólares dos sequestradores. Cleaver tinha absoluta confiança em que suas habilidades literárias garantiriam a vitória.

Em 5 de agosto todos os oito membros da Família Sequestradora foram libertados sob custódia dos Panteras. Jornalistas americanos ocuparam as linhas telefônicas da Seção Internacional com apelos por acesso a Melvin McNair ou George Brown, todos rejeitados enfaticamente por O'Neal, que agia como coordenador de imprensa da organização. Contudo, um jovem repórter esforçado conseguiu superar O'Neal fazendo um pedido diferente: Bill Keller, do *Oregonian*, pediu para falar com Cathy Kerkow.*

Já haviam se passado quase três semanas desde que Rolla J. Crick, do *Oregon Journal*, conversara com Kerkow enquanto ela estava confinada em Bab el-Oued. Keller, de 23 anos, esperava que ela agora pudesse falar mais livremente, tendo se dado conta de que a reticência com Crick não despertara interesse comercial por sua história.

Talvez apanhado desprevenido pelo interesse de Keller na garota branca em vez da Família Sequestradora mais atual, O'Neal passou o telefone para Holder, que machistamente considerava o chefe de Kerkow. Kerkow escutou por cima do ombro do namorado enquanto ele começava a responder às perguntas do repórter.

Holder inicialmente foi cauteloso, alertando Keller de que qualquer matéria publicada pelo *Oregonian* seria "prejudicial à nossa organização". Mas relaxou enquanto Keller gentilmente investigava seu passado: em poucos minutos Holder estava contando a experiência trágica da família no Oregon ("Éramos os únicos crioulos em Coos Bay"), seu tempo como desertor do Exército ("Eles sequer souberam que eu havia partido") e seu primeiro encontro com Kerkow no mês de janeiro anterior ("Eu estava procurando outra garota, e quando bati na porta ela atendeu com sabão

* Keller é hoje mais conhecido por ter sido editor executivo do *New York Times* de 2003 a 2011.

nos olhos"). Ele também negou veementemente a sugestão de Keller de que Kerkow poderia não ter sido uma participante intencional do sequestro do Voo 701 da Western Airlines.

"[Cathy] decidiu que queria fazer algo sobre a confusão do mundo em vez de esperar", disse Holder. "Ela parecia ter os olhos bem abertos. Não iria passear apenas porque me ama. Isso é prisão perpétua, cara!"

Quando Kerkow finalmente pegou o telefone, soou mais como uma Pantera experiente do que como a doce mas maliciosa garota festeira que deixara Coos Bay no ano anterior em seu Fusca detonado. "Olhe o país, cara", disse a Keller em uma tentativa de explicar por que se voltara para a pirataria aérea internacional. "Nada está sendo feito pelos ditos radicais de lá. Eles estão sendo esmagados e pisoteados."

Kerkow passou para a defensiva quando Keller perguntou se pensara muito em sua decisão de acompanhar Holder. "Você se jogaria em algo assim sem pensar muito?", devolveu. "Eu tinha muitas pessoas em quem pensar, muitas consequências com as quais me preocupar. Bem, aqui estou."

Ignorando que Kerkow não falara com a mãe desde a chegada a Argel, Keller perguntou como os pais haviam reagido à notícia de que a filha era agora uma sequestradora procurada. "O que seus pais diriam caso você fizesse o que eu fiz?", ela retrucou.

"É, e além de tudo com um crioulo!", gritou Holder alegremente ao fundo.

Sem se perturbar com a insolência dos sequestradores, Keller tentou uma abordagem diferente, perguntando a Kerkow se estava feliz com sua decisão de se tornar uma fugitiva. Ela ficou pensativa na mesma hora.

"Isso tem muitas facetas diferentes", respondeu suavemente após pensar um momento.

E ela faria aquilo de novo?

"Não saberia dizer."

O AGENTE DO FBI em traje de banho que entregara o resgate no Voo 841 da Delta Airlines se tornou o último ícone da fracassada guerra aos sequestros aéreos. Todo grande jornal do país publicou a mesma foto granulada surreal dele arrastando a mala exagerada contendo 1 milhão de dólares. As matérias que acompanhavam descreviam o sucesso da Família Sequestradora como um grande revés para as companhias aéreas e o FBI, que antes parecera prestes a fazer progressos reais na guerra. A greve de 24 horas dos pilotos em meados de junho, os assassinatos de Michael Azmanoff e Dimitr Alexiev no começo de junho, as regras de segurança mais rígidas para pontes aéreas – todos esses supostos momentos decisivos agora pareciam inúteis. Ao planejar cuidadosamente suas táticas e usar os filhos para afastar o FBI, a Família Sequestradora provara que as aeronaves comerciais eram vulneráveis como sempre.

Em reação ao segundo sequestro para a Argélia naquele verão, a FAA novamente reviu suas regras de segurança: as companhias aéreas foram ordenadas a revistar todos os passageiros que se encaixassem no perfil comportamental da FAA, ainda que esses escolhidos pudessem apresentar identificações válidas. Contudo, os cínicos observaram que essa nova política não teria impedido o sequestro do Voo 841 da Delta Airlines, já que nenhum dos perpetradores fora escolhido para revista adicional.

No dia seguinte ao pouso da Família Sequestradora em Argel, a Eastern Air Lines anunciou o lançamento de uma experiência revolucionária no Aeroporto LaGuardia de Nova York; os passageiros de suas pontes aéreas para Boston e Washington teriam de passar a bagagem de mão por uma máquina de raios X, a Philips Norelco Saferay. A Saferay estava em desenvolvimento desde o começo de 1968, mas apenas pouco antes havia recebido a bênção da FAA após o Departamento Federal de Saúde Radiológica ter concluído que o equipamento oferecia pouco risco aos seres humanos. A máquina examinava cada bagagem com míseros 0,2 miliroentgen de radiação por cinquenta nanossegundos, e seu interior era revestido de chumbo, que absorvia os raios X emitidos. Cortinas de chumbo em cada extremidade da esteira do Saferay desencorajavam passageiros e o pessoal de segurança de tolamente enfiar as mãos do lado de dentro.

Embora convencida de que o Saferay não iria prejudicar a saúde dos seus clientes, a Eastern temia que a revista eletrônica atrasasse significativamente o processo de embarque. Mas com apenas dez dias de experiência a empresa se disse satisfeita com os resultados: a Eastern afirmou que "a utilização do equipamento não teve efeito nos horários de partida", a despeito do fato de a Saferay produzir imagens tão desfocadas que 10% das bolsas tinham de ser verificadas manualmente.

Mas a Eastern não tinha planos imediatos de comprar Saferays adicionais além da única que tinha em LaGuardia. E a despeito da publicidade favorável da experiência de revista, a Philips Norelco não conseguiu convencer outra companhia aérea a comprar uma de suas máquinas de 30 mil dólares. Clientes potenciais como United e Pan Am disseram que primeiro queriam que o Congresso lhes desse 2 milhões de dólares para novos equipamentos de segurança. Mas um pacote de financiamento que destinaria os recursos estava parado no comitê enquanto os parlamentares debatiam quais benefícios poderiam conseguir.

Enquanto o Congresso e as companhias aéreas perdiam tempo, os sequestradores continuavam a criar formas inteligentes de enganar a segurança dos aeroportos. Em 18 de agosto, um homem de 43 anos chamado Frank Markoe Sibley sequestrou um Boeing 727 da United Airlines enquanto os passageiros embarcavam em Reno. Fez isso entrando de bicicleta por um buraco na cerca em torno do aeroporto. Ninguém notou que um homem usando máscara de esqui pedalava pela pista até ser tarde demais.

Sibley desviou o voo de São Francisco para Vancouver, onde pediu um resgate exorbitante: 2 milhões de dólares em notas de vinte e cinquenta; 7 quilos em barras de ouro; duas pistolas calibre .45; três submetralhadoras; vinte frascos de anfetaminas; um par de walkie-talkies; uma lanterna; um rádio; algemas; e, por alguma razão inexplicável, um jarro de amônia. Sibley também exigiu que um locutor de uma emissora de rádio local, a CJOR, lesse uma longa declaração que havia preparado. "Somos uma organização paramilitar bem-disciplinada farta das promessas quebradas e do logro de Nixon que é claramente expresso pelo aumento secreto da presença militar na Tailândia, no Laos e no Camboja", começava a declaração, antes de fazer a promessa de que jatos da United continuariam a ser sequestrados até o último soldado americano deixar o Vietnã.

Sibley acabou derrotado no aeroporto de Seattle, onde cometeu o erro comum em sequestradores de deixar que dois agentes do FBI disfarçados de pilotos substitutos subissem a bordo da aeronave; os agentes dispararam várias vezes contra Sibley. Logo se soube que Sibley era um ex-piloto da American Airlines que fizera voos secretos de suprimentos financiados pela CIA no Laos em meados dos anos 1960. Arrasado pela culpa por seu papel na guerra, ele paulatinamente perdeu o juízo após voltar do sudeste da Ásia, perdendo seguidos empregos, bem como sua deslumbrante esposa alemã. Esperara aliviar sua consciência doando o dinheiro e o ouro da United a um orfanato norte-vietnamita.

"Não sou um criminoso no verdadeiro sentido da palavra", alegou posteriormente no julgamento um Sibley derrotado. Ele foi condenado a trinta anos de prisão.

Eldridge Cleaver passou vários dias trabalhando em sua carta aberta ao presidente Houari Boumédiène, lutando pela combinação certa de firmeza e bajulação. No dia 10 de agosto ele convocou uma entrevista coletiva para apresentar o produto final ao mundo. Minutos antes de encarar os repórteres, Cleaver mostrou a carta a Pete O'Neal, que deveria aprovar todas as declarações oficiais da Seção Internacional. O'Neal ficou alarmado com a dureza das palavras do chefe e suplicou a Cleaver para não soltar a carta. Mas o cada vez mais paranoico Cleaver desconfiou das motivações de O'Neal; suspeitava de que seu principal assistente estava aliado aos argelinos. Decidiu manter a entrevista coletiva.

Ladeado por membros da Família Sequestradora, Cleaver leu a carta inteira em sua voz graciosa, endereçando-a ao "Camarada Boumédiène":

> Para levar a cabo a luta pela libertação de nosso povo, como qualquer e todo revolucionário e combatente pela liberdade compreende plenamente, precisamos ter dinheiro. Não há ses, es ou poréns em relação a isso. Sem dinheiro para organizar e financiar a luta não haverá liberdade, e aqueles que nos privam desse financiamento estão nos privando de nossa liberdade. Isso é claro. É por

esta razão, e apenas por esta razão, e não por qualquer consideração humanitária, que os círculos de poder dos Estados Unidos estão enlouquecendo com a perspectiva de que um milhão e meio de dólares recentemente expropriados por estes revolucionários e combatentes pela liberdade americana cheguem às mãos da Seção Internacional do Partido Pantera Negra.

O povo afro-americano não pede que o povo argelino trave nossas batalhas. O que pedimos é que o governo argelino não trave as batalhas do governo americano em favor dos círculos de poder que oprimem todo o povo americano.

Cleaver se considerou muito esperto por definir de tal forma a escolha do presidente Boumédiène. Ele não tinha ideia de que sua carta aberta na verdade seria a ruína da Seção Internacional.

Boumédiène ficou profundamente insultado pela jogada pública de Cleaver. Achou que a carta insinuava que a Argélia era um lacaio do Ocidente, ansiosa para capitular a exigências americanas em vez de defender seus princípios revolucionários. Boumédiène também não gostou de receber conselhos políticos de um homem que ele considerava basicamente um empregado inferior, a quem pagava quinhentos dólares por mês para ser uma irritação simbólica aos Estados Unidos. Cleaver, o autodeclarado "boquirroto", falara para cair em desgraça com o único homem cuja opinião importava na Argélia.

Na tarde seguinte, Holder e Kerkow estavam descansando no apartamento de Elaine Klein quando ouviram um tumulto na rue de Traité. Foram à janela e viram pessoas correndo na direção da vila dos Panteras na rue Viviani. Holder e Kerkow desceram as escadas correndo para se juntar à multidão excitada.

Chegaram à vila e a encontraram cercada por dezenas de soldados, que mantinham os espectadores afastados. A polícia entrava e saía do complexo, levando telefones, máquinas de escrever e AK-47. Toda a liderança da Seção Internacional estava dentro da vila quando o ataque ocorreu; todos estavam então sob prisão domiciliar, um troco pelo equívoco de relações públicas de Cleaver.

Cinco dias depois Cleaver e O'Neal foram convocados ao escritório de Salah Hidjeb para explicar sua ousadia. Os dois Panteras insistiram em que não haviam feito nada errado, pois acreditavam legitimamente que o dinheiro da Família Sequestradora pertencia a eles e que a Argélia estava traindo seus ideais ao devolvê-lo à Delta.

A falta de contrição dos Panteras enfureceu Hidjeb. Ele desancou Cleaver e O'Neal como "revolucionários palacianos" que apenas falavam, não agiam. Disse que se quisessem dinheiro para sua luta deveriam ter estômago para roubar e sequestrar em solo americano em vez de esperar preguiçosamente que sequestradores fossem à Argélia. E atacou os Panteras como ingratos por constrangerem seus generosos anfitriões: "Vocês deveriam ser gratos ao governo argelino por poderem viver aqui no exílio, operar abertamente e receber dinheiro para operar."

O teimoso Cleaver não se intimidou com o ataque de Hidjeb. Reclamou que a Seção Internacional não podia realizar seu importante trabalho a não ser que o governo argelino desse a ela "grandes somas de dinheiro para cuidar dos negócios". E exigiu que a polícia devolvesse sua pistola preferida, que havia sido confiscada durante o ataque à vila.

Pouco depois dessa reunião belicosa, um dos agentes de Hidjeb visitou O'Neal e lhe deu um ultimato: Cleaver tinha de se afastar do controle direto da Seção Internacional, ou os Panteras estariam acabados na Argélia. O regime de Boumédiène exigia que o próprio O'Neal tomasse as rédeas; os argelinos o consideravam um parceiro mais flexível do que o obstinado Cleaver.

Quando Holder soube que Cleaver aceitara a exigência dos argelinos e se afastara em favor de O'Neal, ficou horrorizado. *Como você se demite de uma revolução?*, pensou. A preocupação de Donald Cox com dinheiro e os verborrágicos sermões marxistas de Cleaver já haviam deixado Holder desencantado com a Seção Internacional; agora, tendo sabido que a organização estava à mercê da polícia secreta argelina, ele perdeu toda a fé.

O pessimismo de Holder foi justificado pelo breve mandado de O'Neal à frente da Seção Internacional. Um dos primeiros atos de O'Neal como chefe foi pedir a Hidjeb que desse passaportes para ele, Sekou Odinga, Larry

Mack e vários outros Panteras que haviam se cansado da vida em Argel. Hidjeb, que estava ansioso para desmantelar a Seção Internacional após seu confronto com Cleaver, ficou contente em concordar.

No dia 16 de setembro, O'Neal e sua esposa Charlotte partiram para o Cairo sem o conhecimento de Cleaver; pretendiam se instalar na Tanzânia, outro país conhecido pela hospitalidade a militantes de esquerda. O'Neal deixou uma carta em que nomeava seu sucessor como chefe da Seção Internacional: Willie Roger Holder.

14. “As Olimpíadas não foram nada”

O SEQUESTRO QUE MARCOU o fim da epidemia começou de forma banal. Na noite de 10 de novembro de 1972, três dias após a reeleição apoteótica do presidente Richard Nixon e 23 semanas após o sequestro do Voo 701 da Western Airlines, três homens afro-americanos tomaram o Voo 49 da Southern Airlines quando este cruzava a região central do Alabama. Os sequestradores tinham armas de fogo, além de três granadas de mão, compradas em uma loja de artigos militares em Birmingham; haviam levado as armas a bordo em uma capa de chuva dobrada. O líder, Louis Moore, deu uma gravata em uma comissária e a conduziu à cabine, onde ordenou que o piloto pousasse em Jackson, Mississippi, para reabastecimento. Moore queria ir depois para Detroit, onde nos anos anteriores trabalhara em restaurantes e fábricas.

Assim como os integrantes da Família Sequestradora, Moore tinha problemas com a polêmica unidade Stress da polícia de Detroit. Após prestar queixa contra a Stress por espancá-lo diante de um bar no final de 1971, Moore afirmou que os policiais haviam ameaçado matar sua esposa e seus filhos. Ele respondeu processando a cidade em 4 milhões de dólares; a cidade contrapôs uma oferta de 25 dólares, quantia que Moore considerou uma afronta. Em 13 de outubro de 1972, Moore e seu melhor amigo, Henry Jackson, foram presos por agressão sexual – acusação que os dois homens alegaram ter sido inventada para puni-los por se opor à Stress. Eles fugiram da cidade após pagar fiança, acompanhados do meio-irmão de Moore, Melvin Cale, um assaltante condenado que pouco antes escapara de um centro de detenção no Tennessee. O trio fugitivo fez um pacto para dar uma lição inesquecível às autoridades de Detroit.

Enquanto o Voo 49 seguia para Michigan, Moore disse ao capitão o que os sequestradores queriam em troca dos 26 passageiros: dez paraquedas, dez coletes à prova de bala e 10 milhões de dólares em dinheiro, juntamente com um documento da Casa Branca certificando que o dinheiro era uma "transferência governamental" irrevogável. A não ser pelo pedido absurdo de 100 milhões de dólares feito por Arthur Barkley em 1970, aquela era a maior exigência de resgate por sequestro aéreo de toda a história – o dobro da quantia que o governo alemão ocidental pagara aos sequestradores palestinos de um avião da Lufthansa em fevereiro daquele ano. A Southern Airways, uma companhia regional com uma frota de menos de quarenta aeronaves, não tinha como conseguir quantia tão extravagante.

Funcionários da Southern tentaram negociar com os sequestradores, oferecendo uma quantia menor e condução para o destino de sua escolha. Mas Moore e seus colegas se recusaram a fazer acordo por um centavo menos que 10 milhões. As discussões estavam ficando acaloradas quando os sequestradores souberam que Detroit tinha neblina demais para permitir um pouso seguro. Obrigados a improvisar, eles ordenaram que o piloto fosse então para Cleveland.

Enquanto o DC-9 desviava rumo sudeste na direção do lago Eire, os sequestradores se acalmaram se servindo no armário de bebidas. Em pouco tempo, os três homens viraram quarenta minigarrafas de uísque e vodca. O consumo de álcool tornou seu comportamento instável.

Após reabastecer em Cleveland, os sequestradores embriagados pediram para ser levados a Toronto. Quando o avião pousou na cidade, um passageiro idoso sofreu um ataque cardíaco não fatal. Funcionários da Southern, que haviam conseguido levar 500 mil dólares ao aeroporto de Toronto, suplicaram aos sequestradores que aceitassem o dinheiro e libertassem o refém doente. Mas seus apelos foram ignorados: os sequestradores ordenaram que o avião decolasse novamente, dessa vez para Knoxville, Tennessee.

Moore, que fora criado em Knoxville, tinha uma última jogada em mente. "Essa será a última chance de vocês", disse por rádio aos funcionários da Southern enquanto o Voo 49 se elevava sobre o lago Ontário. "Se não conseguirmos o que queremos, iremos bombardear Oak Ridge."

Moore estava se referindo ao Oak Ridge National Laboratory, 32 quilômetros a oeste do centro de Knoxville. O equipamento principal da instalação era um reator nuclear alimentado por urânio-231 altamente enriquecido, um componente básico de bombas de fissão como a que destruíra Hiroshima.

O Pentágono e a Casa Branca foram informados da situação potencialmente catastrófica enquanto o Voo 49 dava voltas baixas acima de Oak Ridge, esperando o aviso da Southern de que o resgate completo estava disponível. Em dado momento, Moore, embriagado, decidiu aterrorizar os reféns. "Eu nasci para morrer", disse com voz pastosa pelos alto-falantes. "E se decidir levar vocês todos comigo, por mim não tem problema."

Por volta do meio-dia de 11 de novembro, um dos principais conselheiros do presidente Nixon, John Ehrlichman, foi colocado em contato com a cabine do Voo 49. Ele tentou argumentar com Moore, explicando que poderiam ser necessários dias, ou mesmo semanas, para que a Southern reunisse 10 milhões. Mas Moore não estava com paciência. "Vou mostrar a vocês que as Olimpíadas não foram nada – aquela coisa de Munique não foi porra nenhuma", jurou a Ehrlichman, se referindo ao massacre de onze atletas israelenses por terroristas palestinos em setembro.

A Southern catou todos os centavos que possuía – 2 milhões de dólares no total. A companhia não tinha escolha a não ser apostar que os sequestradores ficariam tão impressionados com o simples peso do resgate – aproximadamente setenta quilos – que não se dariam ao trabalho de contar.

O Voo 49 pousou em Chattanooga por volta de 13h30 para pegar o dinheiro. Como a Southern esperava, Moore, Jackson e Cale ficaram impressionados demais com a abundância de numerário para se dar conta de que faltavam 8 milhões de dólares. Os sequestradores festejaram sua nova riqueza distribuindo maços de dinheiro para passageiros e tripulantes; apenas o capitão e o copiloto receberam 300 mil dólares.

Mas os sequestradores extasiados não cumpriram a promessa de libertar os passageiros em Chattanooga por temerem que o FBI invadisse o avião assim que os reféns fossem soltos. Em vez disso exigiram ser levados para Havana – queriam uma audiência pessoal com Fidel Castro para pedir asilo.

Mas os sequestradores não sabiam que Castro não tinha simpatia por criminosos. Enquanto o Voo 49 seguia rumo sul acima do Golfo do México, o líder cubano foi informado da ameaça dos sequestradores de causar um pequeno armagedom no Tennessee. Seguiu pessoalmente para o Aeroporto Internacional José Martí para garantir que aqueles maníacos nunca colocassem os pés em solo cubano.

Ao chegar a Havana os sequestradores foram informados secamente de que nem eles nem seus reféns seriam autorizados a deixar o avião. O Voo 49 foi obrigado a decolar mais uma vez e voltar aos Estados Unidos, finalmente pousando em uma base da Força Aérea em Orlando, Flórida. Foi onde o FBI decidiu agir.

Enquanto o DC-9 reabastecia pela sexta vez desde o começo do sequestro, seis agentes do FBI dispararam contra o avião, apontando para o trem de pouso. Os sequestradores entraram em pânico e gritaram para que o capitão decolasse imediatamente; na confusão, Jackson atirou no braço esquerdo do copiloto. Embora os pneus estivessem rasgados e o sistema de pressurização destruído, o avião de alguma forma conseguiu decolar, superando a cerca do perímetro da base por pequena distância. Os sequestradores não conseguiram pensar em plano melhor se não voltar a Cuba, onde haviam sido tão rudemente recusados poucas horas antes.

Por volta de meia-noite e quinze de 12 de novembro, quase 29 horas após Louis Moore ter dado uma gravata em uma comissária assustada, o Voo 49 iniciou sua segunda descida na direção do José Martí. Funcionários do aeroporto cubano tentaram cobrir a pista com espuma para formar um colchão para o trem de pouso danificado do jato, mas o material acabou antes que terminassem o serviço. A tripulação da Southern se preparou para um pouso forçado abrindo as saídas de emergência do avião, criando um jorro de ar poderoso que sugou notas de cinquenta e cem dólares para fora da cabine. Quando as rodas sem borracha do DC-9 tocaram o asfalto da pista, fagulhas alaranjadas iluminaram a noite cubana.

O avião guinchou e parou com um solavanco. Passageiros desorientados engasgavam com a fumaça preta densa enquanto desciam atabalhoadamente os escorregas infláveis que se projetavam das saídas; uma vez em segurança no asfalto do José Martí, caíam de costas e arfavam em busca de ar. Todos haviam sobrevivido ao martírio, incluindo o homem idoso que sofrera o ataque cardíaco em Toronto.

Moore, Jackson e Cale foram agarrados por soldados cubanos enquanto corriam pela grama que cercava a pista. Seu pesadelo estava só começando: furioso que os sequestradores tivessem voltado a Havana mesmo sabendo muito bem que eram *personae non gratae*, Castro prometeu tratá-los com a maior crueldade: garantiu ao capitão do Voo 49 que os sequestradores passariam o resto de suas vidas "em caixas de pouco mais de um metro de lado".*

Nos Estados Unidos, o FBI foi violentamente condenado por sua tentativa de incapacitar o jato em Orlando. Um dos senadores da Flórida classificou o ataque de um "erro idiota" que quase causara a morte de mais de duas dúzias de inocentes. O FBI errara não apenas por não conseguir incapacitar o avião, acusaram os críticos, mas também por atirar no DC-9 enquanto ele estava ligado a um caminhão-tanque; uma explosão letal teria acontecido caso uma das granadas dos sequestradores explodisse perto de uma poça de querosene derramado. L. Patrick Gray, o diretor em exercício do FBI, assumiu pessoalmente a responsabilidade pelo fiasco, embora argumentasse que seus agentes pelo menos haviam impedido os sequestradores de chegar a um destino mais distante como a Argélia.

Mas a polêmica sobre o tiroteio em Orlando era apenas secundária. A questão mais problemática era a nova reviravolta na epidemia de sequestros de aviões: o possível uso de aeronaves como armas de destruição em massa. Diante de tal loucura as companhias aéreas não podiam mais alegar que a crise exigia menos que a resposta mais extrema possível.

* Os três sequestradores ficaram presos em Cuba até 1980, quando foram devolvidos aos Estados Unidos juntamente com outros 29 cidadãos americanos. Encantado, Melvin Cale disse aos repórteres na época que uma prisão americana pareceria "um clube de campo, um paraíso" comparada com o que experimentara em Cuba. Ele, Louis Moore e Henry Jackson cumpriram mais sete anos de pena nos Estados Unidos.

Onze anos haviam se passado desde a audiência no Senado em 4 de agosto de 1961 na qual a ideia da revista física universal fora apresentada pela primeira vez. Naquele dia o comandante da FAA rejeitara a ideia por julgá-la tão impraticável que não merecia sequer um instante de consideração. As companhias aéreas posteriormente adotaram essa mesma posição de desprezo, defendendo-a com um zelo que beirava o patológico. Enquanto os surtos da epidemia de sequestros aéreos aumentavam em frequência e gravidade, as companhias se esforçaram muito para evitar ter de verificar corpos e bagagens de todos os passageiros. Quase escaparam desse destino no verão de 1972 derrubando o projeto de lei de Revista de Passageiros da Aviação do senador Richard Schweiker. Mas após o Voo 49 da Southern Airways quase ter sido jogado em um reator nuclear, as companhias aéreas se deram conta de que a campanha contra a revista física universal estava condenada. Os riscos de uma política de segurança mais flexível haviam se tornado graves demais para que mesmo seus maiores aliados políticos os ignorassem.

Em 5 de dezembro, o governo Nixon anunciou uma regra de emergência da FAA: cinco dias após o Ano-novo as companhias aéreas teriam de revistar cada passageiro com detectores de metais, bem como inspecionar o conteúdo de toda bagagem de mão. Ademais, todos os 531 aeroportos comerciais de grande porte do país teriam de alocar um policial ou ajudante de xerife em cada portão de embarque para lidar com qualquer passageiro flagrado portando armas.

"Agora estamos encontrando uma nova raça de sequestrador", disse o major-brigadeiro Benjamin O. Davis Jr., o czar do sequestro aéreo do país, em uma coletiva para anunciar as novas regras de segurança. "São pessoas sem igual em sua impiedade e em seu completo desprezo pela vida humana. Se nos estágios anteriores deste período de pirataria aérea uma simples avaliação de passageiros poderia deter sequestradores, agora precisamos estar prontos para detê-los à força no portão de embarque."

Ardentes defensores das liberdades civis ficaram ultrajados com a decisão unilateral do governo Nixon. Eles acreditavam que a revista física universal violava a proibição da Quarta Emenda de buscas sem motivo, um ponto de vista que não foi totalmente derrotado em um punhado de decisões judiciais. Um juiz federal de Los Angeles, Warren Ferguson, havia recentemente dado decisão favorável a um réu processado por drogas cujo estoque havia sido descoberto após ele ter sido escolhido pelo perfil comportamental da FAA. A visão apaixonada de Ferguson fez dele um herói para aqueles que temiam que direitos fundamentais fossem desrespeitados em nome de deter sequestradores de aviões:

> Em casos envolvendo áreas de grande preocupação pública, é fácil sucumbir à necessidade do momento e, contrariando a Constituição, adotar o princípio de que o fim justifica os meios. Todos os homens razoáveis sabem que os sequestros em aeroportos e o tráfico de narcóticos atingiram proporções graves. Esse problema, contudo, como todos os outros grandes problemas do passado e do futuro, precisa ser resolvido no contexto de nossa Constituição, ou os princípios com base nos quais este país foi criado terão desaparecido em uma nuvem de medo.

Mas os opositores eram minoria entre os juristas. Buscas sem mandado podem ser consideradas razoáveis se o governo for capaz de demonstrar que um interesse suficientemente grande está em jogo. Considerando que sequestradores haviam chegado perto de transformar a grande Knoxville em um deserto radioativo, era fácil ver que a revista ampliada em aeroportos passaria nesse teste.

A principal polêmica em relação à revista física não era sua questionável legalidade, mas quem pagaria a conta gigantesca estimada em até 300 milhões de dólares por ano. Embora companhias aéreas e aeroportos aceitassem a contragosto que deveriam torrar milhões em novos detectores de metais, protestaram muito contra a ideia de pagar pessoal de segurança para operar o equipamento. As companhias fizeram um lobby pesado pela criação de uma força policial do Departamento de Transportes cujos funcionários revistariam o meio milhão de americanos que voava todos os dias. O governo Nixon, por outro lado, se opunha com firmeza a qualquer aumento do governo: seus funcionários alegavam que aeroportos não deviam ser tratados diferentemente de terminais de ônibus ou estações de trens, que operavam em segurança sem ajuda federal.

À medida que se aproximava o dia 5 de janeiro de 1973, data marcada para a revista física universal, o governo Nixon também fez progressos em outra significativa iniciativa contra sequestros, uma que havia sido considerada um delírio desde os primeiros dias da epidemia: um pacto de extradição com Cuba.

Trocando mensagens esporádicas por intermédio da embaixada da Suíça em Havana, os governos cubano e americano haviam passado anos discutindo em segredo a possibilidade de tal acordo. A dificuldade sempre havia sido a insistência do regime de Castro em que os Estados Unidos extraditassem refugiados cubanos que tivessem chegado à Flórida em barcos roubados, uma impossibilidade prática para qualquer ocupante da Casa Branca. Embora conversas regulares sobre a questão tenham continuado durante toda a década de 1960, a discussão fora interrompida de repente em dezembro de 1970, depois que o Departamento de Estado americano tolamente censurara os cubanos por seu ritmo de negociação relaxado. Como tantos homens com poder absoluto, Castro não gostou de ser criticado por seguir seu próprio cronograma.

O deslize do Departamento de Estado suspendeu as negociações até 30 de outubro de 1972, quando os cubanos de repente informaram aos Estados Unidos que estavam prontos para se render na questão dos refugiados. Castro finalmente se cansara de receber sequestradores de aviões de todo o hemisfério ocidental; decidira que os poucos milhares de dólares que recebia por devolver cada avião não compensavam o risco de lidar com estrangeiros violentos e perturbados. Segundo diplomatas cubanos, Castro se assustara particularmente com um incidente envolvendo um avião nicaraguense que havia sido sequestrado por quatro jovens que esperavam estudar na Universidade de Havana. Enquanto assumiam controle do avião, eles haviam atirado no filho de um importante ministro do governo nicaraguense e depois ferido o ministro da Segurança da Costa Rica durante uma infeliz escala para reabastecimento em San José.*

* Dois dos quatro sequestradores foram mortos durante esse tiroteio no aeroporto, comandado pessoalmente pelo presidente costa-riquenho de 65 anos José Figueres Ferrer.

O Departamento de Estado respondeu à abertura cubana pedindo a Havana que apresentasse um esboço do acordo. Funcionários americanos suspeitaram de que esse pedido iria encerrar o assunto, pois antes os cubanos haviam relutado em tomar a iniciativa. Mas depois do drama do Voo 49 da Southern Airways o governo Castro se convenceu de que tempo era fundamental; apresentou sua proposta para o pacto antissequestro à embaixada da Suíça em Havana em 25 de novembro.

Os cubanos concordaram em dar aos Estados Unidos a opção de conceder asilo político a sequestradores de barcos que não tivessem cometido outros crimes ao fugir para a Flórida, uma solução que o governo americano buscara durante anos. O Departamento de Estado devolveu uma relação de propostas de revisão, em sua maioria pequenas alterações linguísticas que reforçavam que, embora os dois países pudessem processar eles mesmos os sequestradores de aviões, a extradição rápida era o caminho preferido. Para surpresa do departamento, os cubanos normalmente obstinados receberam bem esse ajuste.

"A reação preliminar cubana à possibilidade de devolver sujeitos culpados é interessante no sentido de que perguntaram sobre os procedimentos em vez de descartar a opção", escreveu um dos negociadores americanos ao secretário de Estado William P. Rogers em 12 de dezembro. No final do mês, a assinatura do acordo – o primeiro pacto formal entre Estados Unidos e Cuba desde a revolução de Castro – parecia inevitável. Assim que acontecesse, sequestradores potenciais teriam a certeza de que apenas a infelicidade os esperaria em Havana. Todas as fantasias de experimentar a verdadeira liberdade no "paraíso" de Castro finalmente iriam desaparecer.

Com o histórico acordo cubano quase fechado, funcionários do Departamento de Estado começaram a pensar se poderiam fazer acordo semelhante com o segundo mais famoso abrigo de sequestradores: a Argélia.

O presidente, amplamente conhecido como Don Pepe, tentou atirar no avião com uma submetralhadora, que seus guarda-costas tiveram de arrancar de suas mãos.

Depois que Pete O'Neal fugira para o Cairo deixando Roger Holder encarregado da Seção Internacional, os Panteras Negras remanescentes começaram a fugir em massa de Argel. Larry Mack e Sekou Odinga partiram para o Egito em 23 de setembro, mas não antes de vender câmeras, gravadores e mimeógrafos que haviam surrupiado da sede da rue Viviani. Donald Cox os seguiu logo depois, deixando seu bangalô vazio em Bab el-Oued; Holder e os outros sequestradores se mudaram para lá, aproveitando a oportunidade de ter acesso fácil à praia de Pointe Pescade.

Eldridge Cleaver foi corajoso ao falar sobre as defecções, dizendo a quem quisesse ouvir que a Seção Internacional não estava acabada. "Há algumas coisas boas sendo preparadas, em termos políticos, que logo podem estar concluídas", escreveu a um amigo na Zâmbia. "Se for assim, muitos problemas estarão resolvidos." Mas na realidade ele se sentia impotente e à deriva, já que os Panteras se tornaram párias em relação a seus antigos aliados em Argel. Antes presença certa em coquetéis nas embaixadas, Cleaver já não recebia convites para se encontrar com os diplomatas norte-coreanos e norte-vietnamitas que haviam sido seus mais ávidos apoiadores. Nações soberanas não podiam correr o risco de ofender o presidente Houari Boumédiène, que perdera todo afeto pelos Panteras desde a coletiva insultuosa de Cleaver.

Atormentado por agentes de informação argelinos onde quer que fosse, Cleaver foi obrigado a se tornar um recluso. Passava o tempo imerso no best-seller de Buwei Yang Chao de 1949 *How to Cook and Eat in Chinese*. "Isso marca a primeira vez na minha vida em que relaxei e me liguei na culinária", escreveu Cleaver em seu diário naquele outubro. "Gosto da forma racional e sistemática pela qual os chineses avançam ao cozinhar. E os resultados são recompensadores!" Cathy Kerkow algumas vezes ia à casa de Cleaver na rue de Traité para ajudá-lo com refogados oleosos; Cleaver, porém, desaprovava sua tendência a improvisar em vez de se ater às receitas.

Holder, enquanto isso, fazia besteira em seu trabalho como novo comandante da Seção Internacional – talvez exatamente o que Pete O'Neal pretendesse. Como seus camaradas do Vietnã podiam atestar, a inteligência de Holder só rivalizava com sua excentricidade; ele tendia a chocar as pessoas com sua idiossincrasia, característica que não o ajudava a estabelecer relações com funcionários argelinos conservadores ou diplomatas da esfera soviética sem senso de humor. Além disso, Holder não tinha planos objetivos para a Seção Internacional, apenas desejos vagos de mudar o mundo. Frustrado com as minúcias das questões cotidianas da organização, logo perdeu o interesse por seus deveres.

Contudo, Holder se tornou significativamente mais paranoico ao assumir o posto mais alto da Seção Internacional. Começou a falar de agentes da CIA que o seguiam pelas ruas de Bab el-Oued ou rivais Panteras que estavam de emboscada no café do Hotel St. George. Os surtos nervosos que o atormentavam no Vietnã retornaram, e o haxixe pouco fez para combater sua ansiedade. A energia maníaca que o alimentara durante a Operação Sísifo e nos primeiros meses em Argel havia sido substituída por preocupação e melancolia.

O estado mental de Holder apenas piorou em dezembro, quando Eldridge Cleaver informou a ele e aos membros remanescentes da Seção Internacional que corriam grave perigo. Após ler matérias sobre o acordo antissequestro do governo Nixon com Cuba, Cleaver ouvira boatos de que um alto funcionário do Departamento de Estado estava em Argel para discutir um pacto similar com o regime de Boumédiène. Disse a todos que era hora de encerrar os negócios na Argélia antes que fossem presos e levados de volta aos Estados Unidos para serem processados.

Cleaver já começara a fazer os preparativos para sua própria partida, trabalhando com a amiga Elaine Klein para organizar uma longa viagem à França. Enquanto isso sua esposa Kathleen tentava conseguir um passaporte e uma carteira de motorista falsos com um Pantera da Califórnia, um certo Camarada T que era especialista nessas tarefas delicadas. A ideia era que ela viajasse incógnita para a França com os filhos, então se encontrasse com Eldridge e passassem para a clandestinidade. Assim que estivessem estabelecidos na França, os Cleaver acertariam a fuga dos que haviam ficado para trás em Argel.

Os três pais da Família Sequestradora, Melvin e Jean McNair e Joyce Tillerson, tinham uma escolha difícil: levar os filhos pequenos na fuga ou mandá-los de volta para casa. Após muito sofrimento, fizeram a segunda opção: entraram em contato com um velho conhecido na Carolina do Norte que foi a Argel buscar Kenya, Johari e Ayana. Os McNair e Tillerson ficaram arrasados de perder os filhos – enquanto Melvin via o carro com filho e filha partindo para o Aeroporto Maison Blanche, sentia como se seu coração estivesse sendo arrancado do peito. Mas ele também sabia que havia tomado a decisão certa – não podia submeter os filhos a mais loucuras do que já havia feito.

Às sete da manhã do dia de Ano-novo, enquanto a maior parte de Argel dormia, Eldridge Cleaver saiu do país em seu Renault 16. Nove horas depois, chegou à cidade de Nefta, na fronteira da Tunísia, primeira parada da viagem clandestina para a França. Ele não antecipara sua partida a ninguém da Seção Internacional por medo de a notícia ser vazada para Salah Hidjeb e o serviço de informações argelino.

A antes celebrada Seção Internacional agora consistia de sete sequestradores americanos que não eram sequer Panteras Negras antes de chegar a Argel.

O governo argelino continuou a sustentar o grupo com um estipêndio mensal de quinhentos dólares, mas todas as outras fontes de recursos secaram. Privada de seu equipamento de comunicação, a vila em El Biar se tornou inútil e ficou danificada; acabou sendo retomada pela Frente de Libertação Nacional. Reunidos no antigo bangalô de Donald Cox em Bab el-Oued, os sofridos sequestradores só podiam esperar a ajuda de Cleaver assim que reaparecesse na França. Mas semanas voaram sem notícias de seu destino.

Os ataques de pânico de Holder se tornaram mais frequentes à medida que o inverno dava lugar à primavera. Ele começou a acreditar que ele e Kerkow certamente seriam mortos em Argel, por diversos inimigos reais e imaginários: Salah Hidjeb, os Panteras, a CIA, o Vietcongue. Convencido de que tal destino era inevitável, ele decidiu cumprir a promessa que fizera a Kerkow enquanto planejava a Operação Sísifo.

"Vamos nos casar", disse um dia, enquanto estava deitado com Kerkow na praia em Pointe Pescade. "Pelo menos assim podemos ser enterrados juntos."

Kerkow passou os dedos amorosamente pelo penteado afro de Holder. "Esfregue a cabeça de um crioulo para dar sorte", disse com um sorriso diabólico. E com essa brincadeira ela se levantou e entrou na espuma, desfrutando dos olhares dos banhistas enquanto jogava água sobre seu corpo nada discretamente coberto.

Ela nunca respondeu ao pedido de Holder.

15. "Monsieur Lecanuet, qualquer um pode roubar..."

Quando as primeiras filas de segurança começaram a se formar nos aeroportos na manhã de 5 de janeiro de 1973, ninguém estava muito certo de como o público iria reagir. O senso comum era o de que muitos viajantes nunca admitiriam ser tratados como criminosos suspeitos e, portanto, protestariam em voz alta quando solicitados a colocar suas chaves em bandejas de plástico. Ansiosos para flagrar tais momentos de fúria, repórteres vigiavam os detectores de metais que agora impediam o livre acesso aos portões de embarque de todo o país.

Esses repórteres ficaram desapontados com a falta de conflitos no dia. Os sequestradores haviam se tornado tão ousados que mesmo os viajantes mais preocupados com a privacidade aceitavam a necessidade de sacrificar a conveniência em prol da paz de espírito. Então, embora as filas nos aeroportos demorassem em média quinze minutos para avançar, quase ninguém reclamava do aborrecimento. "Alguém tinha de acabar com esses sequestros", disse um morador do Alabama à Associated Press enquanto um guarda examinava sua bolsa no aeroporto LaGuardia de Nova York. "Se isto resolver, que seja!"

Como ainda não estava claro se drogas confiscadas durante essas inspeções podiam ser aceitas no tribunal, os guardas foram orientados a buscar apenas armas. E eles as encontraram em abundância: armas de fogo, facas, espadas, cassetetes, chaves de fenda, serras de peixe, até mesmo uma aranha viúva-negra guardada em um pote de vidro. Os donos das armas nem sempre eram presos: muitos alegavam ignorância das novas regras de segurança e eram autorizados a guardar seus objetos potencialmente letais na bagagem despachada.

Para reduzir os atrasos por revistas, muitos aeroportos logo decidiram proibir aqueles sem bilhetes de passar pela segurança, dessa forma terminando com a tradição das famílias de se despedir dos entes queridos nos portões de embarque. As companhias áreas também começaram a comprar centenas de máquinas de raios X, que saíam das linhas de montagem de empresas de engenharia para as quais o esforço antissequestro representara uma oportunidade de ouro. Essas empresas se jactavam de que suas máquinas podiam examinar uma mala de mão em três segundos, de sete a dez vezes mais rápido que qualquer inspetor humano.

Para surpresa do Departamento de Justiça, que estava preparado para defender a revista física universal até a Suprema Corte, não houve significativos questionamentos legais às novas regras de segurança da FAA. O caso mais notável provocado pelas novas regras não questionava a constitucionalidade das buscas, mas a segurança do equipamento de raios X: o defensor do consumidor Ralph Nader entrou com um processo contra a FAA alegando que as máquinas fabricadas por duas empresas, Bendix Corporation e Astrophysics Corporation, deixavam vazar radiação. Nader estava certo: as máquinas das duas empresas não eram protegidas nas aberturas com cortinas revestidas de chumbo, e seus emissores de raios X não eram devidamente cobertos. Mas a FAA agiu com rapidez incomum, estabelecendo orientações técnicas para futuras máquinas, e houve pouca revolta popular com o fato de milhares de passageiros terem sido expostos a volumes prejudiciais de radiação.

Enquanto isso, as companhias aéreas e o governo Nixon resolveram amigavelmente sua divergência acerca de como pagar pela segurança reforçada. A ideia de uma nova força policial do Departamento de Transportes foi rejeitada, bem como a proposta de fazer as companhias aéreas contratarem pessoal para operar detectores de metais e máquinas de raios X. As empresas de aviação foram autorizadas a repassar sua segurança para empresas privadas – um arranjo único no mundo desenvolvido. Esses contratos foram custeados com uma combinação de aumento de tarifas e uma taxa extra aprovada pelo governo de em média 34 centavos de dólar por bilhete. Os clientes pareceram não se incomodar com o fardo fiscal; a despeito das passagens mais caras, o número de passageiros das empresas aumentaria em saudáveis 7% em 1973.

Em 15 de fevereiro, o dia em que o secretário de Estado William P. Rogers finalmente assinou o muito esperado pacto de extradição com Cuba, os Estados Unidos haviam passado mais de seis semanas sem um sequestro – o período mais longo no país desde 1967, ano em que a epidemia começou a chegar ao auge. A pausa se prolongou pela primavera, depois o verão e então o outono, ainda que a epidemia persistisse em regiões do mundo que ainda não haviam adotado a revista física universal. Aviões foram tomados na Líbia, na Venezuela e mesmo na França, onde a esposa de um produtor de cinema parisiense foi morta após sequestrar um Boeing 747 e exigir que todos os carros franceses ficassem parados por um dia. Mas ao longo de 1973 não houve um único incidente no espaço aéreo americano. Nem qualquer voo comercial foi sequestrado com sucesso em 1974. (Um avião fretado foi levado para Havana em dezembro de 1974, mas o governo cubano imediatamente extraditou o sequestrador de volta para os Estados Unidos.)

Quanto mais durava a pausa nos sequestros, mais a epidemia sumia da imaginação popular – e, por extensão, das fantasias escapistas dos infelizes e desequilibrados. A essência do fascínio do sequestro de aviões sempre fora a teatralidade do crime; um avião tomado era um palco gigantesco, a nação abaixo uma plateia enlevada em suspense sobre como tudo iria terminar. Mas como tantas modas teatrais, o sequestro aéreo não envelheceu bem: assim que imagens de entregas de resgates e tiroteios nas pistas desapareceram das ondas de rádio, o crime rapidamente pareceu datado. O que permaneceu nas mentes das pessoas não foi a audácia dos sequestradores, mas sua futilidade.

E assim, os americanos mais desesperados buscaram novas formas de se escalar como os heróis de suas próprias histórias distorcidas de redenção. Os anos posteriores a Watergate e à queda de Saigon seriam tomados por muitos ataques de alto nível cometidos por homens e mulheres no limite –

sequestros, carros-bombas e assassinatos de políticos e celebridades. Mas quase nada da loucura da época aconteceria nos céus dos Estados Unidos.

Na noite de 6 de janeiro de 1975, dois anos e um dia depois de a segurança da aviação americana ter mudado para sempre, dois policiais de Paris viram algo incomum ao longo do rio Sena: um homem negro alto e magro vagando pelo Quai de l'Hôtel de Ville estupefato, como se totalmente bêbado. Aquela não era uma região da cidade com muitos moradores senegaleses ou marfinenses, e o homem não parecia um típico turista de olhos arregalados. A polícia o abordou e pediu sua identificação; como ele não forneceu nenhuma, o escoltaram ao quartel-general na Île de la Cité para ser interrogado.

Roger Holder não escondeu nada no interrogatório. Deu seu verdadeiro nome e admitiu que vivia na França ilegalmente "havia algum tempo", embora não soubesse dizer exatamente quanto. Forneceu à polícia o endereço de sua residência, um apartamento de sexto andar na rue Blomet, no Cinquième Arrondissement. Sem ser provocado, Holder também revelou que era procurado pelas autoridades americanas por sequestrar um avião para a Argélia.

A polícia francesa achou que tudo aquilo soava absurdo, pois o homem simpático e doidão diante deles não parecia nada perigoso. Ademais, que tipo de fugitivo internacional falaria tão abertamente? Os policiais concluíram que o homem que dizia ser um sequestrador era um maluco inofensivo cujo único crime era ter ficado no país com o visto expirado. Deixaram Holder ir embora no dia seguinte, após fotografá-lo e conseguir dele a promessa de voltar com o passaporte até o final da semana.

Quase que apenas por garantia, um supervisor da polícia informou à embaixada americana em 8 de janeiro que alguém que se identificara como Roger Holder havia sido detido por pouco tempo. Os americanos ficaram ultrajados que a polícia não tivesse segurado o homem até que sua identidade fosse verificada; exigiram que fosse preso de novo imediatamente.

Constrangida, a polícia de Paris correu para o apartamento de Holder, mas os ocupantes aparentemente haviam feito as malas e fugido horas antes. Os armários do quarto ainda tinham várias peças de roupa masculinas e femininas. Na sala os policiais encontraram um projetor de filmes, uma pilha de filmes pornográficos e vários modelos de trens, aviões e helicópteros em vários estágios de montagem.

Roger Holder e Cathy Kerkow haviam ficado em Argel mais do que todos. A Família Sequestradora partira em maio de 1973, chegando à França com a ajuda de Eldridge Cleaver, que reaparecera no Quartier Latin de Paris. Mas Holder e Kerkow permaneceram no bangalô de Bab el-Oued, vivendo de pequenas contribuições do governo argelino e deixando o tempo passar na praia em Pointe Pescade. Lutavam contra o tédio e irritavam um ao outro.

Embora a Seção Internacional tivesse se desintegrado, Holder ainda acreditava estar em perigo com inimigos invisíveis. Pegou a mania de tagarelar sobre uma mistura de assuntos perturbadores: atrocidades do Vietnã, os agentes secretos que rastreavam todos os seus movimentos, o arrependimento por ter deixado as filhas gêmeas em San Diego. No outono de 1973, cuidar de Holder se tornara ocupação em tempo integral para Kerkow, que achava o trabalho difícil demais. Ela pediu ajuda a Cleaver.

Embora Cleaver estivesse na França havia menos de um ano, já tinha muitos amigos no país. Os Panteras Negras sempre haviam sido populares entre os intelectuais franceses, que partilhavam sua visão negativa dos Estados Unidos. Portanto, havia muitos artistas e acadêmicos ansiosos para apoiar exilados como Cleaver. Julia Wright Hervé, filha de Richard Wright, o autor de *Filho nativo*, estava sempre disposta a ajudar os Panteras com dinheiro ou abrigo, assim como sua mãe, Ellen, que se tornou a agente literária de Cleaver. E o festejado escritor francês Jean Genet, que viajara aos Estados Unidos em 1970 para falar em benefício de Bobby Seale, um dos fundadores dos Panteras, então preso, se ofereceu para apresentar Cleaver a políticos importantes.

Por intermédio dessas ligações Kerkow conseguiu fugir de Argel com Holder. Um Pantera Negra de São Francisco mandara para ela passaportes americanos que identificavam o casal como Leavy e Janice Ann Forte; alguém muito hábil em falsificação colocara nos documentos as fotografias dos sequestradores. Em janeiro de 1974, Holder e Kerkow usaram esses passaportes para seguir os passos de Cleaver, passando por Tunísia, Suíça e sul da França antes de finalmente chegar a Paris, onde se instalaram no apartamento de um simpatizante perto da rue Beaubourg.

Um homem que o casal conhecia de Argel – o professor francês de economia que fora vizinho deles em Bab el-Oued – mexera pauzinhos para internar Holder na Borde Clinic, uma instituição psiquiátrica experimental localizada em um *château* imponente a cerca de duas horas ao sul de Paris. A clínica tinha uma abordagem de inspiração marxista para o tratamento, segundo a qual os pacientes deviam ajudar a coordenar a instalação, com funções de jardinagem a administração, passando por cozinha. Tinha uma longa e respeitada história de tratamento de veteranos de guerra traumatizados.

Enquanto Holder seguia sua rotina terapêutica, Kerkow se mudou para o apartamento da rue Blomet, o *pied-à-terre* de um físico distinto muito ativo na política de esquerda. Outros ativistas franceses lhe garantiam uma mesada modesta, de modo que não precisava procurar emprego. Kerkow ficou encantada com sua nova situação confortável, incluindo estar finalmente livre de Holder. O alvo de seu fascínio juvenil se tornara um fardo no ano anterior; ela ansiava por um futuro que consistisse de mais que apenas ver o namorado desmoronar.

Embora tivesse apenas 22 anos ao chegar a Paris, Kerkow pouco lembrava a massagista ingênua que deixara San Diego em 1972. As durezas de Argel haviam consumido sua exuberância juvenil. Ela agora transpirava uma sofisticação cansada, sua beleza marcada por um toque de frio distanciamento. A garota festeira sem objetivo de Coos Bay se tornara uma sobrevivente.

Ao contrário dos homens argelinos, que tinham dificuldade de conviver com a vibração explicitamente sexual de Kerkow, os moradores de Paris sabiam exatamente como reagir aos seus sinais. Enquanto explorava a cidade Kerkow descobriu que raramente precisava pagar suas refeições nos cafés. Admiradores em mesas próximas sempre ficavam com as contas. Começou a sair com homens que compravam para ela sapatos e vestidos de *grands magasins* elegantes; logo desenvolveu bom olho para moda, trocando sua antiga preferência por trajes hippies por roupas mais adequadas a uma jovem de recursos.

Mas o alegre interlúdio de Kerkow durou pouco: no outono de 1974, Holder se juntou a ela em Paris. Seu tempo na Borde Clinic fora bastante bom, mas ele se cansara do ritmo lento da vida no asilo. A clínica deixava os pacientes ir e vir quando quisessem, então Holder decidira fazer uma pausa e aproveitar um pouco a atmosfera parisiense. Confiava em que Kerkow o ajudaria a se manter estável durante o período sabático.

Com os nervos anestesiados por um regime diário de quatro tranquilizantes, Holder passava muitas horas vagando pelas ruas com uma expressão distante nos olhos e um cigarro pendurado dos lábios. Ficava alerta ao passar por lojas de esquina com grandes vitrines; suspeitava que seus inimigos o espionavam dali.

Quando permanecia no apartamento da rue Blomet, construía modelos que comprava pelo correio. O passatempo permitia a Holder se retirar para a adolescência na Califórnia, uma época serena, quando sua vida não era uma perturbadora confusão.

Kerkow não ficou muito preocupada quando acordou sozinha na manhã de 7 de janeiro de 1975, pois sabia que Holder às vezes caminhava a noite toda. Esperava que ele voltasse logo, sedento de café e falando sobre os seringais de Loc Ninh. Mas quando Holder finalmente apareceu, após um dia inteiro ausente, falou de algo muito mais perturbador que suas lembranças do Vietnã: um interrogatório policial durante o qual podia ter sido um pouco indiscreto.

Kerkow soube que tinham de fugir. E àquela altura de sua relação, apenas ela era responsável por tomar tais decisões.

Mais uma vez entrou em contato com Eldridge Cleaver, que na época vivia abertamente em Paris com esposa e filhos. Cleaver conseguira esse privilégio ao estabelecer uma relação pessoal com o presidente da França, Valéry Giscard d'Estaing, que conhecera por intermédio da amante deste; ele concedera asilo político a Cleaver como um favor pessoal à amante. Agora confortavelmente instalado em uma casa de dois andares na Rive Gauche, Cleaver perdera muito de sua disposição militante; voltara-se contra o marxismo, por exemplo, e passara a crer que o impeachment do presidente Richard Nixon em 1974 indicava que nem tudo estava totalmente podre na "Babilônia". Embora Cleaver relutasse em arriscar seu status privilegiado na França, ainda se sentia obrigado a ajudar os sequestradores; deu a Kerkow uma lista de contatos úteis.

Enquanto Holder e Kerkow passavam de um esconderijo a outro em Paris, o FBI enviou agentes à casa de Seavenes e Marie Holder em San Diego, para mostrar a eles uma fotografia do homem que acreditavam ser seu filho, então com 25 anos de idade. Os agentes queriam que os Holder assinassem uma declaração juramentada confirmando a identidade de Roger, para que os Estados Unidos pudessem fazer um pedido de extradição à França. Mas os Holder se recusaram; por mais que tivessem ficado arrasados com as ações de Roger, não podiam testemunhar contra ele. Em vez disso alegaram que Roger ainda estava em Argel e que o homem na foto era seu filho mais velho, Seavenes Jr., então soldado do Exército baseado na Alemanha Ocidental. Mas a farsa foi em vão, pois o FBI também conseguira as digitais de Holder com os franceses.

Em 23 de janeiro, tendo evitado ser presa por mais de duas semanas, Kerkow começou a pensar se o perigo teria passado. Examinou a região em torno do apartamento da rue Blomet e não viu sinal da polícia. Então ela e Holder voltaram para casa naquela noite, confiantes em que as autoridades haviam perdido interesse no caso.

Mas Kerkow subestimara a polícia, que pedira a um dos vizinhos do casal que monitorasse o apartamento. No começo da manhã seguinte, quando Holder saiu do prédio para começar uma de suas intermináveis caminhadas, viu-se instantaneamente cercado por policiais. Kerkow foi tirada da cama e algemada, o tempo todo alegando se chamar Janice Ann Forte. Mas assim que ela e Holder foram levados para o Ministério da Justiça na Place Vendôme, Kerkow se deu conta de que não fazia mais sentido mentir. Em vez disso era hora de ligar para o contato mais importante na lista de Eldridge Cleaver – o único homem na França que poderia salvá-la de passar as duas décadas seguintes em uma prisão americana.

Como jovem advogado em meados dos anos 1950, Jean-Jacques de Felice não queria nada mais grandioso do que uma carreira modesta ajudando delinquentes juvenis. Abriu um escritório no subúrbio parisiense pobre de Nanterre, onde a maioria dos criminosos jovens era de imigrantes argelinos. Não pôde deixar de notar que muitos dos pais de seus clientes haviam sido encarcerados por ajudar a Frente de Libertação Nacional da Argélia, que organizava manifestações pacíficas e sistemáticos ataques a bomba por toda a França. De Felice ficara intrigado com esses homens, que começou a visitar nas prisões francesas. Em pouco tempo estava viajando a Argel para se encontrar com combatentes anticolonialistas que os franceses haviam condenado à morte por guilhotina. Aqueles encontros no corredor da morte mudaram o rumo de sua vida.

"O que sempre me impressiona nesses homens aprisionados e acorrentados é sua aceitação quase mítica de seu destino", escreveu sobre seus encontros em Argel. "Saio da prisão não esmagado ou desmoralizado, mas muito reconfortado por sua força silenciosa."

A partir de então De Felice se tornou o principal provocador legal da França, dedicado a defender qualquer um cujos interesses fossem contrários aos do establishment. Defendeu argelinos acusados de ataques a bomba a trens e cafés franceses; trabalhadores migrantes italianos ameaçados de deportação; os povos nativos da Polinésia francesa; camponeses privados de seus direitos de propriedade por especuladores e qualquer um cuja causa causasse desconforto aos poderosos.

Quando Eldridge Cleaver chegou a Paris no começo de 1973 e precisou de conselhos sobre como buscar asilo, De Felice naturalmente foi o primeiro advogado a lhe oferecer assistência. Embora De Felice não tivesse conseguido ajudá-lo muito, Cleaver ficara impressionado com o advogado, que descreveu como "a encarnação da preocupação francesa com os direitos humanos". Ele aconselhara Kerkow a buscar a ajuda de De Felice caso um dia acabasse detida na França.

De Felice se encontrou com os sequestradores na prisão de Fleury-Mérogis no final de janeiro, poucos dias após a detenção. Uma audiência preliminar sobre o pedido de extradição americano já havia sido marcada para 7 de fevereiro, o que dava ao advogado pouco tempo para se preparar. Mas após ouvir o relato intricado de Holder sobre a Operação Sísifo, De Felice soube exatamente qual tática legal iria empregar.

No dia da primeira audiência, Holder e Kerkow foram escoltados até o imponente Palais de Justice no centro de Paris, onde repórteres haviam se reunido para seu primeiro vislumbre dos amantes sequestradores. A imprensa ficou encantada com a confiante e bela Kerkow, que escolhera um traje para satisfazer as massas: um vestido violeta justo complementado por botas roxas até os joelhos.

Holder, Kerkow e De Felice esperaram em uma antessala enquanto o juiz se preparava. Estavam prestes a ser conduzidos ao plenário quando os braços e pernas de Holder começaram a ter espasmos violentos. Ele caiu ao chão semiconsciente, enquanto guardas corriam de todas as direções.

Após vários minutos de aflição, Holder melhorou o bastante para explicar que tinha propensão a esses episódios, sobretudo quando privado de sua dose diária de tranquilizantes. Como não parecia suficientemente bem para suportar as pressões de um tribunal aberto, foi levado a um escritório vazio para descansar. Kerkow entrou no tribunal como única ré, irradiando uma serenidade altiva que causou agitação entre os espectadores.

Por causa da saúde ruim de Holder, o juiz decidiu limitar a atividade do dia a formalidades. Pediu que Kerkow assinasse um formulário confirmando sua identidade e a informou das acusações graves relacionadas no pedido de prisão americano: pirataria aérea, sequestro e extorsão.

Kerkow pegou o tribunal desprevenido respondendo ao juiz em um francês impecável: "Esse mandado de prisão me preocupa, mas não tenho nada a dizer no momento."

Cathy Kerkow em Paris, 1975. *Interpol*

Quando a audiência chegou ao fim, um guarda sinalizou para que Kerkow o seguisse. "Venha aqui", disse. "Seu amigo está tendo uma nova crise."

Kerkow foi levada ao escritório onde Holder fora mantido. Ele estava enrolado no chão, tremendo e gemendo sua recusa em assinar os papéis de identificação.

Kerkow se ajoelhou junto ao namorado de mais de três anos e acariciou gentilmente suas mãos trêmulas. "Vai ficar tudo bem", sussurrou em seu ouvido. "Vai ficar tudo bem."

O SECRETÁRIO DE ESTADO Henry Kissinger disse a seu chefe relativamente novo, o presidente Gerald Ford, que extraditar Holder e Kerkow era fundamental para manter os ganhos conquistados com dificuldade pelos Estados Unidos na guerra aos sequestros aéreos. "O governo dos Estados Unidos considera [este] caso muito importante por muitas razões, incluindo o valor como precedente de uma extradição bem-sucedida de um sequestrador da França, um país com tanta influência em 'países do Terceiro Mundo'", afirmou a equipe jurídica do Departamento de Estado a Kenneth Rush, embaixador do país na França, em memorando de 18 de fevereiro.

O memorando também destacava a principal preocupação do Departamento de Estado com o caso: que De Felice argumentasse que o sequestro havia sido uma ação política. O tratado de extradição de 1909 entre Estados Unidos e França continha uma cláusula de grande interesse para advogados de defesa:

> Um criminoso fugitivo não será entregue caso o crime em função do qual sua entrega é exigida for de cunho político, ou se ele provar que o pedido de sua entrega na verdade foi feito com a intenção de puni-lo por um crime de cunho político. Se surgir qualquer dúvida quanto ao enquadramento de um caso no âmbito deste artigo, a decisão das autoridades do governo ao qual a exigência de entrega é feita será final.

Orgulhosa de sua tradição revolucionária, a França havia muito se provara disposta a exercer seus direitos garantidos por essa cláusula, que aparecia em muitos tratados bilaterais de extradição firmados pelo país. Consequentemente, a França se tornara a base preferida de radicais de todo o mundo. Em 1974, por exemplo, os franceses se recusaram a prender os quatro assassinos bascos do primeiro-ministro espanhol Luis Carrero Blanco afirmando que a extradição seria impossível já que o crime era "obviamente político". Membros de destaque da Facção do Exército Vermelho da Alemanha Ocidental e das Brigadas Vermelhas italianas chamavam Paris de lar naquela época, assim como o terrorista de aluguel venezuelano Ilich Ramírez Sánchez, mais conhecido como Carlos, o Chacal. E, claro, o presidente Giscard garantira pessoalmente asilo para Eldridge Cleaver, que ainda era procurado por tentativa de homicídio na Califórnia. O Departamento de Estado temia que um país tão protetor de radicais pudesse ter uma queda por Holder e Kerkow.

O embaixador Rush, um ex-executivo da Union Carbide conhecido por seu tato e sua lealdade, apresentou essas preocupações a um alto funcionário do Ministério da Justiça francês. Rush se ofereceu para fornecer ao ministério um dossiê com evidências sustentando a afirmação americana de que o sequestro fora "exclusivamente criminoso". A equipe jurídica de Kissinger já havia enviado ao embaixador um documento do FBI afirmando que nem Holder nem Kerkow haviam sido integrantes do Partido dos Panteras Negras antes do sequestro. Rush garantiu ao funcionário francês que seus colegas em Washington poderiam reunir muito mais evidências condenatórias caso necessário.

O funcionário disse que não seria necessário – de fato, mais material seria "gratuito" e provavelmente prejudicaria o caso americano. Ele deu a Rush todos os indícios de que o processo de extradição não teria problemas.

Enquanto isso, De Felice estava tirando vantagem do crescente fascínio do público francês por sua cliente. Em 3 de março, antes de outra audiência preliminar no Palais de Justice, De Felice conseguiu que Kerkow conversasse com um pequeno grupo de jornalistas simpáticos. Calma e alegre, vestindo um paletó de veludo bem cortado e óculos com enormes armações ovais, Kerkow falou de seu profundo apreço pelo histórico da França de abrigar refugiados políticos e de sua esperança de que ela e Holder pudessem se tornar parte dessa rica tradição. "É preciso ser otimista", disse ela em seu francês surpreendentemente bom. "Se não formos extraditados, acho que nos deixarão permanecer na França."

Quatro dias depois, De Felice concedeu uma coletiva na qual expôs a narrativa que pretendia apresentar ao juiz – uma história embelezada e refinada que omitia os elementos mais incoerentes da Operação Sísifo. De Felice afirmou que Holder era um herói de guerra que desertara do Exército após se desiludir com a missão dos Estados Unidos no Vietnã. Traumatizado pelos horrores que testemunhara, ele se juntara ao "movimento de libertação negra" ao retornar aos Estados Unidos. Orquestrara o sequestro unicamente como um protesto contra a Guerra do Vietnã e tinha toda a intenção de dar o resgate de 500 mil dólares ao Vietcongue. Ele mudara o destino para Argel ao tomar conhecimento de que o jato sequestrado teria de reabastecer em bases militares americanas a caminho de Hanói, algo que achou moralmente odioso. Kerkow, acrescentou De Felice, fora atuante no movimento pacifista, motivo pelo qual decidira tomar parte do sequestro.

De Felice encerrou a coletiva anunciando que vários importantes artistas e intelectuais franceses haviam formado um comitê *ad hoc* se opondo à extradição de seus clientes. Exibiu uma cópia da carta aberta que o comitê endereçava ao presidente Giscard d'Estaing e que caracterizava o sequestro como "sem dúvida uma ação política diretamente ligada à Guerra do Vietnã" A carta era assinada por três dos homens mais famosos do país: Alfred Kastler, um físico ganhador do Prêmio Nobel, Claude Bourdet, fundador do jornal de esquerda *Le Nouvel Observateur* e herói da resistência francesa, e Jean-Paul Sartre, o pai do existencialismo, que acreditava que as ações dos Estados Unidos no Vietnã constituíam genocídio.

A audiência formal de extradição aconteceu no Palais de Justice em 17 de março. O juiz abriu os trabalhos interrogando Holder sobre seus motivos para o sequestro. "Eu queria que eles me entregassem Angela Davis", respondeu Holder, para a evidente exasperação de De Felice. Toda a estratégia do advogado dependia de retratar o sequestro como um gesto contra a guerra; introduzir Davis na narrativa só podia complicar a questão. De Felice ficou aliviado quando o juiz reduziu o interrogatório de Holder e voltou suas atenções para Kerkow, uma testemunha mais concentrada e eloquente. Kerkow foi perfeita ao caracterizar o sequestro como "algo que sentimos que devíamos fazer por causa da guerra".

Depois que De Felice apresentou o caso foi a vez do representante do governo francês, o *avocat général*. Todos no tribunal lotado esperavam que ele apresentasse o argumento que seus superiores no Ministério da Justiça haviam aprovado: que sequestros envolvendo extorsão eram, por definição, criminosos em vez de políticos, de modo que a França era legalmente obrigada a extraditar os réus.

Mas movido pela grande simpatia popular por Holder e Kerkow, o *avocat général* agiu de forma inesperada. "Não há evidência formal descartando a natureza política dessa ação", proclamou. Ele atacou o Departamento de Estado dos Estados Unidos por fornecer ao tribunal informações "incompletas" referentes ao suposto crime, observando que não recebera declarações de testemunhas do sequestro. Portanto sentia que era sua obrigação recomendar ao tribunal negar o pedido de extradição.

O juiz agradeceu ao *avocat général* por sua contribuição e anunciou que daria o veredicto em 14 de abril. Deixou claro que não iria avaliar qualquer evidência adicional enquanto tomava sua decisão.

Kissinger ficou furioso ao ser informado do resultado inesperado do caso. A França era signatária da Convenção de Sequestros de Haia de 1970, isto é, deveria reconhecer o sequestro como um crime grave merecedor de punição severa. Ele não conseguia compreender por que os franceses iriam abalar esse tratado e colocar em risco os esforços americanos contra os sequestros para proteger gente como Holder e Kerkow.

"Departamento profundamente incomodado com os rumos do caso Holder", escreveu um dos conselheiros jurídicos de Kissinger ao embaixador Rush em 21 de março. "É exatamente o que o departamento temia que pudesse acontecer. ... É ridículo que agora estejamos diante de um *fait accompli* como resultado da relação entre o *avocat général*, o Ministério da Justiça e o tribunal."

Após muitos pedidos de Rush, o Ministério da Justiça concordou em revisar qualquer evidência que os americanos pudessem ter para sustentar a ideia de que Holder e Kerkow eram criminosos comuns e não ativistas políticos. Se o ministério considerasse a evidência convincente, haveria uma chance de que o juiz do caso pudesse ser convencido a dar uma olhada.

A pedido do Departamento de Estado, agentes do FBI se espalharam pelos Estados Unidos para novamente ouvir tripulantes do voo sequestrado da Western Airlines. William Newell, capitão do Boeing 720H que voara para Argel, testemunhou que os sequestradores não fizeram declarações abertamente políticas durante a longa viagem de São Francisco ao norte da África. Mas Jerome Juergens, capitão do Boeing 727 que Holder tomara a caminho de Seattle, contou uma história mais problemática. "Holder afirmou em sua exigência inicial que queria voar para Hanói, mas não explicou seus motivos para querer ir até lá", disse Juergens ao seu inquisidor do FBI. "Holder mencionou querer ir a Hanói em mais de uma oportunidade, mas não lembro exatamente quantas vezes."

Ao receber o dossiê com evidências, o embaixador Rush sofreu pensando se deveria remover a declaração de Juergens antes de enviar o arquivo ao Ministério da Justiça. Temia que os franceses ignorassem o dossiê inteiro assim que vissem que Holder de fato mencionara Hanói durante o sequestro. Mas Rush acabou decidindo que a honestidade era a melhor política. "Se um dia se soubesse que nós escondemos isso, seria muito danoso e poderia abalar seriamente nossa credibilidade neste e em outros casos", escreveu ele ao Departamento de Estado.

A nobre decisão de Rush teve exatamente o efeito que ele temera: o Ministério da Justiça descartou o dossiê como sendo frágil demais para ser imposto ao juiz.

Em 14 de abril, Holder e Kerkow foram novamente retirados da prisão de Fleury-Mérogis e levados ao Palais de Justice para ouvir o veredicto do tribunal sobre o pedido de extradição. Sabendo que suas palavras seriam cuidadosamente analisadas em Washington, o juiz descreveu metodicamente como chegara à sua decisão. Discutiu a deserção de Holder de Fort Hood em 1970, que interpretou como um protesto contra toda a guerra, mais que como uma reação a uma afronta pessoal. O juiz disse concordar com a afirmação de De Felice de que o sequestro havia sido a tentativa de Holder de "se absolver por sua participação na guerra, uma visão consubstanciada pelo fato de que Holder pretendera doar o resgate ao Vietcongue".

Quanto a Kerkow, o juiz disse acreditar em suas alegações de ter sido "uma militante em movimentos pacifistas ... motivada por sentimentos passionais pelo Vietnã". Os argelinos haviam reconhecido isso, continuou, motivo pelo qual concederam asilo político ao casal em junho de 1972 – um precedente que tivera peso em suas deliberações.

"Nenhuma das partes agiu por desejo de vingança contra indivíduos, ninguém foi ferido fisicamente e não houve ganho financeiro", observou o juiz ao concluir seu discurso. Com tudo isso em mente ele não podia conscientemente mandar Holder e Kerkow de volta aos Estados Unidos, onde achava que enfrentariam perseguição por expressar suas profundas crenças políticas. O único consolo que poderia oferecer aos americanos era uma promessa de pensar em julgar o casal na França; até que o tribunal tomasse essa decisão, Holder e Kerkow permaneceriam sob custódia em Fleury-Mérogis.

O apoplético Departamento de Estado reagiu da única forma possível: com um telegrama furioso ao embaixador Rush, instruindo que ele usasse todos os meios disponíveis para convencer o governo francês a passar por cima da decisão do tribunal. O autor do telegrama aproveitou a oportunidade para ridicularizar a lógica do juiz:

> A observação do tribunal de que ninguém foi ferido é pertinente, já que o motivo para ninguém ter se ferido foi todos a bordo terem colaborado em função das ameaças de matar todos a bordo. Que os autores não tenham obtido ganhos financeiros se deveu apenas ao fato de o governo da Argélia ter confiscado o resgate e o devolvido aos Estados Unidos. Permanece o fato de que vidas de pessoas foram tomadas em busca de resgate.

O embaixador, claro, não podia se permitir ser tão cáustico em suas negociações com funcionários franceses. Seis dias após ter recebido o telegrama raivoso de Washington, Rush ofereceu um grande banquete em sua residência na rue de Faubourg Saint-Honoré, ao qual convidou o ministro da Justiça francês, Jean Lecanuet. Enquanto os convidados faziam uma pausa entre pratos, Rush chamou Lecanuet de lado e expressou o amargo desapontamento do governo Ford com a recusa do pedido de extradição. Disse que seus chefes ficaram particularmente perturbados com a facilidade com que o juiz fora enganado pela narrativa de De Felice.

"Monsieur Lecanuet, qualquer um pode roubar dinheiro e depois dizer que foi por motivos políticos", disse o embaixador.

Lecanuet educadamente colocou de lado a crítica de Rush. "Nossas mãos estão amarradas pela decisão do tribunal", explicou, se desculpando, antes de acrescentar que a França ainda estava muito interessada em ajudar os Estados Unidos a combater a "ameaça dos sequestros".

Uma semana depois Rush apresentou seu caso a Christian Le Gunhec, diretor da divisão de crimes do Ministério da Justiça. Diferentemente do diplomático Lecanuet, Le Gunhec pareceu ofendido que um americano ousasse questionar o impulso francês de proteger aqueles motivados pela consciência.

"Le Gunhec teve grande trabalho explicando que decisões jurídicas desse tipo eram influenciadas por conceitos filosóficos que remontavam à Revolução Francesa", observou Rush em seu resumo do encontro. "Julgamentos tendem a ser baseados mais em considerações subjetivas do que no exame cuidadoso de provas." Tal abordagem da justiça, enfatizara Le Gunhec, é "de difícil compreensão por anglo-saxões".

16. Omega

Como acontecia com frequência, a sucursal de Paris da Associated Press ainda estava agitada no momento em que o sol se punha em 6 de maio de 1977. Era uma noite de sexta-feira, final de uma semana movimentada durante a qual a capital francesa fora anfitriã de uma marcante reconciliação entre os Estados Unidos e o Vietnã. O presidente Valéry Giscard d'Estaing partira naquela manhã para uma grande reunião de cúpula em Londres, onde sua contraparte americana, Jimmy Carter, estaria fazendo a primeira viagem internacional de seu mandato. A equipe da AP tinha muito material para editar e enviar antes que pudesse partir para o fim de semana.

Mas por volta das oito da noite o trabalho na sucursal foi interrompido pela visita não anunciada de Roger Holder. Os jornalistas levaram algum tempo para compreender a identidade da visita surpresa: quase dois anos haviam se passado desde a muito divulgada libertação de Holder da prisão, e sua fama diminuíra consideravelmente nesse tempo. Mas seus trajes eram os de um homem que circulava com um grupo chique: paletó branco, camisa de gola rulê preta apertada e óculos de sol Ray-Ban que ele insistia em usar em locais fechados. Poderia facilmente ter passado por um expatriado boêmio trabalhando em seu demorado romance.

Holder decidira visitar a sucursal da AP após saber da visita do presidente Carter à vizinha Londres. Ele esperava usar a agência de notícias para informar ao presidente de seu desejo de voltar para casa, bem como dos motivos pelos quais acreditava merecer leniência.

"Eu gostaria de voltar para casa sozinho, me entregar", disse Holder a um repórter no começo do que seria uma entrevista de duas horas e meia. "Não quero guardas armados. Só quero que o governo Carter saiba qual é meu objetivo. … Se eles revisarem todo o meu registro militar verão que o que fiz foi patriótico."

Em junho de 1975, um mês e meio depois de saberem que não seriam extraditados para os Estados Unidos, Holder e Kerkow foram julgados em Paris – não por sequestro, mas por posse de passaportes falsos. Após serem considerados culpados desse crime menor, foram multados em algumas centenas de francos e sentenciados a um período de cadeia que já haviam cumprido, o que queria dizer que seriam libertados da prisão de Fleury-Mérogis imediatamente. Como o casal ainda enfrentava um possível julgamento por sequestro, o tribunal restringiu sua liberdade de movimento: não poderiam deixar Paris sem permissão, e deveriam comparecer perante um magistrado duas vezes por mês.

Ao sair da cadeia Holder e Kerkow descobriram que sua companhia era mercadoria disputada em certos círculos parisienses. Como símbolos vivos da resistência à tirania americana, eram tratados como convidados de honra em acontecimentos elegantes com a presença de intelectuais, artistas e jornalistas do *Nouvel Observateur.* Em jantares e coquetéis o casal era calorosamente parabenizado por seus apoiadores de destaque: o pequeno e idoso Jean-Paul Sartre, por exemplo, deixou Holder desconfortável com a atenção dada a Kerkow, de quem parecia enamorado.

Holder e Kerkow logo passaram para a órbita de luminares do cinema que atuavam na política de esquerda. O ator Yves Montand, ex-amante de Edith Piaf e Marilyn Monroe, os abraçou, assim como sua esposa, a atriz Simone Signoret, ganhadora do Oscar. Kerkow estabeleceu uma amizade particularmente íntima com Maria Schneider, atriz do erótico *O último tango em Paris*, de 1972 (no qual mantém uma relação degradante com um corpulento Marlon Brando). As duas mulheres eram praticamente da mesma idade, e se aproximaram por terem suportado experiências similarmente difíceis: ambas haviam sido obrigadas a lidar com fama internacional mal saídas da adolescência, e ambas haviam confiado demais em homens carismáticos.

Ao mesmo tempo que gostavam de circular pelos estratos elevados da sociedade parisiense, Holder e Kerkow passavam pela dissolução final de seu romance. Após meses em alas separadas da Fleury-Mérogis, haviam se reunido para descobrir que a centelha que murchava entre eles desaparecera totalmente. E embora Holder sempre tivesse apresentado Kerkow como sua esposa, eles estavam então em termos estritamente platônicos. Saíam com outros de maneira aberta, Kerkow fazendo sucesso entre personagens endinheirados da indústria cinematográfica que a cobriam de roupas elegantes e joias. Holder, enquanto isso, teve um romance com uma bela mas neurótica jovem atriz chamada Danielle, que usava um corte de cabelo de vanguarda similar ao de David Bowie.

Mas o convívio com o ambiente opulento não serviu em nada para deter os surtos de ansiedade de Holder. Ele passara a se fixar no sofrimento que causara à sua família em casa, especialmente às filhas gêmeas. Era doloroso que tivesse perdido toda a infância das garotas lutando no Vietnã e fugindo da justiça. Começou a pensar se não seria o momento de parar de fugir.

Em 22 de abril de 1976, Holder sofreu seu mais grave ataque de pânico, algo que assustou Kerkow de tal maneira que ela o levou ao hospital Pitié-Salpêtrière no Troisième Arrondissement. Na noite seguinte, enquanto se recuperava no centro psiquiátrico do hospital, Holder telefonou para a embaixada americana. Disse a um funcionário que gostaria de ser transferido para o Hospital Americano de Paris, depois enviado de volta aos Estados Unidos "imediatamente" para se juntar à família.

O funcionário respondeu que embora não pudesse conseguir a transferência para o hospital, poderia garantir a Holder um visto de viagem e uma passagem aérea só de ida. Aconselhou Holder a ir à embaixada assim que tivesse alta de Pitié-Salpêtrière, para que pudessem acertar os detalhes.

Holder apareceu na embaixada quatro dias depois. Levantou a possibilidade de cumprir uma pena reduzida caso voltasse voluntariamente aos Estados Unidos, mas ouviu que esse acordo não era possível – o Departamento de Justiça não estava predisposto a fazer acordos com sequestradores fugitivos. Holder disse que precisaria consultar Jean-Jacques de

Roger Holder no Champs-Élysées, maio de 1977. *AP Photo*

Felice antes de prosseguir, e prometeu voltar à embaixada em 48 horas para debater novamente a questão.

Mas Kerkow convenceu Holder a não voltar. Por mais que não gostasse de fazer o papel de enfermeira, ela estremecia à ideia dele trancado em uma prisão americana. Porém, mais importante, temia que a partida afetasse seu próprio status na França. Kerkow estava no auge, socializando com as celebridades; levava uma vida que superava suas maiores fantasias da adolescência em Coos Bay. Não queria dar ao governo francês qualquer desculpa para encerrar sua felicidade.

Logo depois do breve flerte de Holder com a rendição, Kerkow anunciou que estava se mudando para um novo apartamento, bancado por um amante, um produtor de cinema. Prometeu visitá-lo regularmente e nunca estar a mais de um telefonema de distância. Mas após quatro anos e meio sofridos, estava farta da companhia dele. Kerkow tinha um futuro próprio, e Holder não fazia parte de seus planos ambiciosos.

O REPÓRTER DA ASSOCIATED PRESS que entrevistou Holder na noite de 6 de maio de 1977 mal teve chance de falar. Holder pensara cuidadosamente na logística de seu retorno aos Estados Unidos, embora muitas de suas ideias claramente fossem fruto de uma mente maníaca. Afirmou, por exemplo, que gostaria de provar seu patriotismo indo para casa em 14 de junho – Dia da Bandeira, bem como seu aniversário de 28 anos. Embora reconhecesse que teria de ser julgado por pirataria aérea, sugeria se declarar culpado de uma acusação menor, pela qual ele cumpriria pena não em uma prisão, mas como um "conselheiro civil do Grupo de Comando de Ajuda Militar, lidando principalmente com o Terceiro Mundo". Acrescentou que concedia a entrevista não apenas para chegar ao presidente Jimmy Carter, mas também para alertar seus pais e filhas do retorno iminente, para que "eles possam dar os passos necessários para se proteger".

O repórter finalmente conseguiu perguntar o que Kerkow pensava de tudo isso, ao que Holder deu uma resposta surpreendente: ele não via Cathy havia mais de um mês, e temia que um de seus muitos inimigos –

a polícia francesa, talvez – tivesse causado mal a ela. Expressou seu arrependimento por colocar Kerkow em situação tão perigosa e jurou "acertar tudo" com a família dela no Oregon.

Na realidade Kerkow estava se saindo muito bem em Paris, desfrutando das atenções de seus namorados ricos e avidamente acumulando belas roupas. Só não entrara em contato com Holder porque seu sentimento de obrigação fraterna em relação a ele se tornava mais fraco a cada dia.

Como seria de esperar, ninguém no governo Carter procurou Holder para discutir o acordo que sugerira à Associated Press. Mas uma pessoa agiu ao ler a entrevista publicada: Eldridge Cleaver.

Apesar de sua situação confortável na França, que incluía um apartamento de férias perto de Cannes, Cleaver rapidamente se cansara da vida no exílio. Sofrendo de bloqueio criativo, mudara de foco e tentara se estabelecer no mundo da moda desenhando calças masculinas que tinham um bolso externo para a genitália – mais ou menos uma braguilha. "Todos os estilistas se concentram na traseira, sabe?", explicou Cleaver a um grupo de estudantes curiosos de Harvard que foram visitá-lo em Paris em 1975. "Estão todos acentuando sua 'deficiência', sabem? Não se concentram naquelas áreas que realmente diferenciam homem e mulher. É do que estou tentando me afastar."

Sem conseguir levar suas calças além do protótipo, Cleaver mergulhou em uma profunda depressão. Estava perturbado com a crescente preferência dos filhos por falar francês em vez de inglês, e pelo modo como seu filho, Maceo, adorava futebol mas não sabia absolutamente nada sobre futebol americano. Muitos dos amigos ativistas de Cleaver estavam recuperando poder real nos Estados Unidos, tornando-se prefeitos, deputados estaduais, até mesmo federais. "Então entrei em contato com esses velhos amigos e disse: 'Ei, lembram de mim? Que tal me ajudarem a voltar para casa?'", recordou Cleaver depois. "Se os astronautas podem voltar da Lua, eu certamente poderia caminhar de novo pela Califórnia."

Mas ninguém podia fazer sumir a acusação contra Cleaver de tentativa de homicídio. Seus amigos recomendaram a ele "se acalmar e se tornar um francês negro e aproveitar todos aqueles doces franceses". Desanimado com a perspectiva de passar o resto da vida na França, Cleaver se recolheu a seu apartamento de Cannes e pensou em suicídio.

Então, certa noite do verão de 1975, enquanto olhava para o Mediterrâneo da varanda, Cleaver teve uma imagem de si mesmo projetada sobre a lua luminosa. Enquanto olhava para sua imagem, ela lentamente se metamorfoseou em um desfile dos heróis revolucionários que ele rejeitara: Fidel Castro, Mao Tsé-tung, Karl Marx. Então, assim que o último ícone comunista desaparecia, a imagem se transformou em uma figura na qual Cleaver não pensara em anos: Jesus Cristo.

Cleaver caiu em lágrimas, correu para dentro do apartamento e abriu sua Bíblia esquecida no Salmo 23. Naquele momento, o homem que um dia ansiara por queimar a Casa Branca se tornou um cristão renascido.

Naquele mês de novembro, confiando em que Deus resolveria seus problemas jurídicos, Cleaver voou de volta para Nova York, onde foi preso pelo FBI. Acabou tendo sua fiança paga não por seus antigos aliados Panteras Negras, que o atacaram como traidor, mas por um magnata evangélico dos seguros. Enquanto aguardava julgamento, Cleaver apareceu em várias reuniões revivalistas para testemunhar que ele e a esposa Kathleen eram então plenos "companheiros do Senhor".*

Ao ler a entrevista de Holder, Cleaver decidiu fazer o gesto cristão de ajudar um homem necessitado – embora aquele homem havia muito o desprezasse como um falso revolucionário. Com a ajuda de seus novos amigos evangélicos, Cleaver teve acesso ao deputado John Buchanan, do Alabama, que fora ministro batista antes de entrar para a política. Esperava que o deputado conseguisse um passaporte para Holder e depois convencesse o Departamento de Justiça a oferecer um acordo que levasse em conta o trauma de combate de Holder. Mas Buchanan descobriu que o governo francês, que ainda planejava julgar Holder por sequestro, temia cooperar, mesmo se Holder saísse espontaneamente. O governo do presidente Valéry

* A evolução religiosa de Cleaver estava apenas começando àquela altura: ele depois flertaria publicamente com o mormonismo e com a polêmica Igreja da Unificação de Sun Myung Moon.

Giscard d'Estaing temia que os eleitores franceses o acusassem de praticar "extradição disfarçada".

Mas Cleaver se recusou a desistir. Em outubro de 1977, ele foi a Paris e escoltou Holder até a embaixada americana para tentar obter ajuda nas negociações com os relutantes franceses. Pediu a um funcionário do consulado uma carta "afirmando [que] Holder, caso libertado do controle judicial francês, receberia documentos de viagem para retornar aos Estados Unidos, enfrentar as acusações neste país e cuidar de questões pessoais e legais". Cleaver achava que, se desse essa carta ao juiz francês incumbido do processo por sequestro, Holder seria autorizado a partir.

Mas a embaixada rejeitou a ideia de Cleaver, concluindo que "seria inapropriado inserir a embaixada no processo jurídico francês, mesmo que indiretamente". O funcionário do consulado sugeriu que Holder procurasse pessoalmente o magistrado e explicasse seu desejo de voltar para casa. Talvez o magistrado pudesse ser convencido pelo peso emocional de um pedido pessoal.

Holder prometeu pensar cuidadosamente na sugestão do funcionário. Mas nunca a seguiu.

A NEVE COBRIA PARIS em fevereiro de 1978, com três nevascas sucessivas levando a cidade a uma imobilidade gelada. Incapaz de vagar pelas ruas sem ficar gelado até os ossos, Holder acampou em seu novo apartamento na rue Vaneau; o lugar era propriedade do conde Denis de Kergorlay, um jovem aristocrata generoso que ajudava a financiar o grupo humanitário Médicos Sem Fronteiras. Embora estivesse cercado por seus adorados modelos de aviões e trens, Holder se sentia tão infeliz quanto o clima lá fora: todos os seus esforços de voltar para casa haviam fracassado, e ele temia o julgamento por sequestro na França, que parecia inevitável.

Quando a campainha tocou, ele não tinha ideia de quem poderia ser. Mas estava solitário demais para recusar companhia; desceu as escadas apressado para receber o visitante.

Holder mal conseguiu reconhecer Cathy Kerkow, que não via há meses. Seu vestido era mais elegante que nunca, pescoço e pulsos cobertos de joias que deveriam ter custado uma pequena fortuna. Transpirava a confiança de uma mulher acostumada a ser tratada com grande deferência. A adolescente ingênua que fora para San Diego em um Fusca amassado não passava de um fantasma.

Holder e Kerkow jogaram conversa fora por um tempo, discutindo a chegada do cineasta Roman Polanski a Paris algumas semanas antes; Polanski também era um fugitivo da justiça americana, tendo viajado a Paris para evitar ser preso por agressão sexual. Brincaram sobre o conselho que deveriam oferecer a Polanski para lidar com a ameaça de extradição.

Então Kerkow foi ao assunto: "Não posso mais sustentar esta situação."

Holder perguntou o que queria dizer.

"Ficar aqui aguardando julgamento", respondeu. "Tenho de descobrir um modo de resolver tudo isto. Tenho de partir."

Holder não conseguia entender o que ela queria dizer. Kerkow deixara claro antes que nunca voltaria aos Estados Unidos. Mas que outro lugar tinha em mente? Eles, afinal, estavam proibidos de deixar Paris, quanto mais a França. Qual era o plano para escapar do limbo?

Kerkow viu que Holder ficara perturbado com suas palavras, que deixara intencionalmente vagas; desde que ele revelara sua verdadeira identidade à polícia de Paris três anos antes ela sabia que não podia confiar segredos a Holder. Tentou uma abordagem mais leve.

"Escute, vou sair alguns dias, até Genebra, com amigos. Falaremos mais sobre isso quando eu voltar, certo?"

Ela quer que eu implore para que fique?, pensou Holder enquanto Kerkow procurava algo na bolsa. *Espera que eu fique de joelhos?*

Ela lhe deu uma pequena caixa; continha um caro relógio Omega. Holder quase chorou com o presente. "Lamento não ter podido fazer nada para ajudar você", disse enquanto colocava o relógio no pulso. "Mas, veja, eu nunca a tratei mal, certo? Nunca a chamei de piranha."

Kerkow apenas sorriu e perguntou a Holder se poderia usar o telefone para chamar um táxi. Tinha de correr para encontrar alguém.

Esperaram do lado de dentro do prédio até o táxi chegar. Abraçaram-se castamente, e Kerkow mais uma vez assegurou a Holder que o procuraria após retornar da Suíça. Então falariam sobre o futuro.

E com isso Kerkow saiu para a noite gelada de fevereiro, sabendo muito bem que pretendia quebrar a promessa.

17. Piu-Piu

THOMAS CRAWFORD AINDA ESTAVA com os olhos remelosos de uma boa noite de sono quando William Newell telefonou. Newell era então um dos altos executivos da Western Airlines, tendo sido promovido a vice-presidente de operações de voo poucos meses antes, no princípio de 1980. Crawford não conseguia imaginar por que um figurão como aquele estaria ligando para um piloto humilde como ele às sete e meia da manhã.

"Só queria ter certeza de que estava pronto para ir a Paris", disse Newell.

Crawford, que fora escalado para voar de Los Angeles a Washington mais tarde naquele dia, ficou confuso. "Capitão, até dez segundos atrás eu não tinha ideia de que iria a Paris."

"Ahhh, Deus. Sério? Ninguém o informou?"

"Não, não. Ninguém."

"Hummm. Ok. Veja, você tem passaporte, não?"

"Sim, claro."

"Certo, bom. Então escute, Tom, preciso que faça uma mala e venha para o aeroporto imediatamente. Vamos lhe comprar uma passagem para Orly pela TWA. Precisamos que esteja em Paris no máximo amanhã de manhã. O julgamento deve começar na quinta-feira."

Então o motivo para a viagem de urgência ficou claro para Crawford. Cinco anos antes ele ouvira que os dois sequestradores do Voo 701 – um dos quais ele convencera a desistir de exigir Angela Davis – haviam sido detidos em Paris. Evidentemente chegara o momento de irem a julgamento, embora na França em vez de nos Estados Unidos.

O juiz francês que cuidava do caso pedira à Western para fornecer duas testemunhas do primeiro avião, o Boeing 727 que Roger Holder tomara quando chegava a Seattle. Jerome Juergens, o capitão do voo, cometera suicídio em 1978, de modo que Crawford havia sido escolhido para representar a tripulação da cabine. Gina Cutcher, a comissária que derramara bourbon no uniforme de gala do Exército de Holder, também fora chamada para testemunhar.

No aeroporto de Los Angeles, um funcionário da Western deu a Crawford mil dólares em cheques de viagem e uma passagem de primeira classe da TWA para Paris. Quando Crawford chegou à capital francesa em 11 de junho de 1980, um carro da embaixada americana o levou a um hotel, onde Cutcher também estava hospedada. As duas testemunhas foram orientadas a não se aventurar do lado de fora, pois poderiam ser alvo de demagogos interessados em perturbar o julgamento. Um guarda armado foi colocado do lado de fora de seus quartos adjacentes enquanto dormiam naquela noite.

Na manhã seguinte Crawford e Cutcher foram levados à embaixada, onde uma adida jurídica lhes disse o que deveriam esperar. Ela explicou, se desculpando, que o tribunal dificilmente aplicaria uma punição, já que os franceses eram muito simpáticos a americanos que haviam se oposto à Guerra do Vietnã.

A adida também informou a Crawford e Cutcher que o julgamento teria apenas um réu.

COMO CONDIÇÃO PARA A LIBERTAÇÃO sob fiança, Cathy Kerkow tinha de se apresentar a um magistrado francês na primeira e na terceira segunda-feira de cada mês. Quando ela faltou no dia 20 de fevereiro de 1978, o magistrado não ficou muito preocupado – atribuiu a ausência ao clima inclemente. Nem viu motivo de pânico quando Kerkow não apareceu em 6 de março, 20 de março, 3 de abril ou 17 de abril. Apenas na sexta ausência seguida de Kerkow em 8 de maio o magistrado decidiu alertar a polícia nacional francesa.

Quando informada de que Kerkow desaparecera, a embaixada americana iniciou uma investigação sobre seu paradeiro. Isso levou a uma informação confidencial de que ela fora à Suíça – não para se esconder, mas para conseguir um novo passaporte.

Ir à Suíça teria sido bastante fácil para Kerkow, apesar da falta de documentos de identificação. Os guardas mal-remunerados e sobrecarregados de trabalho na fronteira com Genebra eram pouco rígidos com a verificação de documentos. Uma jovem bem-vestida como Kerkow, presumivelmente viajando como passageira em um carro com placas francesas, não levantaria suspeitas.

A embaixada temia que Kerkow tivesse então viajado para Zurique ou Berna, as duas cidades onde cidadãos americanos podiam solicitar passaportes. Embora o Departamento de Estado alertasse americanos em viagem que era difícil conseguir substituições para passaportes perdidos ou roubados, a realidade era bastante diferente – sobretudo em países tranquilos como a Suíça. Os cônsules não costumavam investigar as histórias chorosas contadas por americanos encalhados. Apenas comparavam o nome e a descrição do solicitante com uma grande lista de "vigilância" que identificava fugitivos e *personae non gratae*. Mas, bizarramente, Kerkow não estava nessa lista: sua inscrição vencera em novembro de 1977, e o Departamento de Estado equivocadamente não a renovara.

Kerkow provavelmente foi requisitada a dar alguma prova da cidadania americana – uma cópia da carteira de motorista ou certidão de nascimento, por exemplo. Mas a embaixada em Paris sabia que esses documentos podiam ser facilmente obtidos por uma mulher com as ligações de Kerkow; só precisaria da cumplicidade de outra americana de vinte e poucos anos, ou a ajuda de um falsificador pouco refinado. Desde que Kerkow pudesse responder de maneira convincente a perguntas básicas sobre seu histórico emprestado, um cônsul em Berna ou Zurique dificilmente lhe criaria obstáculos. E Kerkow gostava de usar palavras e sorrisos para enganar.

Funcionários da embaixada em Paris alertaram seus colegas na Suíça para ficar de olho em qualquer mulher cuja descrição correspondesse à de Kerkow. Mas sabiam que provavelmente era um pedido inútil: ela estava sumida havia três meses, e passaportes substitutos com validade de cinco anos com frequência eram emitidos em 48 horas. Com o apoio financeiro de seus amigos ricos da indústria cinematográfica ela poderia ter fugido para quase qualquer lugar do mundo – inclusive os Estados Unidos.

Não faltou drama na vida de Holder depois que Kerkow desapareceu. Sua namorada atriz, Danielle, aquela com o corte de cabelo *à la* David Bowie, deu à luz um filho que alegou ser de Holder, cometeu suicídio pouco depois e a família sofrida acolheu a criança. Enquanto isso, Holder decidiu se internar em uma clínica psiquiátrica no subúrbio parisiense de Rambouillet para receber novo tratamento para sua ansiedade e paranoia crescentes. Mas não informou ao magistrado supervisor dessa internação, e a polícia nacional francesa o declarou foragido, resultando na postergação indefinida de seu julgamento por sequestro.

Quando Holder voltou a Paris em maio de 1979, se mudou novamente para o apartamento da rue Vaneau de propriedade do conde Denis de Kergorlay, um de seus mais famosos apoiadores franceses. Holder dependia de sua generosidade para sobreviver, embora também conseguisse trabalhos esporádicos. Por pouco tempo foi porteiro de um bar de travestis no bairro do Marais; depois limpou pisos em uma universidade na vã esperança de que o emprego o levasse a ingressar no programa de engenharia aeronáutica da faculdade. Também teve vários casos breves com mulheres que a princípio ficavam encantadas com sua inteligência e seu carisma, mas rapidamente se cansavam de cuidar dele em suas crises psicológicas.

Durante todo esse tempo Holder não conseguiu afastar o anseio de ver as filhas gêmeas, Teresa e Torrita. Como muitos homens antes inconsequentes que começam a chegar à meia-idade, Holder passara a lamentar seu egoísmo juvenil. Um dia planejara doar o resgate do sequestro ao Vietcongue de modo a aplacar a culpa por seu papel na guerra; agora sentia uma culpa incomensurável pelo modo como o sequestro o transformara em um pai negligente. Então, entre o final de 1979 e o começo de 1980, ele visitou a embaixada americana a intervalos de semanas, implorando por um passaporte e uma passagem de avião para casa. Mas seus apelos sempre resultavam na mesma resposta: os franceses estavam determinados a processá-lo pelo sequestro, e não permitiriam que deixasse o país antes do julgamento.

Na véspera desse julgamento havia muito aguardado, em junho de 1980, Jean-Jacques de Felice garantiu a Holder que não tinha nada a temer. Estava confiante com seu sucesso anterior na defesa da Família Sequestradora, colegas de viagem de Holder desde Argel.

Em maio de 1976, quatro membros daquele grupo – Melvin e Jean McNair, Joyce Tillerson e George Brown – tinham sido presos em Paris, onde viviam escondidos havia três anos. Ainda furioso com a recusa da França em extraditar Holder e Kerkow no ano anterior, o governo americano pressionou o Ministério da Justiça do país por um resultado mais favorável dessa vez: o Departamento de Estado ameaçou ignorar futuros pedidos de extradição franceses se os sequestradores não fossem devolvidos aos Estados Unidos.

O Ministério da Justiça recebeu a mensagem em alto e bom som. Na audiência de extradição em outubro de 1976, o governo francês foi representado pelo mesmo *avocat général* que recomendara que Holder e Kerkow fossem autorizados a permanecer na França. Mas dessa vez ele assumiu posição exatamente oposta, argumentando que a Família Sequestradora nunca fizera declarações políticas enquanto voava para Argel. Holder, por outro lado, era um "veterano ferido e condecorado e consequentemente com saúde ruim", cujo desejo declarado de chegar a Hanói equivalera a um protesto contra a guerra.

Mas o *avocat général* não foi páreo para o vigoroso De Felice, que apresentou seus clientes como "símbolos da repressão" que haviam exercido seu "direito sagrado" de lutar contra o racismo institucional. Descreveu detalhadamente o sofrimento diário da vida nos guetos americanos, bem como o desprezo que a maioria dos americanos sentia pela França. O tribunal foi devidamente impressionado e se recusou a extraditar a Família Sequestradora.

Dois anos depois, no julgamento dos sequestradores em Paris, De Felice apresentou um desfile de testemunhas que detalharam os horrores da intolerância americana. Os especialistas da defesa falaram em brutalidade policial, o fracasso da desagregação e o grau de subnutrição entre crianças negras. O próprio De Felice classificou o processo como "um julgamento da história americana" e pediu que o tribunal declarasse seus clientes inocentes. Ele não alcançou seu intento, pelo menos não exatamente: os McNair, Tillerson e Brown foram condenados por todas as acusações. Mas, citando "circunstâncias atenuantes", o tribunal sentenciou os sequestradores a apenas cinco anos, incluindo o tempo já passado na prisão. Seis meses após o veredicto todos os membros da Família Sequestradora haviam sido libertados da prisão e autorizados a fixar residência na França.

De Felice esperava um resultado igualmente favorável no caso de Holder, embora não o mesmo grau de atenção da imprensa. O julgamento da Família Sequestradora fora um espetáculo, com o comparecimento de astros do cinema que haviam lido as memórias populares dos sequestradores, *Nous, noirs américains évadés du ghetto* [Nós, negros americanos fugidos do gueto]. A fama de Holder, por outro lado, em grande medida desaparecera em 1980. Sua causa não era mais defendida por nomes como Jean-Paul Sartre e Yves Montand, mas por um punhado de ativistas da periferia da política francesa – veteranos envelhecidos dos protestos da década de 1960 que começavam a parecer relíquias, como o próprio sequestro de aviões.

QUANDO GINA CUTCHER E THOMAS CRAWFORD chegaram ao Palais de Justice na tarde de 12 de junho de 1980, doze manifestantes haviam se reunido no bulevar em frente à entrada principal do prédio. Dois deles seguravam uma faixa grosseira feita com lençol conclamando o tribunal a honrar a tradição francesa de *Liberté, Égalité, Fraternité* inocentando Holder.

Dentro do tribunal, cerca de vinte outros apoiadores de Holder estavam sentados na galeria; seu vestuário desmazelado irritou Crawford quando foi ao banco das testemunhas. *Típicos vagabundos inúteis que não pagam impostos*, pensou enquanto começava a responder às perguntas diretas do juiz sobre o sequestro. Ficou chocado com a rapidez com que o juiz o dispensou e chamou Cutcher; era como se o tribunal estivesse apenas agindo mecanicamente.

Após Cutcher ter dado seu depoimento sobre os momentos iniciais do sequestro, Holder subiu ao banco. O juiz pediu que explicasse seus motivos, ao que Holder respondeu com um monólogo incoerente que citava seu ressentimento para com o Exército, seu ímpeto inicial de ajudar Angela Davis a fugir para o Vietnã do Norte e mesmo o fim de seu casamento com a infiel Betty Bullock. O juiz então perguntou a Holder se ele gostaria de se desculpar por ter aterrorizado tantos inocentes. Mas Holder se recusou a fazer seu papel, continuando a tagarelar sobre sua carreira militar infeliz.

O juiz ficou exasperado, enfiando a cabeça nas mãos enquanto Holder falava sem parar sobre seus últimos dias no Vietnã e a posterior deserção. "O que estou querendo é um pouco de remorso", interrompeu finalmente o juiz. "Se pudesse fazer tudo novamente, faria diferente?"

Holder, que apoiava os cotovelos nos joelhos enquanto falava, se empertigou depois que as palavras do juiz foram traduzidas para o inglês. Sim, claro que ele tinha arrependimentos – arrependimentos muito mais profundos do que podia expressar em qualquer pedido de desculpas de duas frases. Mas com a galeria tomada por seus últimos admiradores, Holder não podia deixar o tribunal diminuir o feito mais memorável de sua vida.

"Meu único arrependimento é não ter esmagado aquele avião no chão", disse.

Os apoiadores de Holder rugiram em aprovação, até o juiz ordenar que se calassem. Holder nem sequer piscou com os aplausos.

O tribunal se reuniu no dia seguinte para o veredicto. Holder foi condenado culpado de sequestro e rapto, mas com circunstâncias atenuantes. Recebeu uma pena de prisão de cinco anos com sursis, significando que não passaria um só dia na cadeia. Mas a sentença tinha um preço caro: Holder não poderia deixar a França até o final da pena. Seu exílio teria de continuar pelo menos até 1985.

Assim, um dia antes de seu aniversário de 30 anos, ele saiu do Palais de Justice como um homem livre, embora confinado à França. Não sentia nenhum contentamento.

Holder não ficou muito tempo em Paris após o julgamento. Seu amigo e benfeitor, o conde Denis de Kergorlay, herdara pouco antes um *château* do século XI na aldeia normanda de Canisy. Convidou Holder a se mudar para um dos muitos quartos esplêndidos do castelo.

A vida no *château* era alegre e despreocupada, com um fluxo constante de personagens intrigantes permanecendo semanas ou meses a cada vez. A cantora *folk* Joan Baez era uma das hóspedes mais frequentes do conde: em refeições comunais embaladas por bons vinhos, ela escutava com atenção as histórias explícitas de Holder sobre a Guerra do Vietnã, um conflito ao qual se opusera com força. Holder também gostava de contar a Baez que um dia odiara a coragem dela, no final dos anos 1960, quando conclamava os jovens a resistir à convocação militar.

De dia Holder costumava caminhar durante horas pelas florestas do castelo, depois se fechava no quarto para trabalhar em suas memórias. Quando se aventurava fora da propriedade, costumava ir a uma fazenda de ostras próxima, onde fazia trabalhos braçais. Também ficou amigo de um médico local que restaurava aviões antigos, habilidade que Holder estava ansioso para aprender.

Todos em Canisy consideravam Holder uma companhia encantadora, embora ele mal falasse uma palavra de francês. Adoravam seu grande riso americano e seu entusiasmo por piadas indecentes e os romances de James Baldwin. Mas a bonomia exterior de Holder disfarçava seus sentimentos de depressão quase suicida. Naquele momento ele só desejava duas coisas: ver novamente as filhas gêmeas e tirar o Vietnã da cabeça. Os artistas e os ricos ociosos que passavam pelo *château* não podiam ajudá-lo a atingir nenhum dos objetivos.

Em outubro de 1981, Holder queimou suas memórias inconclusas na lareira do quarto – dezenas de páginas manuscritas viraram fumaça. Pouco depois, deixou o *château* sem dizer adeus e se internou novamente na clínica psiquiátrica de Rambouillet. O conde, que tratara Holder como um parente, nunca mais teve notícias dele.

Holder passou mais de um ano na clínica de Rambouillet, onde a terapia era centrada em ajudá-lo a lidar com as lembranças de combate. Recebeu alta no começo de 1983 e voltou a Paris, onde suplicou por dinheiro a velhos amigos. Um desses amigos o convidou para um jantar, onde Holder conheceu uma jornalista de língua afiada chamada Violetta Velkova, seis vezes divorciada e doze anos mais velha do que ele. A esquerdista Velkova, que tinha um dos lados do corpo paralisado por conta de um derrame, se apaixonou na mesma hora por Holder, a quem adorava por ter constrangido os Estados Unidos de forma tão dramática. Os dois imediatamente se tornaram amantes e colegas; Holder ficou incumbido de carregar o equipamento fotográfico e a máquina de escrever da nova namorada de um trabalho para outro.

Em 1984, Velkova levou Holder à cidade de Apt, no sudeste do país, para conhecer o pai, Janika, que fora combatente da resistência *partisan* na Iugoslávia durante a Segunda Guerra Mundial. Janika convenceu Holder a pedir a filha em casamento comprando para ele um Citroën novo. O casal de noivos se instalou então na cidade de Aix-en-Provence, ao norte de Marselha, onde Holder conseguiu um emprego arrumando estantes em uma loja de ferramentas.

Mas a relação entre Holder e Velkova era mais de baixos que de altos. Eles às vezes tinham grandes brigas, e suas discussões com frequência terminavam com Holder morando dias seguidos no carro. Ainda atormentado por ataques de ansiedade debilitantes, ele entrava e saía de hospitais e cadeias: foi preso pelo menos duas vezes em Aix-en-Provence, uma por envolvimento em briga, a outra por posse de haxixe.

Durante todo esse processo Holder nunca perdeu a noção do tempo. Sempre soube que seu confinamento de cinco anos na França terminaria em 13 de junho de 1985. Ele contou os meses, depois as semanas, enfim os dias.

Na manhã de 14 de junho de 1985, poucas horas após o fim de sua sentença, um Holder desmazelado festejou seu aniversário de 36 anos entrando na embaixada americana em Paris e pedindo um passaporte. Ninguém lá o reconheceu, ou seu nome; a equipe da embaixada fora totalmente substituída nos cinco anos desde seu julgamento. Mas quando o pedido de Holder foi passado por telex para Washington, acabou identificado pelo novo sistema computadorizado de alerta do Departamento de Estado. O FBI logo entrou em contato com seu correspondente francês, a

Direction de la Surveillance du Territoire (DST), para perguntar sobre a logística de levar Holder de volta a solo americano.

Embora mesmo os mais fervorosos dos antigos apoiadores de Holder o tivessem esquecido, o governo francês ainda relutou em deixá-lo ir; se a história fosse conhecida, o presidente François Mitterrand poderia ser atacado por dar as costas à tradição francesa de abrigar agitadores políticos. Mas as prisões de Holder em Aix-en-Provence deram à DST uma desculpa conveniente: os franceses poderiam dizer que concordaram em expulsar Holder porque ele violara os termos de sua sentença. Holder foi colocado sob custódia em uma instituição psiquiátrica para esperar o processamento da necessária papelada diplomática.

Esse processo demorou um ano inteiro, durante o qual Holder repousou em um hospital de Paris, onde era entupido de Thorazine e outras poderosas drogas psicotrópicas. Finalmente, na manhã de 26 de julho de 1986, quatro agentes da DST o escoltaram para um voo da TWA rumo ao Aeroporto Internacional John F. Kennedy de Nova York – o mesmo onde, quatorze anos antes, Holder e Kerkow haviam dado adeus aos Estados Unidos a caminho de Argel. No momento em que saiu do avião Holder foi preso pelo FBI e levado para o Centro Correcional Metropolitano, em Chinatown. Estava tão medicado que mal conseguiu se dar conta de que seu antigo desejo de voltar para casa finalmente se tornara realidade.

Holder teve a sorte de atrair o interesse de Lynne Stewart, uma advogada conhecida por representar clientes acusados de usar violência para atingir suas metas políticas. Pouco antes, ela defendera Richard Williams, condenado pelo assassinato de um patrulheiro de Nova Jersey como integrante do United Freedom Front, grupo marxista conhecido por um atentado a bomba ao escritório da IBM.* Respeitada e detestada em igual medida por sua energia, Stewart concordou em assumir o caso de Holder *pro bono*.

* Stewart depois representaria o xeque Omar Abdel-Rahman, condenado por conspiração para cometer terrorismo em 1995. Em 2005, Stewart foi ela mesma condenada por repassar mensagens do preso Abdel-Rahman para seus seguidores no Egito; atualmente cumpre pena de prisão de dez anos.

Holder preso no Aeroporto Internacional John F. Kennedy, julho de 1986.
AP Photo/David Bookstaver

Holder passou quase dois anos detido enquanto Stewart tentava conseguir um bom acordo. O simples fato de que um acordo fosse possível era uma prova de como os tempos haviam mudado: os sequestradores do começo dos anos 1970 pareciam quase uma curiosidade, vestígios de uma era encerrada que a sociedade americana passara a ver com uma estranha sensação de nostalgia. Os bichos-papões da era Reagan eram a cocaína e a União Soviética, não os Panteras Negras e veteranos do Vietnã desiludidos. O governo federal perdera o entusiasmo de encarcerar sequestradores de aviões por décadas a fio.

Como o juiz que presidira o julgamento em Paris, os promotores americanos queriam que Holder expressasse arrependimento por seus atos, mas como ele explicou em carta a Stewart, ainda não tinha interesse em atender a essa pequena exigência. "Quanto a meus sentimentos pessoais sobre o sequestro, posso dizer que não acho que tenha feito algo errado ou errado demais", escreveu. "Há muitas coisas que aconteceram no Vietnã que boa parte dos americanos desconhecem, e em 1972 eu achava que ações ousadas e destemidas eram necessárias para acordar todos da apatia em relação a tantas mortes ocorrendo."

Em 18 de março de 1988, Holder se declarou culpado de duas acusações de interferir com uma tripulação de voo – um crime muito menos grave que pirataria aérea ou sequestro, as duas principais acusações de seu indiciamento original. Foi sentenciado a quatro anos de prisão, a serem cumpridos em uma instalação de segurança média na Carolina do Norte.

A estadia de Holder lá foi breve: em agosto de 1989, foi transferido para um centro de reintegração em San Diego, iniciando sua transição de volta à sociedade normal. Seu primeiro relatório de condicional observou que ele era "um homem educado com tendência a agradar", com um "desejo sincero de ter uma vida".

Um dos primeiros atos de Holder em San Diego foi marcar um encontro com as filhas gêmeas, que tinham então 22 anos de idade. O encontro foi negociado pela mãe de Holder, Marie, que criara Teresa e Torrita como suas filhas. A pressão causada por isso contribuíra para o fim do seu casamento com Seavenes – o casal se divorciara em 1975, e Seavenes morrera em abril de 1986, apenas três meses antes da volta de Roger aos Estados Unidos. Em seus últimos anos, Seavenes usara sua influência para promover a baixa de Roger do Exército de "indesejável" para "geral sob condições honrosas" – um pequeno mas comovente ato de amor paterno.

No instante em que colocou os olhos sobre as filhas, Holder pôde ver que estavam desapontadas. Sentia que elas esperavam dele que fosse um símbolo esculpido de masculinidade, como algo saído dos filmes de ação classe B da época. Mas com seus olhos sonados e membros compridos e magros, o homem que as abandonara para resgatar Angela Davis era tudo menos imponente.

Elas acham que eu pareço o Piu-Piu, pensou Holder olhando para os rostos decepcionados das filhas. A conversa que se seguiu foi gelada; não haveria uma reconciliação significativa.

Holder mantivera correspondência com Violetta Velkova, sua antiga noiva francesa, durante o período na prisão, e começaram a se falar regularmente depois que ele foi para o centro de reintegração. Assim que conseguiu a condicional, na primavera de 1990, Holder convidou Velkova a ir morar em San Diego; eles se casaram no civil naquele mês de dezembro. Os recém-casados foram morar com o irmão mais velho de Holder, Seavenes Jr., então um alcoólatra divorciado que ocupava um apartamento pobre parecido com um motel entre uma escola primária e um cruzamento de rodovia. Holder pagava sua parte do aluguel com dinheiro da pensão por invalidez; um psiquiatra do centro de reintegração o diagnosticara com distúrbio de estresse pós-traumático, caracterizando o sofrimento relacionado ao combate como "a raiz de seus problemas psicológicos".

Holder prometera a Violetta e Seavenes Jr. que encontraria trabalho para complementar a pensão. Mas superestimou em muito seu valor para os empregadores. Inicialmente, esperara usar sua experiência militar como engenheiro de voo em um emprego na indústria aeroespacial, mas as empresas do setor não tinham interesse em contratar um sequestrador confesso. Ele também contemplou a possibilidade de cursar uma faculdade de direito, embora sua única credencial acadêmica fosse o diploma de equivalência do ensino médio obtido na prisão. O único emprego que Holder conseguiu foi em um asilo, onde ganhava seis dólares por hora esfregando pisos e esvaziando urinóis; ele se demitiu após algumas semanas.

Frustrado com a falta de opções profissionais, Holder sentia saudade dos dias em que os olhos do mundo estavam sobre ele. Um psicoterapeuta que Holder frequentava como condição para sua condicional observou que ele estava "preso nos anos 1970, talvez com alguma ideia de reviver a época e recriar seu papel na história". Em conversas com estranhos e conhecidos, Holder contava casos sobre suas aventuras de foragido, mas poucas pessoas acreditavam que um ex-condenado desempregado e inválido havia percorrido os corredores do palácio presidencial da Argélia ou bebera champanhe com Jean-Paul Sartre.

Em 12 de maio de 1991, Holder assistiu a um show de Joan Baez em um anfiteatro de San Diego. Foi aos camarins depois do show e Baez o cumprimentou com um abraço e palavras calorosas. Mas, em vez de animá-lo, esse encontro com a velha amiga de Canisy lembrou a Holder como havia caído. Ele começou a se odiar por não fazer nada para mudar o mundo.

Para apagar sua infelicidade, Holder apelava a uma dieta constante de álcool e maconha. Não demorou muito até ser flagrado em um teste de drogas feito por seu agente de condicional, que alertou Holder de que ele corria o risco de voltar para a cadeia. Mas Holder continuou usando os entorpecentes, com frequência comprando erva de um homem com quem tinha uma ligação íntima: Marvin Bullock, irmão de sua ex-mulher adúltera, Betty.

Várias pessoas alertaram Holder para não andar com Bullock, cuja folha corrida relacionava 25 detenções, sobretudo por venda e posse de drogas. Mas Holder estava mergulhado demais em autocomiseração para seguir os conselhos dos amigos. Ele fumava e bebia com Bullock, que era uma boa plateia para suas histórias de Argel e Paris. Em uma dessas festas a dois em junho de 1991, um Holder doidão mencionou algo impressionante: queria sequestrar outro avião e doar o resgate ao Congresso Nacional Africano, o partido político de Nelson Mandela.

Holder não poderia ter escolhido pior confidente: Bullock era informante da polícia havia quinze anos.

Bullock imediatamente avisou seu contato no Departamento de Justiça da Califórnia, o agente especial Michael Coleman. Considerando o histórico de Holder, Coleman não podia descartar a proposta de sequestro como pura fantasia. Alertou o FBI e ordenou que Bullock usasse uma escuta em seus encontros seguintes com Holder.

Em 18 de junho, Holder e Bullock se encontraram para discutir o sequestro um pouco mais. Holder desenhou o mesmo diagrama de bomba que mostrara à tripulação do Voo 701 da Western Airlines e descreveu seu método comprovado de levar as pessoas a pensar que tinha cúmplices armados. Bullock tentou convencer Holder a usar uma bomba de verdade dessa vez, destacando que as autoridades dificilmente seriam enganadas duas vezes pelo mesmo artifício. Holder disse que iria pensar.

Três dias depois Bullock contou a Holder que conhecia um cara que vendia AK-47 e explosivos plásticos. "Estou mais interessado nos explosivos plásticos", disse Holder. "Vou fazer bombas para o corpo ... Tente arrancar dele o máximo de detonadores possível."

A conversa então se voltou para onde Holder poderia levar o avião sequestrado. Holder disse que seria importante declarar seus objetivos políticos durante o voo, já que isso fortaleceria seu pedido de asilo onde quer que pousasse. Ele mencionou Alemanha ou Oriente Médio como possíveis destinos, acrescentando que ficara amigo de membros da Facção do Exército Vermelho e da Organização para Libertação da Palestina quando morava na França.

Na manhã de 26 de junho, Bullock passou no apartamento de Holder e disse que marcara um almoço com o negociante de armas – um mexicano chamado Dave que tinha ligação com o submundo de Tijuana. Pela primeira vez Holder desconfiou da ansiedade de Bullock. Ele se recusou a ir ao almoço, explicando que ainda não tinha dinheiro suficiente para comprar os explosivos. Mas Bullock não aceitou um não como resposta: "Temos de ir em frente com essa coisa. Porque eu armei tudo isso, cara. Não quero recuar."

Algumas horas depois os dois homens foram de carro para o Brigantine Seafood Restaurant, um ponto turístico popular em Shelter Island. Assim que Holder entrou no salão de paredes de tijolos do Brigantine soube que havia algo errado. Dave já estava lá, ocupando um dos reservados semicirculares perto do bar. Usava um blazer azul-marinho apesar do calor do verão. Não pareceu a Holder o tipo de homem que sabia como conseguir explosivos militares.

Na mesa quadrada do outro lado do reservado, quatro homens em boa forma com roupas de férias elegantes bebiam Coca-Cola e chá gelado. Holder os identificou como policiais disfarçados.

Após se acomodar no reservado, Holder, apreensivo, recusou-se a tirar os óculos escuros ou pedir qualquer comida. Dave – um agente do Departamento de Justiça da Califórnia cujo nome real era David Torres – foi quem quebrou o gelo.

"Marvin o trouxe aqui porque você precisa de algumas coisas, certo?"

Holder apenas anuiu. Quanto menos dissesse, melhor.

Torres disse que havia analisado o diagrama que Holder fizera para Bullock e elogiou a sofisticação. Garantiu a Holder que seus parceiros em Tijuana não teriam problema em fornecer os materiais necessários para construir o artefato. Só precisavam discutir a questão do dinheiro; Torres disse querer quinhentos dólares por um tijolo de explosivo C-4.

Holder admitiu timidamente estar totalmente quebrado. Mas mesmo que tivesse algum dinheiro sobrando, como saberia que o preço de Dave era o melhor? "Quero dar mais uma olhada, ver o que mais há no mercado", disse, cauteloso.

Mas Torres começou a forçar a barra. "Tenho certeza de que podemos dar um jeito", insistiu, dizendo que ficaria feliz em aceitar um pequeno depósito, depois receber o resto quando o projeto estivesse pronto.

Holder se sentiu encurralado. Gaguejou dizendo que talvez pudesse juntar cem dólares até a semana seguinte.

Torres pareceu satisfeito. Ele só estava curioso com uma coisa.

"Agora me diga: o que você quer explodir?"

"Na verdade, nada", respondeu Holder, cauteloso. "Só brincar de balística."

Torres perguntou várias outras vezes o que Holder planejava fazer com os explosivos, mas Holder não baixou a guarda uma vez sequer. No final da reunião, os dois homens concordaram em debater a questão pelo telefone, usando o código "massa de barco" para se referir a explosivos.

Dois dias depois Holder percebeu uma van suspeita estacionada perto de seu apartamento. Saiu pelos fundos e foi com seu Pontiac Grand Prix de quinze anos a Santa Barbara, passar o fim de semana. Os homens na van, agentes do Departamento de Justiça da Califórnia, não informaram a seus superiores que Holder os havia enganado.

Holder finalmente ligou para Torres em 1º de julho. Disse estar saindo do negócio porque já havia comprado "massa de barco" de uma fonte em Santa Barbara.

Na tarde seguinte, temendo que Holder tivesse colocado as mãos em explosivos C-4, o FBI invadiu seu apartamento e o prendeu. Os agentes não encontraram armas, embora tivessem descoberto um colete à prova de bala. Também confiscaram as primeiras 31 páginas das novas memórias que Holder estava escrevendo. O título provisório era *Terror by Fiat*.

ONZE MESES SE PASSARIAM antes que Holder fosse a julgamento. Primeiro ele foi mandado de volta a Nova York para enfrentar acusações de violar a condicional ao conspirar para sequestrar um avião. Foi representado *pro bono* por Susan Tipograph, amiga e colega de Lynne Stewart. Tipograph ficara famosa defendendo William Morales, o suposto líder das Forças Armadas de Libertação Nacional de Porto Rico, bem como integrantes do Exército de Libertação Negra responsáveis pela morte de dois policiais durante um assalto a carro-forte em 1981.* Foi atraída pelo histórico de Holder com os Panteras Negras.

* Um dos assaltantes foi Sekou Odinga, que havia sido membro da Seção Internacional do Partido Pantera Negra. Ele fora um dos últimos Panteras a deixar Argel, fugindo para o Egito em setembro de 1972 após Holder ser nomeado chefe da organização.

A pedido de Tipograph, Holder foi enviado a um hospital penitenciário na Carolina do Norte para avaliação psiquiátrica. Foi examinado por três médicos, que diagnosticaram uma série de possíveis problemas: distúrbio de estresse pós-traumático, dependência de drogas e álcool, síndrome do pânico, distúrbio bipolar e até mesmo esquizofrenia paranoica "com delírios de grandeza e perseguição". Todos concordaram, porém, que Holder estava apto para ser julgado.

Em 2 de junho de 1992, Holder foi finalmente levado perante o juiz Eugene Nickerson, do Tribunal Distrital dos Estados Unidos para o Distrito Leste de Nova York. O promotor do caso, subprocurador federal Jason Brown, ficou chocado com a aparência frágil do sequestrador. Assim como as filhas de Holder, Brown esperara uma figura intimidadora, o tipo de homem cujo físico e postura inspirariam medo em uma tripulação de voo. Mas Holder era frágil e intelectual, e parecia uma década mais velho que seus quase 43 anos.

Esse cara, esse cara dócil, deveria ser um grande terrorista político?, pensou Brown.

Com base no que ouvira nas fitas das conversas de Holder com Marvin Bullock e David Torres, Brown sabia que tinha um caso difícil. Bullock em particular provocara Holder de forma grosseira. Pouco depois do encontro no Brigantine, por exemplo, Holder dissera claramente ao ex-cunhado que não queria mais fazer negócio com Torres: "Estou fora", havia dito claramente. Mas Bullock retrucara que os explosivos já estavam vindo do México e que ele e Holder estariam em sérios apuros se voltassem atrás no compromisso. Essa ameaça fizera Holder recuar tempo suficiente para manter a operação.

Brown corajosamente argumentou que Holder ainda era uma ameaça à segurança do povo, mas as alegações de armadilha feitas por Tipograph foram mais persuasivas. "Sempre que Holder resistiu em participar com o informante e o agente disfarçado, eles o pressionaram a participar ou admitir o crime", escreveu o juiz Nickerson em sua decisão. "Não há evidência crível de que Holder tenha alguma vez debatido qualquer plano de cometer um ato terrorista com ninguém que não esses agentes do governo. …

Nem [o governo] mostrou que o próprio Holder tinha a intenção criminosa de violar uma condição de sua liberdade conspirando para cometer um ato terrorista."

O juiz Nickerson ordenou que Holder fosse imediatamente libertado e autorizado a retornar a San Diego. Mas alertou Holder de que o sistema jurídico não seria tão leniente caso ele novamente flertasse com a ideia de reconquistar glórias passadas.

18. Apagado

O PREÇO FINAL PARA ACABAR com a epidemia de sequestros de aviões nos Estados Unidos superou os maiores medos das companhias aéreas. Em 1977, após alguns anos calmos nos céus do país, um economista da Universidade de Chicago chamado William Landes tentou quantificar o custo da calmaria. Com base em dados das companhias e da FAA, Landes calculou que o custo de impedir um único sequestro chegava a 9,25 milhões de dólares – ou, dito de outra forma, 219.221 dólares por passageiro poupado da agonia de se tornar um refém. "Embora o programa de revista obrigatória seja altamente eficaz em termos de sequestros impedidos, seus custos parecem enormes", concluiu Landes.

Mas havia pouco que o setor de aviação pudesse fazer além de resmungar da inconveniência fiscal. O público americano parecia gostar bastante de viagens livres de sequestros; a venda de passagens aéreas aumentou em 25% entre o começo da revista física universal e a publicação do estudo de Landes. E o governo sempre detesta suspender medidas de segurança depois que foram adotadas.

Os detectores de metais e as máquinas de raios X não eram de modo algum à prova de falhas. Nos últimos anos da década de 1970 alguns sequestradores passaram pelo sistema; um perturbado veterano do Exército tentou sequestrar um jato da United Airlines para Memphis, se rendendo no aeroporto de Denver depois que os pilotos pularam da cabine; um ex-paciente mental foi preso em Portland após ameaçar outro avião da United com uma bomba falsa e exigir que a companhia aérea pagasse sua enorme dívida; uma garota de dezessete anos com sinalizadores presos ao peito tomou um voo da TWA a caminho de Kansas City em uma tentativa inútil de libertar um sequestrador de aviões preso que fora amante de sua mãe.

Então, no começo dos anos 1980, houve dois pequenos surtos que lembraram a primeira fase da epidemia: treze aviões foram para Havana em 1980, e outros doze em 1983. Mas esses surtos foram anomalias explicáveis em vez de sinais de um renascimento dos sequestros aéreos. Quase todos os criminosos eram cubanos que haviam ido para os Estados Unidos durante o Êxodo de Mariel de 1980 e decidido voltar para casa após sofrer e não conseguir emprego ou então fugindo da Justiça. Tinham como alvo principalmente voos curtos no sul da Flórida, de modo que houve pouca ansiedade no país como um todo. E assim que Fidel Castro começou a mandar esses sequestradores de volta aos Estados Unidos para serem processados, os surtos passaram e o "vírus" não se espalhou. Depois do breve pico de 1983, o número de sequestros de aviões caiu novamente para um ou dois por ano, cometidos com cômica incompetência por pessoas com problemas mentais.

O contágio perdeu força em parte devido ao crescente temor americano em relação ao mundo muçulmano, onde os sequestros continuaram a ser uma tática usada por militantes. A crise dos reféns no Irã, que durou de 1979 a 1981, convenceu milhões de americanos de que o islamismo radical era uma enorme ameaça. Essa disposição foi reforçada dois anos depois, quando terroristas suicidas da Jihad Islâmica mataram 241 militares americanos em Beirute. E, em 1985, militantes do Hezbollah tomaram um voo da TWA do Cairo para Londres, exigindo a libertação de centenas de irmãos em armas presos. Os sequestradores assassinaram um mergulhador da Marinha americana que estava no voo e mantiveram dezenas de passageiros como reféns por duas semanas. A fotografia marcante do episódio era do piloto americano do avião, de 58 anos, um veterano da Guerra da Coreia de beleza rústica, inclinado para fora da janela da cabine enquanto um dos jovens captores moreno apontava uma arma para sua cabeça. Na imaginação americana aquela foto transformou para sempre o sequestro de aviões em um crime estrangeiro; o vírus não podia contaminar uma população que passara a relacionar sequestro às ambições de um inimigo desprezado e enigmático.

Depois de 1991, o sequestro aéreo desapareceu totalmente do cenário da aviação americana: ao longo dos nove anos seguintes nenhum voo comercial foi desviado no espaço aéreo americano. Com a ameaça de sequestros se tornando mais remota a cada ano, as companhias aéreas começaram a ver a segurança como um aborrecimento dispendioso pronto para ser eliminado. Assinavam contratos com empresas particulares absurdamente baratas; essas empresas, por sua vez, em geral forneciam menos pessoal que o prometido ou contratavam fiscais cujo único treinamento era assistir a vídeos institucionais de vinte minutos de duração. Em 2000, o salário médio de um agente de segurança de aeroporto era de apenas 12 mil dólares por ano.

As empresas não viam razão para atualizar suas políticas contra sequestros, que eram as mesmas desde meados da década de 1960. Tripulantes ainda eram orientados a oferecer total cooperação aos sequestradores, na suposição de que isso acabava salvando vidas. A ordem para a tripulação sequestrada era colocar os captores em contato com funcionários em terra, para que as negociações pudessem começar. As companhias aéreas acreditavam que o diálogo franco sempre levava a uma solução pacífica.

Ninguém em posição de autoridade concebia um cenário em que sequestradores de aviões não teriam interesse em usar seus reféns como instrumento de barganha.

Um momento após apertar a campainha de Roger Holder pela primeira vez notei que o portão de segurança de seu prédio estava entreaberto. Eu o abri no momento em que Holder contornava a parede de alvenaria aos fundos da entrada. Vestia uma camisa roxa desabotoada com o peito à mostra, calças Levi's azuis-escuras e botas de cowboy pretas com padrões florais bordados. Era mais alto e magro do que imaginara, com pernas que se movimentavam em longos passos graciosos. Os olhos sonolentos e o nariz largo eram muito mais proeminentes na vida real do que em fotografias.

"Desculpe, seu... Seu portão já estava aberto", gaguejei, sem saber o que esperar de um sequestrador envelhecido vestido como um mulherengo da era Reagan.

Sem dizer olá, Holder inspecionou a maçaneta do portão, que pareceu funcionar a seu gosto.

"Bem, você sempre me lembrou um invasor", disse antes de me chamar para seu apartamento térreo com um gesto de cabeça.

A casa de Holder era apertada, mas organizada, com uma coleção de cestas antigas presa na parede da cozinha. Embora a única janela da sala de estar estivesse aberta para a rua, o ar fedia a fumaça de cigarro. Um cinzeiro de concha transbordava com guimbas de Pall Mall. Após me oferecer café e um croissant murcho, Holder mostrou seu computador de mesa Dell e perguntou se eu podia ajudá-lo a instalar a impressora que adquirira pouco antes; estava ansioso para levar a sério a conclusão de suas memórias.

Localizar Holder havia sido frustrante. Após ser libertado da custódia federal em 1992, seu nome raramente apareceu em registros públicos – ele nunca foi preso, nunca comprou propriedades, parece nunca ter tido um emprego. Durante vários meses só o que consegui desenterrar foi uma sequência de números de telefones desligados e endereços errados. Seus advogados nos Estados Unidos e na França, seus camaradas do Vietnã, seus parceiros Panteras Negras da Argélia – ninguém sabia o que fora feito dele. Só consegui encontrá-lo graças a uma série de felizes acasos – a incapacidade de um burocrata de produzir um número de Seguro Social, a decisão de Holder de atualizar seu registro eleitoral, uma carta que chegou ao destino embora endereçada ao apartamento errado.

Holder não deixara muitas trilhas porque sua vida depois de 1992 fora impressionantemente serena. Quando retornou a San Diego depois do fracasso do governo no processo por conspiração ele descobriu que Violetta Velkova voltara para a França e seu irmão Seavenes Jr. se mudara para Sacramento. Usou a pensão para alugar um apartamento pequeno e eventualmente fazia pequenos serviços. Vendo que Holder sofria para se aprumar, um conhecido de má fama se ofereceu para empregá-lo como acompanhante, trabalho que pagava muito melhor do que pintar casas. Holder recusou.

Em novembro de 1993, Holder foi a um jantar de Ação de Graças oferecido por um amigo de um amigo. Outra convidada, chamada Joy Gentilella, assistente de saúde e mãe de cinco filhos vinda da Nova Inglaterra, ofereceu uma carona a ele. Gentilella acabara de sair de um casamento ruim e não queria começar nada novo. Mas foi atraída pela inteligência afiada e o senso de humor distorcido de Holder. Naquele fim de semana ela e Holder fizeram seu primeiro programa, um passeio à praia. No Natal, Holder já se mudara para a casa de Gentilella, o primeiro de vários apartamentos que o casal iria dividir ao longo dos anos.

A amorosa Gentilella cuidava de todas as necessidades financeiras do casal, deixando Holder livre para passar os dias basicamente como em Paris e Canisy: fumar um Pall Mall atrás do outro durante longas caminhadas, construir modelos de helicópteros e fazer anotações para suas memórias. Algumas vezes levava vagabundos para casa para alimentá-los e oferecer a eles suas reflexões sobre geopolítica. Ele também bebia um pouco, para reduzir a ansiedade que com frequência tomava conta de seus pensamentos, mas nunca perdia o controle – tinha medo demais de desapontar Joy, que acabou adotando o sobrenome de Holder, embora nunca tivessem se casado.

Holder buscou várias vezes se acertar com as filhas, mas nunca conseguiu superar a amargura delas; sempre que se aproximava para tentar consertar as coisas, Teresa e Torrita o lembravam de que ele havia escolhido Angela Davis em vez de seu próprio sangue.* Mas Holder se reconciliou com a mãe, Marie: quando ela ficou gravemente doente em 1994, foi morar com Joy e Roger. Ficou com eles até a morte, no ano seguinte, tendo alguma noção da vida excêntrica do filho.

Holder deixou a TV aos berros quando nos sentamos para conversar naquela manhã de final de agosto em San Diego. Enquanto falávamos ele fumava de um modo curioso, mantendo três cigarros acesos ao mesmo tempo; dava um trago em um, apagava e depois passava para o seguinte.

"Larguei por muito tempo, mas recomecei no ano passado", disse em tom de desculpa, consciente de que a fumaça de tabaco na sala me dava lágrimas nos olhos.

---

* Torrita teve seus próprios problemas com a lei: em 2008, por exemplo, foi condenada a quinze meses de prisão por assaltar um banco em San Diego.

Conversamos durante muitas horas, parando apenas para encher nossas canecas de café e colocar colheradas de açúcar. Revisamos a história dele passo a passo, começando com suas felizes lembranças infantis de acompanhar o pai aos estaleiros de Norfolk. Sempre que chegávamos a um momento doloroso – a morte horrenda de seu amigo Stanley Schroeder no Vietnã, a traição da primeira esposa – Holder retirava os óculos e esfregava queixo e boca pensativo antes de continuar. Mas raramente teve pudor em responder a perguntas que produziam emoções brutas: falou francamente sobre seu arrependimento com o modo como saíra do Exército ("Nunca consegui me perdoar por aquilo"), a carnificina que vira e causara no Vietnã ("Morte foi o que mais fiz") e seu duradouro desdém por Eldridge Cleaver e a Seção Internacional ("A única coisa que vi nos Panteras é que todos tinham medo de morrer pelo que sentiam").

Enquanto explicava seus motivos nebulosos para o sequestro, Holder manifestou profundo ressentimento em relação a Angela Davis. Em uma entrevista à revista *Essence* em 1996, Davis discutira a tentativa dele de libertá-la: "Durante meu julgamento alguém sequestrou um avião, exigiu ser levado para a Argélia e que eu fosse libertada e transportada ao aeroporto usando um vestido branco e levando dez paraquedas ou algo assim. O juiz deu ordens para que ninguém deixasse o tribunal. Acharam que eu estava tentando fugir antes que fosse dado o veredicto."

Holder interpretara a lembrança de Davis como uma deselegância. Ela parecia achar que ele era um idiota, indigno de ter o nome memorizado. Onde estava o apreço dela por tudo o que sacrificara?

Naturalmente, fiz a ele muitas perguntas sobre Cathy Kerkow. Na primeira vez que mencionei o nome de sua antiga companheira, Holder deu um sorriso malicioso enquanto jurava que não era o responsável pelo desaparecimento dela.

"Eu não a deixei em um armário na França, isso eu posso garantir."

Holder obviamente estava acostumado a ser acusado de assassinar Kerkow, algo que o perturbava muito, considerando seus sentimentos pela cúmplice na Operação Sísifo.

"Cathy decididamente era demais", disse. "Era bonita... bonita demais, bonita demais. A melhor bunda que você já viu! E essa garota tinha cérebro, e sabia como usar. Ela até costurava. Era o tipo de mulher por quem um homem não se importaria de trabalhar sete dias por semana... Queria que ela estivesse disponível, para poder passar o resto da minha vida cuidando dela."

Quando voltei na manhã seguinte para continuar a conversa, cheguei ao bairro de Holder alguns minutos antes. Enquanto passava da rodovia para a North Park Way, fiquei surpreso ao vê-lo sentado sob um freixo no estacionamento vazio de uma drogaria, saboreando um Pall Mall e olhando para o nada. Eu saberia que aquele era um de seus passatempos preferidos, uma forma crua de meditação durante a qual voltava a dias mais glamorosos. Ninguém que passasse pelo humilde posto de Holder junto à calçada suspeitaria que aquele homem magro e pensativo um dia sequestrara um avião para Argel.

Mais tarde Holder apresentou algumas páginas de suas memórias incompletas, agora intituladas *Eli and the 13th Confession*. (De modo duvidoso, ele alegou não saber que esse também era o título de um álbum famoso de Laura Nyro.) Não conseguira escrever muitos capítulos que durassem mais de alguns parágrafos – a concentração não era seu forte. Contudo, concluíra um possível sumário. O capítulo sobre sua relação com Kerkow se chamaria "Temporada da bruxa", um título que parecia conflitar com os sentimentos amorosos que expressara no dia anterior.

Perguntei a Holder se isso significava que Kerkow havia sido uma força do mal em sua vida. Um dia ele vira a ligação dos dois com Coos Bay como um sinal divino de que estavam destinados a fazer algo espetacular juntos; a consideraria agora um presságio de que deveria se afastar?

Como de hábito quando confrontado com uma pergunta difícil, Holder retirou os óculos e esfregou o rosto. Depois foi até a janela da sala e olhou para fora com cuidado; parecia estar preocupado que algum enxerido estivesse agachado no gramado malcuidado do prédio. Enquanto examinava a grama abaixo percebi que a etiqueta em sua Levi's indicava o tamanho 40, mas os jeans estavam caindo de seu corpo seco.

"Sabe, ainda não superei tudo isso", murmurou enquanto voltava a seu assento e tentava acender um Pall Mall apagado. As mãos tremiam e ele tinha problemas com a roda do isqueiro. Parecia estar lutando contra as lágrimas.

Escolhi uma abordagem mais direta:

"Se pudesse voltar e fazer a escolha novamente, acha que ainda continuaria com o sequestro?"

Pela primeira vez desde que havíamos nos conhecido Holder ficou visivelmente furioso.

"Não há como determinar isso, senhor!", rosnou, enquanto esmagava o cigarro apagado no cinzeiro. Ele se recusara a deixar um juiz francês ou promotores americanos privá-lo de sua mitologia pessoal; de modo algum expressaria contrição a gente como eu.

Mas depois que seu humor melhorou Holder soou um pouco mais confiante quanto à correção do sequestro.

"Eu só fiz algo que todos os outros tinham medo demais de fazer."

No final de minha semana em San Diego, enquanto o balcão de check-in da JetBlue imprimia o cartão de embarque para meu voo de volta, recebi um telefonema de Joy Holder.

"Sei que Roger não falou nada sobre isso, mas achei que você deveria saber, que deveria entender; não sei quanto tempo mais Roger tem."

Ela explicou que Roger passara por uma cirurgia para colocar três pontes de safena em 2009 e que a operação quase o matara. Depois recebera o diagnóstico de três aneurismas cerebrais não operáveis. Os médicos disseram a Joy que Roger teria sorte se durasse um ano.

Por isso ele voltara a fumar aqueles Pall Mall. Não havia motivo para não fazê-lo.

Ao longo dos meses seguintes Holder e eu conversamos regularmente. Ele ficou arrasado quando lhe contei sobre a prisão em setembro de 2011 de George Wright, o quinto integrante da Família Sequestradora, que estava vivendo em Portugal sob o pseudônimo de José Luis Jorge dos Santos.* Holder pediu que o mantivesse informado sobre os desdobramentos

* Um tribunal português recusou o pedido de extradição dos Estados Unidos em novembro de 2011 alegando que Wright era um legítimo cidadão português a despeito de sua

da luta de Wright contra a extradição. Também quis que o colocasse em contato com dois outros integrantes da Família Sequestradora, Melvin e Jean McNair, que dirigiam um orfanato em Caen, na França. Não falara com eles em mais de trinta anos.

Mas a amizade com os McNair não seria retomada. Pouco antes do Natal de 2011, Holder foi internado com problemas de saúde. Em 6 de fevereiro, menos de duas semanas após receber alta do hospital, Joy chegou em casa do trabalho certa noite e o encontrou sentado na sala, segurando uma faca de açougueiro.

"Não quero mais viver", ele disse.

Joy tomou a faca e mandou Roger descansar no quarto; marcariam uma consulta psiquiátrica de manhã.

Algumas horas depois Joy ouviu um baque alto. Correu para o quarto e encontrou Roger caído de cara no carpete, aparentemente vítima de um aneurisma rompido. Tinha 62 anos de idade.

O obituário de Holder no *San Diego Union-Tribune* teve literalmente uma linha, registrando apenas as datas de nascimento e morte, e a casa funerária responsável pelo corpo. Joy honrou o último pedido de Roger de enterrá-lo em um cemitério militar.

HÁ ALGUNS ANOS A SOCIEDADE HISTÓRICA do condado de Coos decidiu homenagear Patricia Kerkow como uma das mulheres pioneiras da cidade. Ela certamente merecia o prêmio após tantas décadas de serviços distintos à comunidade. Criara quatro filhos sozinha enquanto trabalhava em instituições locais importantes como o Southwestern Oregon Community College, a fábrica de celulose e papel Weyerhaeuser e o Departamento de Polícia de Coos Bay. Kerkow também organizava viagens para a ElderWise, integrava o conselho do First Community Credit Union e cuidava do es-

longa utilização de um pseudônimo. Wright conseguira cidadania de forma complexa: em 1980 ele se mudou de Lisboa para Guiné-Bissau, uma antiga colônia portuguesa na África onde o governo lhe concedeu asilo político. Quando depois se casou com uma portuguesa, pôde facilmente transferir sua cidadania de Guiné-Bissau para Portugal.

critório de uma igreja metodista. A cidade inteira a via com o máximo respeito.

Kerkow ficou grata pelo reconhecimento da Sociedade Histórica, mas fez um pedido antes de tomar parte na celebração: que não fosse feita referência à filha fugitiva, e que fosse eliminado dos arquivos da sociedade qualquer material relacionado ao sequestro do Voo 701 da Western Airlines.

Coos Bay atendeu ao evidente desejo de Patricia Kerkow de induzir amnésia coletiva sobre Cathy. A cidade reverencia outra figura da turma de 1969 da Marshfield High School, o corredor Steve Prefontaine, que faleceu em um acidente de carro aos 24 anos de idade; histórias de seus esplêndidos feitos atléticos e sua morte trágica ainda pontuam as conversas nas lojas e bares de Coos Bay. Mas mencione sua colega de pista Cathy Kerkow a um antigo morador e não conseguirá nada além de um olhar vazio. Mesmo homens que cresceram jogando futebol com os irmãos de Kerkow não se lembram de sua existência, quanto mais de seu crime.

O FBI não se esqueceu totalmente dela, mas a investigação parou há muito. Nos anos seguintes ao desaparecimento de Kerkow, em 1978, agentes periodicamente procuraram seus pais para o caso de eles terem tido notícias da filha ou a estarem ajudando. Mas o FBI acabou se convencendo de que Kerkow jamais procuraria a família; as entrevistas com seus pais terminaram no final dos anos 1980. (O pai de Kerkow, Bruce, faleceu em 2001.)

Beth Newhouse, melhor amiga e colega de apartamento de Kerkow em San Diego, soube do FBI pela última vez em 1991. Na época, vivia em um subúrbio de Seattle, trabalhando para a Alaska Airlines e criando dois filhos com o marido careta; sua juventude selvagem fora deixada bem para trás. Newhouse ficou perturbada ao ser lembrada de Kerkow após tantos anos; temia que a Alaska a demitisse caso soubesse de sua ligação com uma sequestradora de aviões procurada.

O agente do FBI foi surpreendentemente honesto sobre o péssimo estado da investigação. Confessou que ele e seus colegas estavam atolados; a única pista recente era uma dica de que Kerkow ficara tão fluente em francês que conseguia se passar por francesa, e que poderia também ter dominado outros idiomas europeus. O agente implorou a Newhouse qualquer fragmento de informação que pudesse ter.

Mas Newhouse não tinha nada a oferecer a não ser uma sugestão de que Kerkow poderia ter morrido fugindo. Era a única explicação que conseguia para sua melhor amiga nunca ter tentado entrar em contato com ela novamente após sugerir aquela fantasiosa troca de haxixe por armas em 1972.

A hipótese de Newhouse é uma das poucas teorias plausíveis sobre o destino de Kerkow. Se ela conseguiu obter um passaporte americano na Suíça, como o Departamento de Estado parece crer, poderia ter ido para qualquer ponto do planeta. Mas considerando seu gosto pelas melhores coisas da vida, Kerkow não teria se instalado em um país onde confortos são escassos. Então, ao contrário de boatos persistentes, ela não fugiu para Havana, onde uma pequena comunidade de sequestradores americanos de aviões ainda vive abertamente. Nem seguiu os passos de outros membros da Seção Internacional se mudando para a Tanzânia ou Guiné-Bissau, onde a cor de sua pele causaria curiosidade demais.

Kerkow poderia ter simplesmente voltado aos Estados Unidos com um passaporte válido, mas é difícil imaginar que voltasse sem pedir ajuda a amigos ou parentes – o que jamais fez, segundo o FBI e confidentes como Newhouse. Além disso, o exílio forçado se revelara uma bênção para Kerkow, que sempre fora vagamente insatisfeita com sua situação – algo herdado do pai músico, que dera as costas a uma Coos Bay sufocante. Ela nunca deu qualquer indício de sentir falta da vida que havia rejeitado.

O mais provável é que Kerkow tenha voltado à França após conseguir documentos falsos na Suíça, se misturando à sociedade francesa com outro nome. Talvez tenha se casado com um namorado rico, conseguido cidadania francesa e se mudado para uma cidade provinciana onde chamaria pouca atenção. Não era possível esperar que a polícia francesa a localizasse; afinal, eles não sabiam nada de sua mudança de Argel para Paris até Roger Holder tolamente revelar sua verdadeira identidade. Após alguns anos se ajustando ao novo ambiente, não seria possível distinguir Kerkow daqueles ao redor.

Também existe a possibilidade de que Kerkow tenha optado por uma vida mais nômade e excitante no exterior. Poderia ter viajado da Suíça para a Alemanha Ocidental, Itália ou mesmo Holanda, lugares onde seus amigos do cinema trabalhavam no final dos anos 1970, fazendo filmes eróticos sobre a liberdade sexual. Como o FBI comentara com Newhouse, a habilidade de Kerkow com idiomas era tão grande que ela poderia ter prosperado em qualquer lugar da Europa.

E há cenários mais soturnos a considerar: uma aventura ruim com drogas; uma doença catastrófica; um acidente de carro nos Alpes com um corpo não reclamado. Qualquer tragédia assim explicaria por que Kerkow nunca tentou entrar em contato com ninguém de seus tempos do Oregon.

Mas prefiro imaginar Cathy Kerkow como alguém que conseguiu concluir com sucesso o tipo de reinvenção radical que escapou à maior parte de seus colegas sequestradores de aviões – uma versão do sonho americano que só é possível deixando os Estados Unidos para trás. Eu a vejo como uma francesa digna de sessenta e poucos anos, seus cabelos antes lustrosos hoje curtos e com toques grisalhos. Ela e seu marido aposentado ocupam uma bela casa em um povoado sonolento a poucas horas de carro de Paris, onde também possuem um *pied-à-terre*. Sempre foram um casal muito reservado, embora Kerkow tenha contado a alguns vizinhos que se mudou para a França ainda pequena, após seu pai americano falecido ter sido transferido pela empresa em que trabalhava. Os filhos crescidos, agora com suas famílias, foram batizados na igreja local; não sabem nada do passado criminoso e do renascimento clandestino da mãe.

Essa Kerkow dos meus sonhos raramente para e pensa em como uma decisão impetuosa tomada na juventude levou a uma felicidade tão inesperada. Mas de vez em quando seus pensamentos acabam chegando à dor que causou aos que ficaram para trás: os irmãos que ajudou a criar, o pai boêmio que buscou seu próprio caminho, a mãe que tanto sacrificou pelos filhos. E nesses momentos passageiros ela entende que, por mais que queiramos romper com o passado, laços de sangue e memória permanecem. Mesmo a alma mais rebelde não é imune a essa verdade humana.

Notas

Prelúdio (p.9)

9 **não está interessado em comida**: Willie Roger Holder, entrevista ao autor, ago 2011.

9 **a ser debatida agora é dinheiro**: Willie Roger Holder, interrogatório pelo FBI, 2 jul 1991, notas manuscritas (obtidas pela Lei de Liberdade de Informação – Foia).

9 **plano de pagamento tão generoso**: juiz Eugene H. Nickerson, memorando e ordem, *Estados Unidos da América vs. Willie Roger Holder*, 29 mai 1992, National Archives and Records Administration, Central Plains Region, St. Louis, Missouri.

9 **as coisas em ação**: agente especial David Torres, Departamento de Justiça da Califórnia, depoimento juramentado, 2 jul 1991 (Foia).

9 **"o que você quer explodir?"**: Nickerson, memorando e ordem.

1. **"Continue sorrindo"** (p.11-9)

11 **dentro de 25 minutos**: Ronald Dellinger, entrevista ao autor, ago 2010.

11 **echarpes de *pois***: Carole Friske (antes Clymer), entrevista ao autor, ago 2010.

12 **esqueci do *voucher* dele**: Regina Youngren (antes Cutcher), entrevista ao autor, ago 2010.

12 **"Leia isto"**: Regina Cutcher, declaração por escrito ao FBI, 2 jun 1972, acervo pessoal de William Newell.

13 **"não pare!"**: os dois bilhetes foram conseguidos com o FBI por intermédio da Lei de Liberdade de Informação.

14 ***Aqui dentro***: entrevista com Youngren.

14 **a cabine de pilotagem**: Regina Cutcher, declaração por escrito.

14 **sacudiu ainda mais**: Marla Waarvick (antes Smith), entrevista ao autor, ago 2010.

14 **sinal de assunto urgente**: Donna Jones, declaração por escrito ao FBI, 2 jun 1972, acervo pessoal de William Newell.

14 **"precisa ler isto!"**: Regina Cutcher, declaração por escrito.

15 **o que estava fazendo**: Thomas Crawford, entrevista ao autor, out 2010.

15 **"o que ele quiser de nós"**: Regina Cutcher, declaração por escrito.

15 **em menos de um mês**: Edward Richardson, entrevista ao autor, ago 2010.

16 **sequestrados nos Estados Unidos**: FAA, Civil Aviation Security Service, "Hijacking Statistics for U.S. Registered Aircraft (1961-Present)", 1º abr 1975, https://www.ncjrs.gov/pdffiles1/Digitization/28885NCJRS.pdf.

16 **por pura coincidência**: Ned Glick, "Hijacking Planes to Cuba: An Updated Version of the Birthday Problem", *American Statistician* 24, n.1 (fev 1970), p.41-4.
16 **qualquer patógeno orgânico**: Robert T. Holden, "The Contagiousness of Aircraft Hijacking", *American Journal of Sociology* 91, n.4 (jan 1986), p.874-904.
17 **tomado os aviões da época**: "On Return from Cuba, an Arrest for '68 Hijacking", *New York Times*, 11 out 2009.
18 **da história americana**: na época alguns noticiários afirmaram que o sequestro do Voo 701 da Western Airlines era apenas o segundo mais distante da história americana, atrás do sequestro do Voo 14 da Braniff Airways em 2 jul 1971. Contudo, a alegação era claramente equivocada. O avião da Braniff foi sequestrado em Houston, depois levado para Monterrey, México; Lima, Peru; Rio de Janeiro e Buenos Aires, uma distância total de 11.017 quilômetros em linha reta. Os sequestradores da Western Airlines, por outro lado, percorreram 11.680 quilômetros no ar. Não está claro por que alguns repórteres cometeram esse erro, mas pode ter sido por conta de alguma confusão quanto à localização exata de Monterrey.
19 **prisão perpétua sem condicional**: "Fruitless War Against Crime in the Air", *Life*, 29 dez 1972, p.82-3.

2. Coos Bay (p.20-42)

20 **trilha de água e sabonete**: Willie Roger Holder, entrevista ao autor, ago 2011; "Hijack Suspects 'Expect to Be Killed Off'", *Oregonian* (Portland), 8 ago 1972.
20 **a mágica habitual**: entrevista com Holder.
20 ***o conheço de algum lugar***: Ibid.
21 **poderia haver problemas**: Elizabeth Olson (antes Newhouse), entrevista ao autor, mai 2011.
22 **conhecia muito bem**: entrevista de Holder.
22 **marco *art déco* da cidade**: visita do autor, mai 2011. Um agradecimento especial ao Museu Marítimo e Histórico de Coos pelo material sobre a história da região no século XX.
22 **motorista de uma empresa de dragagem**: *Polk's Coos Bay and North Bend City Directory*, 1958 (R.L. Polk & Co., 1958), p.130.
22 **organista de jazz**: entrevista de Holder; entrevista de Olson; "What's Happening: Nightlife", *Daily News* (Port Angeles), 28 jun 1974.
23 **estar naufragando**: entrevista de Olson.
23 **Seavenes Holder**: Seavenes Holder, registro de serviços da Marinha dos EUA (número de serviço 8344312), National Personnel Records Center, St. Louis.
23 **militar de carreira**: Ibid.
23 **gostava de destacar**: entrevista de Holder.
23 **Pacífico ocidental**: registro de serviço de Seavenes Holder.
24 **seu próprio quarto**: entrevista de Holder.

24 **os Holder eram negros**: Rosemarie Wilson (antes Holder), entrevista ao autor, abr 2012.
24 **maior escurecimento da pigmentação**: Ibid.
24 **para se proteger**: entrevista de Holder.
25 **perder um testículo**: entrevista de Wilson; "Portrait of a Hijacker", *Bulletin* (Bend), 19 ago 1972. A matéria do *Bulletin* identifica equivocadamente a vítima como Roger em vez de Danny.
25 **novos ataques raciais**: "Editorial", *Empire Charleston Builder* (Coos Bay), 28 set 1959.
26 **ainda mais Coos Bay**: entrevista de Wilson.
27 **menos de três meses**: entrevista de Holder; Willie Roger Holder, *Eli and the 13th Confession* (memórias não publicadas), p.10-1, acervo pessoal de Joy Holder. Favor notar que a paginação de *Eli and the 13th Confession* é confusa. Holder pulou muitos números, repetiu outros e deixou de numerar todas as páginas.
27 **perseguir sonhos boêmios**: entrevista de Olson.
27 **sustentar a família**: *Polk's Coos Bay and North Bend City Directory, 1965* (R.L. Polk & Co., 1965).
27 **sob sua superfície serena**: Dennis Krummel, entrevista ao autor, jun 2011; Jay Farr, entrevista ao autor, mai 2011; entrevista de Olson; entrevista de Holder.
27 **refeições para idosos**: *Mahiscan 1965* (anuário da Marshfield High School), biblioteca pública de Coos Bay, Coos Bay.
27 **tirava B**: "Skyjack Suspect an All-American Girl", *Oregonian* (Portland), 6 jun 1972.
27 **principal advogado da cidade**: entrevista de Olson.
28 **amigo e colega de turma Prefontaine**: *Mahiscan 1968*, biblioteca pública de Coos Bay, Coos Bay.
28 **hambúrgueres no Dairy Queen**: entrevista de Krummel.
28 **bem acima deles**: Ibid.; entrevista de Olson.
29 **às melhores festas**: entrevista de Olson.
29 **uma serraria em Prineville**: "Ms. Kerkow Recalled as 'Hippie Type'", *Bulletin* (Bend), 8 jun 1972.
29 **operar a registradora**: "Coos Girl's Hijack 'Unbelievable'", *Oregon Journal*, 7 jun 1972; entrevista de Olson.
29 **camarão na primavera**: "Skyjack Suspect an All-American Girl"; "Miss Kerkow Recalled as 'Hippie Type'"; entrevista de Olson.
29 **enfiados na bolsa**: entrevista de Olson.
30 **quanto ela esperara**: entrevista de Krummel.
31 **o sul da Califórnia**: entrevista de Olson.
31 **dona de iates de La Jolla**: Ibid.
31 **Patricia ficasse chocada**: Elizabeth Newhouse (depois Olson), entrevista ao FBI, 4 jun 1972 (conseguida por pedido via Foia).
31 **bairro decadente de Hillcrest**: agente especial do FBI encarregado, escritório de campo de San Diego, memorando à sede, 7 jun 1972 (Foia).
31 **esfregava e puxava**: entrevista de Olson.

31 **consultório médico**: Ibid.

32 **tocar nas dançarinas de topless**: Ibid.

32 **subúrbio de Spring Valley**: agente especial do FBI, San Diego, memorando à sede.

32 **apenas como Fast Eddie**: entrevista de Olson.

33 **diversões mais picantes**: entrevista de Holder.

33 **apenas dezessete anos**: Willie Roger Holder, registro de serviço do Exército dos EUA (número de serviço 18910865), acervo pessoal de Joy Holder.

33 **Teresa e Torrita**: entrevista de Wilson.

33 **11º Regimento no Vietnã**: registro de serviço de Willie Roger Holder.

33 **filhas pequenas**: "California Marriage Index, 1960-69", Ancestry.com.

34 **inimigo sorrateiro**: CIA, *Intelligence Memorandum: Pacification in the Wake of the Tet Offensive in South Vietnam*, 19 mar 1968, liberado, Vietnam Center and Archive, Texas Tech University, http://www.vietnam.ttu.edu/virtualarchive/items.php?item=0410688004.

34 **rajada de tiros de AK-47**: Departamento de Defesa, *The United States Army Presents: The 11th Armored Cavalry Regiment* (filme), http://archive.org/details/gov.dod.dimoc.30249.

34 **o quanto fosse possível**: entrevista de Holder.

34 **explosivos improvisados**: Jonathan Shay, *Achilles in Vietnam: Combat Trauma and the Undoing of Character* (Nova York: Scribner, 1991), p.34.

35 **dez centavos o baseado**: Peter Brush, "Higher and Higher: American Drug Use in Vietnam", *Vietnam 15*, n.4 (dez 2002).

35 **a culpa de ter sobrevivido**: Holder, *Eli and the 13th Confession*, p.6-9. O camarada de Holder que sofreu o ferimento no cérebro sobreviveu; o homem que morreu foi o sargento Emile Cole, de 28 anos de idade, nascido em Baton Rouge, Louisiana.

36 **sinal de fraqueza**: entrevista de Holder; Virtual Wall, relatório de baixa do soldado de primeira classe Stanley A. Schroeder, http://VirtualWall.org/ds/SchroederSA01a.htm.

36 **no alto do seu M113**: fotografia, site dos veteranos do 11º de Cavalaria Blindada no Vietnã e Camboja, http://www.11thcavnam.com/rogues/rogues2.html.

36 **criação de suas filhas**: entrevista de Wilson.

36 **traição de Bullock**: entrevista de Holder; fotografia de Holder na base aérea de Bien Hoa, 1969, acervo pessoal de Richard DeLorso.

36 **a leste de Saigon**: registro de serviço de Willie Roger Holder.

36 **com as metralhadoras disparando**: primeiro-tenente Peter B. Howson, "The Top Tigers", *Hawk*, ago 1969, p.16-8.

37 **balas encontravam os alvos**: entrevista de Holder.

37 **Frantz Fanon**: Ibid.; entrevista de Wilson.

37 **fogo em campo**: Billy Hamblin, entrevista ao autor, abr 2011.

37 **"um bom negócio"**: "Firefly", *Hawk*, nov 1969, p.12-3.

38 **espionar para o Norte**: "Mystery of the Green Berets", *Time*, 15 ago 1969.

38 **vaidosos e insensíveis**: entrevista de Holder.

39 **rebaixamento a soldado raso**: Ibid.
39 **vagar por campos minados**: "Soldiers Suffering Marijuana Reaction", *Palm Beach Post*, 13 out 1969.
39 **"o tecido da sociedade americana"**: "Song My GI's May Have Been on Marijuana", *Lodi News-Sentinel*, 4 dez 1969.
39 **"a primeira guerra popular"**: "Military Battles Against Drugs", *Spartanburg Herald Journal*, 2 jan 1972.
39 **vasculhar os baús dos soldados**: "Cookie, Smidgen, Hunt Mary Jane Across Vietnam", *Herald* (Rock Hill), 28 ago 1969.
39 **tivessem servido fielmente**: "Military Battles Against Drugs".
39 **recebeu a pena máxima**: registro de serviço de Willie Roger Holder.
39 **por causa de sua pele**: Joe Kolb, "Long Binh Jail Riot During the Vietnam War", *Vietnam*, dez 2004.
40 **"recebe nove meses"**: Stewart Kellerman, "Soul Session in Vietnam", United Press International, 25 abr 1971.
40 **morte com uma pá**: Kolb, "Long Binh Jail Riot".
40 **os Comancheros**: registro de serviço de Willie Roger Holder.
40 **Fort Hood, Texas**: Ibid.; entrevista de Holder.
41 **para localizá-lo**: entrevista de Holder.
41 **usando o nome de White**: FBI, relatório sobre o histórico de Willie Roger Holder, compilado de 3 jun a 31 jul 1972 (Foia).
42 **Huey dançarinos**: entrevista de Holder. Holder me contou que usou LSD exatamente oito vezes.
42 **doces jovenzinhas**: FBI, relatório do histórico de Holder.
42 **verdadeira identidade**: Ibid.; entrevista de Holder.
42 **algo espetacular**: entrevista de Holder.

3. "Não quero mais ser americano" (p.43-67)

43 **descrever ladrões de caminhões**: James A. Arey, *The Sky Pirates: The Complete, Authoritative Story of Aerial Hijacking, Describing What Has Happened and Why* (Nova York: Charles Scribner's Sons, 1972), p.49-53. O senso comum diz que o primeiro sequestro de avião no mundo aconteceu no Peru em 1931, quando revolucionários tomaram um avião dos correios. Mas a história é questionável: está em um artigo de out 1961 da *Family Weekly* escrito pela suposta vítima desse sequestro, Byron D. Richards. Richards admite no artigo um tanto popularesco que teve vários dias para decidir se jogava panfletos para os revolucionários; ele acabou os assustando e demovendo da ideia, sob a alegação de que o "sequestro" poderia fazer com que as Forças Armadas americanas invadissem.
44 **desses aviões cubanos**: Ben Funk, "Mr. Harris's War with Castro", *This Week*, 14 out 1961.

45 **matando o adolescente gigante**: "Airline Pilot Kills 15-Year-Old Boy Who Tries to Hijack His Airplane", *Tri-City Herald* (Pasco), 7 jul 1954.

45 **letra da lei**: Edward McWhinney, *Aerial Piracy and International Terrorism: The Illegal Diversion of Aircraft and International Law* (Dordrecht: Martinus Nijhoff, 1987), p.79.

45 **levado à capital cubana**: "Airliner Over Keys Hijacked and Returned", *Lodi News-Sentinel*, 5 mai 1961.

45 **traição de seu rival caribenho**: "Hijacker: Cuba Suspected Spying", *Miami Herald*, 7 nov 1975.

46 **improvável que se repetisse**: "Airways 'Pirate' Is Puzzle", *Lewiston Daily Sun*, 3 mai 1961.

46 **acabou acontecendo**: "Gift for Castro", *Time*, 4 ago 1961.

46 **cegado ... pelo resto da vida**: "'Wild' Gunman Shoots Two on Airliner", *Pittsburgh Press*, 1º ago 1961.

49 **história horrenda de sequestro**: o relato do sequestro do Voo 54 da Continental Airlines é baseado fundamentalmente em três fontes: depoimento em *Bearden vs. Estados Unidos da América*, Tribunal de Recursos do Quinto Circuito, 14 jun 1962; "Jet Hijack Hero Feared Youth Most", *St. Petersburg Times*, 5 ago 1961; e "The Skywayman", *Time*, 11 ago 1961.

49 **"planejados de aeronaves"**: "Stop Flying Fools Is Kennedy Plea", *St. Petersburg Times*, 5 ago 1961.

50 **"dos corredores aéreos"**: *Congressional Record: Senate 1961* (Congresso dos EUA, 1961), p.15411-4.

50 **não voltou ao tema**: "Seek Federal Law Against Air Hijacking", *Daily Iowan*, 5 ago 1961.

50 **independência contra a França**: "Wife Sees Hijacker as Nervous Worrier", *Spokane Daily Chronicle*, 10 ago 1961.

50 **SKYJACKED TO HAVANA**: "Pan Am Jet Skyjacked to Havana", *New York Daily Mirror*, 10 ago 1961.

50 **pena capital**: "Senate Votes Death Penalty in Air Hijackings", *Blade* (Toledo), 11 ago 1961.

51 **em 5 de setembro de 1961**: "Kennedy Signs Bill Stiffening Penalties for Plane Hijacking", *Lewiston Morning Tribune*, 6 set 1961.

51 **pelotão de fuzilamento**: "Plane Hijackers Fall to Firing Squad in Cuba", *Mexia Daily News*, 17 set 1961.

51 **páginas da seção internacional dos jornais**: Clark Whelton, *Skyjack* (Nova York: Belmont/Tower Books, 1970), p.36-7.

51 **falta de soberania política**: "Youth Forces Plane to Land", *Des Moines Register*, 2 set 1965.

51 **localização quanto de modus operandi**: "2 U.S. Sailors Menace 13 on Hawaii Plane", *Chicago Tribune*, 13 out 1965.

52 **decepção certa em Havana**: "Airline Pilot Declines Trip to Cuba, Uses Fire Ax to Call Exile's Bluff", *Blade* (Toledo), 27 out 1965.

52 **política de emigração mais afrouxada**: "Gemini Team Beat Hijack", *Ottawa Citizen*, 18 nov 1965.

52 **"manter o respeito próprio"**: "Texas Boy Still in Jail", *Reading Eagle*, 20 nov 1965.

53 **"parecia a resposta"**: Elizabeth Rich, *Flying Scared: Why We Are Being Skyjacked and How to Put a Stop to It* (Nova York: Stein and Day, 1972), p.97-8.

53 **"liberdade pelo menos uma vez"**: Anthony Bryant, *Hijack* (Fort Lauderdale: Freedom Press International, 1974), p.12.

53 **para resgatar cada avião**: "Aerial Hijacking: Big Business", *Press-Courier* (Oxnard), 28 set 1969.

54 **evidências em contrário**: Bryant, *Hijack*, p.31-50.

54 **quarenta pesos cada**: "'Take Me to Cuba': Often They're Sorry", *Age* (Melbourne, Austrália), 16 nov 1972.

54 **pele ser esfolada**: Bryant, *Hijack*, p.85-8.

54 **perdeu um olho**: "Sorry Now: Hijacker Says Cuba Is Living Hell", *Evening Independent* (St. Petersburg), 27 abr 1977.

54 **se enforcou em sua cela**: "American Hijackers Find Life Drab in Unsympathetic Cuba", *Lewiston Daily Sun*, 29 nov 1971.

54 **vestido de cowboy**: "'Cowboy' Rustles Jet for Flight to Cuba", *Pittsburgh Press*, 22 fev 1968.

54 **estudar o comunismo em primeira mão**: "Plane Hijacker Seeks Asylum, Cuba Radio Says", *Press-Courier* (Oxnard), 19 fev 1968.

54 ***frijoles* delicadamente temperados**: "Nervous Hijacker Homesick for Cuba", *Sarasota Journal*, 4 dez 1968.

55 **"Não vejo motivo"**: "FAA Says There's No Way to Prevent Plane Hijacks", *Bulletin* (Bend), 5 jul 1968.

55 **dias extras de férias**: David Phillips, *Skyjack: The Story of Air Piracy* (Londres: George G. Harrap & Co., 1973), p.74. Era costume das companhias dar a funcionários sequestrados uma semana a mais de férias remuneradas.

55 **dispostas a descobrir**: "Historical Air Traffic Statistics, Annual 1954-1980", Research and Innovative Technology Administration, Bureau of Transportation Statistics, http://www.bts.gov/programs/airline_information/air_carrier_traffic_statistics/airtraffic/annual/1954_1980.html.

55 **360 milhões de dólares em 1967**: "Airlines View Earnings Decline", *New York Times*, 5 dez 1968.

55 **o cargo no governo**: "Pan Am's Lobbyists Help", *Ocala Star-Banner*, 29 set 1966.

56 **"invasão de privacidade"**: "FAA Says There's No Way to Prevent Plane Hijacks".

56 **James Eastland, do Mississippi**: "Pistol-Wielding Man Talked Out of Hijacking Airliner", *Spartanburg Herald Journal*, 14 jul 1968.

56 **decadência do capitalismo**: "Idea Proposed to Curtail Hijacking of Airliners", *Dispatch* (Lexington), 11 jul 1968.

57 **"vidas de todos a bordo"**: "'We've Got Another Hijacking' and Action Begins to Have Plane and Passengers Released", *New York Times*, 20 dez 1968.

57 **"não chega a Cuba"**: "Pilot Cards Avoid Hijacking 'Babel'", *Pittsburgh Press*, 26 jan 1969.
57 **devolução rápida de aviões roubados**: "Hijacking Routine", *Lodi News-Sentinel*, 28 jan 1969.
57 **"ou daiquiris de rum, senhor?"**: "It Happened Last Night", *Middlesboro Daily News*, 21 mar 1968.
58 **"não haja tragédias"**: "Handling Hijackings", *Pittsburgh Press*, 10 dez 1968.
58 **"blusas tchecas"**: "What to Do When the Hijacker Comes", *Time*, 6 dez 1968.
59 **tática fundamental de sua luta**: "19 Years on the Run: A Hijack Suspect's Life", *New York Times*, 27 jul 1988.
59 **guerra como motivo**: "Deserter Jacks Plane to Cuba", *Beaver County Times*, 25 jan 1969.
59 **filho de três anos**: "Little Boy in Hijack Try Home", *Sarasota Journal*, 14 jan 1969.
59 **lata de inseticida**: "Pilot to Help Dutchess Teen Who Tried Hijack", *Evening News* (Newburgh), 8 mai 1969.
59 **economia marxista**: "Purdue Dropout Is Hijack Suspect", *Tri City Herald* (Pasco), 10 jan 1969.
59 **com as próprias mãos**: "Alleged Hijacker Was Green Berets Veteran", *Times-News* (Hendersonville), 16 jan 1969. O sequestrador em questão, Robert "Reds" Helmey, conta em detalhes o sequestro em *The Lemon Dance: Tell Fidel El Rojo Is Coming*, memórias que publicou em edição do autor.
59 **que conhecesse a letra**: "Many Offer Ways to Foil Plane Hijackers", *Gettysburg Times*, 30 jan 1969; "Use Boxing Gloves to Stop Hijackings", *Tuscaloosa News*, 10 out 1970.
60 **descartada por ser cara demais**: "What We Can Do to Stop Skyjacking", *Spartanburg Herald-Journal*, 15 jun 1969. O autor do artigo, John H. Shaffer, era então chefe da FAA.
60 **céus acima da Carolina do Sul**: "Man Arrested in Hijack Try", *St. Petersburg Times*, 6 ago 1969.
60 **Boeing 707 da TWA sobre Nevada**: "Ex-Panther Head in Skyjack Case", *Lawrence Daily Journal-World*, 21 jun 1969.
60 **pousasse em Havana**: "Hijacker Sentenced to Fifteen Years", *Spartanburg Herald-Journal*, 6 out 1970.
60 **levando… a esposa e os dois filhos**: "Greek Family of Four Pull Hijack in 'Name of Democracy and Freedom'", *Herald-Tribune* (Sarasota), 18 ago 1969.
60 **capital síria, Damasco**: "U.S. Jet with 113 Hijacked to Syria by 2 Young Arabs", *New York Times*, 30 ago 1969.
60 **Organização Sionista Americana**: Leila Khaled, *My People Shall Live: The Autobiography of a Revolutionary* (Londres: Hodder & Stoughton, 1973), p.125-8.
61 **"casada com a revolução"**: "'I Made the Ring from a Bullet and the Pin of a Hand Grenade'", *Guardian*, 26 jan 2001; "The Arabs' No. 1 Lady Skyjacker", *Victoria Advocate*, 29 nov 1970.

61 **para operações secretas**: Khaled, *My People Shall Live*, p.179-83.
62 **ou processar sequestradores**: Convenção para a Eliminação de Tomada Ilegal de Aeronaves, http://www1.umn.edu/humanrts/instree/hague1970.html.
62 **possíveis "santuários de sequestradores"**: Signatários da Convenção para a Eliminação de Tomada Ilegal de Aeronaves, http://www.icao.int/secretariat/legal/List%20of%20Parties/Hague_EN.pdf.
62 **comunidade cubana**: Mark Feldman, entrevista ao autor, ago 2010.
62 **"simplesmente passado"**: "Hijacking 'Fad' May Have Died, FAA Says", *Evening Herald* (Rock Hill), 7 mai 1969.
63 **"'Mandem o carcamano', diziam"**: Rich, *Flying Scared*, p.128.
63 **246 cápsulas de munição**: "Anatomy of a Skyjacker", *Time*, 5 dez 1969.
63 **doses rápidas de Canadian Club**: "Hijacker Termed Gentlemanly, Mad", *Spokane Daily Chronicle*, 1º nov 1969.
64 **e Shannon, na Irlanda**: "Pilot Criticizes FBI's Action Here", *New York Times*, 2 nov 1969.
64 **"por que me prende?"**: "Nuova Versione Sul Clamoroso Atto di Pirateria", *Il Corriere di Napoli*, 9 nov 1969.
64 **"gostaria de me casar com ele!"**: "Minichiello Hero to Countrymen", *Times-News* (Hendersonville), 8 nov 1969.
65 ***perchè m'arresti?***: "Hijacker Subject of Italian Film", *Tuscaloosa News*, 6 dez 1969.
65 **"voou pelos céus"**: "Lex Romana", *Time*, 3 mai 1971.
65 **um faroeste-espaguete**: Rich, *Flying Scared*, p.138.
67 **cruzar o Atlântico**: "Would-Be Hijacker's Apology Too Late", Associated Press, 5 jul 2009.
67 **Cuba e Sudão se opondo**: "Plane Hijacking Assailed by U.N.", *News and Courier* (Charleston), 13 dez 1969.
67 **ao redor do mundo**: Arey, *Sky Pirates*, p.330-1.

4. "Sweet Black Angel" (p.68-76)

68 **na Newport Avenue**: Willie Roger Holder, entrevista ao autor, ago 2011.
68 **um pouco tabu**: Elizabeth Olson (antes Newhouse), entrevista ao autor, mai 2011; "Hijackers Traced to San Diego Area", *New York Times*, 5 jun 1972.
68 **garota festeira de Coos Bay**: entrevista de Holder.
68 **veterano magro do Vietnã**: Elizabeth Newhouse (depois Olson), entrevistada pelo FBI, Coos Bay, 9 jun 1972 (Foia).
69 **um vigarista**: entrevista de Olson.
69 **Holder como um negro de alma branca**: Ibid.; Newhouse, entrevista ao FBI.
69 **que o filho se entregara**: entrevista de Holder.
70 **alistados desertavam**: "Vietnam War Produces Highest U.S. Desertion Rate", *Evening News* (Newburgh), 11 nov 1972.

70 **aceitar os "papéis ruins"**: "Black Veterans: The Forgotten Victims of Vietnam", *Ebony*, set 1974, p.33-40.

70 **quaisquer cuidados médicos**: entrevista de Holder.

71 **visitar as filhas gêmeas**: Seavenes e Marie Holder, entrevistados pelo FBI, San Diego, 3 jun 1972 (Foia).

71 **lugar só para eles**: entrevista de Olson.

71 **quem estava namorando**: Patricia Kerkow, entrevistada pelo FBI, Coos Bay, 4 jun 1972 (Foia).

71 **muito do seu estoque**: entrevista de Olson.

72 **compreensão do zodíaco**: Newhouse, entrevistada pelo FBI; entrevista de Holder.

72 **julgamento de Angela Davis**: entrevista de Holder.

73 **membros do partido comunista**: "UCLA Teacher Is Ousted as Red", *New York Times*, 20 set 1969.

73 **e Frederick Douglass**: Angela Davis, *Lectures on Liberation* (Nova York: New York Committee to Free Angela Davis, 1971), http://archive.org/details/LecturesOnLiberation.

73 **"do qual nos orgulhamos"**: Catherine Ellis e Stephen Drury Smith (orgs.), *Say It Loud: Great Speeches on Civil Rights and African-American Identity* (Nova York: New Press, 2010), p.189.

74 **recebido vários tiros**: "Abductors, Judge Slain in Shootout", *Palm Beach Post*, 8 ago 1970; "The Facts Behind the Angela Davis Case", *Human Events*, 17 jun 1972, p.9-15.

74 **peruca apertada**: "FBI Seizes Angela Davis in Motel Here", *New York Times*, 14 out 1970.

74 **em janeiro de 1971**: Bettina Aptheker, *The Morning Breaks: The Trial of Angela Davis* (Ithaca: Cornell University Press, 1999), p.26.

75 **da Ku Klux Klan**: "Defendant Kicks Attorney in Face", *Bangor Daily News*, 28 mai 1971.

75 **teatro no tribunal**: "Few Spectators at Magee's Trial", *New York Times*, 31 dez 1972.

75 **conceito de força**: "Angela Davis Trial to Put San Jose on Map for Sure", *Tuscaloosa News*, 4 jan 1972.

75 **"libertar a srta. Davis"**: "The Kremlin See Angela Davis as an Angel of Communism", *Afro-American* (Washington), 13 abr 1971.

75 **ensinamentos de Jesus Cristo**: "The Communist Dairy Farmer Who Bailed Out Angela Davis", *Life*, 10 mar 1972, p.73.

75 **"meu marido de toda a vida"**: "The Facts Behind the Angela Davis Case", p.12.

76 **dirigido unicamente a ele**: entrevista de Holder.

5. "Eu estou aqui e existo" (p.77-95)

77 **"viajante habitual"**: James Arey, *The Sky Pirates* (Nova York: Charles Scribner's Sons, 1972), p.241.

78 **preocupação com a bagagem**: H.L. Reighard e John T. Dailey, *Task Force on Deterrence of Air Piracy: Final Report (Washington*, D.C.: FAA Office of Aviation Medicine, 1978), p.58-60; "Airlines Screen for Skyjackers", *Washington Post*, 8 fev 1972.

78 **ou artefatos incendiários**: David H. Brown com John T. Dailey, *Nine/Eleven: Could the Federal Aviation Administration Alone Have Deterred the Terrorist Skyjackers?* (Bloomington: AuthorHouse, 2004), p.15-9.

78 **ofendidos com a invasão**: Ibid., p.20-1.

78 **armas ou narcóticos**: Reighard e Dailey, *Task Force on Deterrence of Air Piracy*, p.5.

78 **feito para impedir sequestros**: Brown e Dailey, *Nine/Eleven*, p.28.

79 **havia revista eletrônica**: Ibid., p.23.

80 **pagar pela insolência**: "Jet Hijacker, Lured by Ransom, Captured in Capital", *New York Times*, 5 jun 1970.

80 **um beijo de despedida**: "The $100 Million Skyjack", *Time*, 15 jun 1970.

80 **National Airport**: "Skyjacker Beat Detector Test", *Gazette* (Montreal), 6 jun 1970.

81 **acender um fósforo**: "Jet Hijacker, Lured by Ransom, Captured in Capital".

81 **baleado pelo capitão do voo**: "Airliner Copilot Killed", *St. Petersburg Independent*, 18 mar 1970.

81 **"incapazes para governar"**: "Jet Hijacker, Lured by Ransom, Captured in Capital".

82 **"Nunca ir sozinho"**: "The $100 Million Skyjack".

82 **uma área habitada**: "Hijacked Jet Shadowed by Fighters", *Boston Globe*, 6 jun 1970.

82 **acertaram os trens de pouso**: "Jet Hijacker, Lured by Ransom, Captured in Capital".

82 **desde o começo do sequestro**: Roger Buchanan, "The Joy of Being Hijacked", *North American Review* 252, n.4 (inverno de 1971), p.2-4.

83 **a arma para disparar**: Ibid.

83 **seu nariz quebrado**: "$100 Million Hijacker Lured to Capture by Phony Cash", *Boston Globe*, 5 jun 1970.

83 **"Mas piorou tudo"**: "Hijacker's Discontent Is Traced to the Loss of His Job in 1963", *New York Times*, 5 jun 1970; "He attled the 'System'", *Windsor Star*, 5 jun 1970.

83 **seu último refém**: "Pictures on Board a Hijacked Plane", *Life*, 19 jun 1970, p.30-1.

84 **perguntas sobre seu projeto**: "Castro Looks at the First Boeing 747 to Be Hijacked", *Ludington Daily News*, 1º ago 1970.

84 **cúmplice a bordo**: "Plane Diverted to Cuba by Hijacker Who 'Fooled' Pilot", *Warsaw Times Union*, 25 ago 1970.

84 **chamá-lo de "crioulo"**: "Hijacker Sentenced", *Lawrence Daily Journal-World*, 25 out 1975.

84 **relações com o Pentágono**: "Nixon Jabs Congress", *St. Petersburg Times*, 12 set 1970.

84 **deslocado seus malares**: "'I Made the Ring from a Bullet and the Pin of a Hand Grenade'", *Guardian*, 26 jan 2001.

85 **restos enegrecidos dos aviões**: imagens de noticiário de sequestros em Dawson's Field, http://www.youtube.com/watch?v=AVIj_RF-lpo e http://www.youtube.com/watch?v=5de6fYWKDWU.

85 **por decreto**: "Plea on Hostages Is Made by Rogers", *New York Times*, 9 set 1970.

86 **"reunida e treinada"**: "The Nixon Announcement", *New York Times*, 12 set 1970.

86 **80 milhões de dólares por ano**: "Sky Marshals to Be Costly", *Gettysburg Times*, 16 set 1970.

86 **a quinze metros de distância**: "For Sky Marshals, No Mace or Chemicals, It's Just Shoot to Kill", *Tuscaloosa News*, 16 mai 1971.

86 **primeiro czar dos sequestros aéreos**: "Nixon Names Gen. Davis to Head Hijacking Fight", *New York Times*, 22 set 1970.

86 **sequestrador antes do embarque**: "Use of Armed U.S. Guards Expected as FAA Sets Up Task Force on Hijacking", *New York Times*, 10 set 1970.

87 **provavelmente não teriam**: *Skyjacking: Hearing Before the Committee on Finance, U.S. Senate, Ninety-First Congress, Second Session, on H.R. 19444* (Washington, D.C.: U.S. Government Printing Office, 1970), p.14-8.

87 **dirigir, em vez de voar**: Ibid., p.24-6.

87 **trabalho de lobby**: "Air Tax Proposal Shelved", *St. Joseph News-Press*, 12 dez 1970.

87 **benefício de clientes pagantes**: "Sky Marshall Program Falls Short of Expectations", *St. Petersburg Independent*, 21 jan 1972; "Sky Marshals Force May Be Trimmed", *Nashua Telegraph*, 17 jun 1971.

88 **sua raiva adolescente**: "Youth Blames Parents, School for Hijacking", *Windsor Star*, 9 mar, 1971.

88 **nas Bahamas**: "Hijacker Flies to Bahamas via Miami, New York", *Palm Beach Post-Times*, 29 mai 1971.

88 **trabalhando em um kibutz**: "Miner Seized in Hijacking", *Miami News*, 5 jun 1971.

88 **morte ou invalidez**: "Hijacked Victims Insurance", *Ocala Star-Banner*, 9 out 1970.

90 **interessava pela guerra**: o relato do sequestro de Gregory White se baseia principalmente em quatro fontes: "More Counts Planned in Skyjacking", *Lubbock Avalanche-Journal*, 14 jun 1971; "Jet Hijacker Held Here on $200,000 Bail", *New York Times*, 13 jun 1971; "Passenger Slain in Hijack Effort", *Star-News* (Wilmington), 13 jun 1971; e "U.S. Hijacker on Murder Charge", Sydney Morning Herald, 14 jun 1971.

91 **"não tenham uma passagem?"**: "Puzzling Problem", *Southeast Missourian*, 14 jun 1971.

92 **meia hora depois**: o relato do sequestro de Richard Obergfell é baseado principalmente em duas fontes: "Hijacker Killed by FBI Agent at Kennedy", *New York Times*, 24 jul 1971; e "Slain Hijacker Believed Trying to Fly to Girl", *Press-Courier* (Oxnard), 25 jul 1971.

92 **"e tripulantes de aeronaves"**: "Air Pirate Shot and Killed", *Spartanburg Herald-Journal*, 24 jul 1971.

94 **mas como um bobo**: o relato do sequestro de Paul Joseph Cini é baseado principalmente em quatro fontes: "Anatomy of a Skyjacker", *Gazette* (Montreal), 21 out 1978; "Pilot Kayos Hijacker with Fire Ax", *Telegraph-Herald* (Dubuque); "Convicted Hijacker Fighting One-Way Trip to Scotland", *Vancouver Sun*, 24 jun 1982; e "Canada Jet Crew Subdues Hijacker After 6 Hours", *New York Times*, 13 nov 1971.

94 **do rio Columbia**: os registros do FBI referentes ao caso D.B. Cooper estão arquivados em http://vault.fbi.gov/D-B-Cooper%20.

95 **plano minucioso**: a *Parachutist*, revista oficial da Associação de Paraquedismo dos Estados Unidos, fez uma série detalhada de três reportagens sobre o caso Cooper nas edições de mai-jul de 2010. A série está arquivada na internet em http://parachutistonline.com/category/tags/db-cooper.

95 **"o Sistema"**: "Skyjacker Made into Folk Hero", *Desert News* (Salt Lake City), 30 nov 1971.

95 **"perturbou algumas cabeças"**: "Song, T-Shirt Mark $200,000 Hijacking", *Press-Courier* (Oxnard), 7 jan 1972.

6. Operação Sísifo (p.96-114)

97 **bilhetes gratuitos a amigos**: Willie Roger Holder, entrevista ao autor, ago 2011.

97 **acomodações mais baratas**: Elizabeth Olson (antes Newhouse), entrevista ao autor, mai 2011.

97 **uma pilha alcalina**: *Guide to Selected Viet Cong Equipment and Explosive Devices* (Washington: Department of the Army, 1966), p.63.

97 **Marie e Seavenes**: Seavenes e Marie Holder, entrevistados pelo FBI, San Diego, 3 jun 1972 (Foia).

97 **tentando esquecer**: entrevista de Holder.

98 **relativamente banal**: o relato do sequestro de Allen Sims e Ida Robinson é baseado principalmente em três fontes: acordo não publicado em *Ida Patrice Robinson vs. Estados Unidos da América*, Tribunal de Recursos do Nono Circuito, 17 jun 1991; "Boy Turns In Mother in Hijacking", *Los Angeles Times*, 25 mar 1987; e "Negro Couple Skyjack West Coast Jet to Cuba", *Gazette* (Montreal), 8 jan 1972.

99 **dotados de transmissores de rádio**: "Skyjacker a Colorado Oddity", *Denver Post*, 21 jan 2001.

99 **"ajuda mental em vez disso?"**: "Ex-Paratrooper Is Held in Hijacking", *New York Times*, 22 jan 1972.

99 **de piloto substituto**: "Trapnell Guilty of Jet Hijacking", *New York Times*, 17 mai 1973.

99 **cirurgia cardíaca**: "Skyjacker Owed Much in Medical Bills", *Gazette* (Montreal), 28 jan 1972.

100 **"decolariam do meu portão"**: "Airlines Screen for Skyjackers", *Washington Post*, 8 fev 1972.

100 **não foram examinados**: "Screen Passengers, Airlines Ordered", *Milwaukee Journal*, 1º fev 1972.

100 **detectores de metal**: Research and Innovative Technology Administration, Bureau of Transportation Statistics, "Historical Air Traffic Statistics, Annual 1954-1980", http://www.bts.gov/programs/airline_information/air_carrier_traf-

fic_statistics/airtraffic/annual/1954_1980.html; "Funds Approved to Foil Hijackers", *Eugene Register-Guard*, 22 mai 1972.

100 **abandonavam por completo a revista**: "Airlines Screen for Skyjackers".

101 **identificação válida com foto**: "Still Holes in the Screening System", *New York Times*, 16 abr 1972.

101 **às 12h55**: "Bomb Found on Jet Here After $2 Million Demand", *New York Times*, 8 mar 1972.

102 **vasculhado o avião duas vezes**: "A Threat to the Entire Airline System", *New York Times*, 12 mar 1972.

102 **que normalmente tinham overbooking**: "Airline Threats Said Winding Down", *St. Petersburg Independent*, 11 mar 1972.

102 **"enfrentamos a pirataria no ar"**: "Nixon Vows Air Terrorism War", *Palm Beach Post* 10 mar 1972.

102 **deixar seus clientes morrer**: "U.S. Mobilizes Forces Against Air Terrorism", *Desert News* (Salt Lake City), 9 mar 1972; "President Orders Tighter Security by U.S. Airlines", *New York Times*, 10 mar 1972.

103 **planos de bombas e sequestros aéreos**: "Airlines Offering $250,000 Reward", *Lawrence Daily Journal-World*, 17 mar 1972.

103 **lavatório desocupado**: Elizabeth Rich, *Flying Scared* (Nova York: Stein and Day, 1972), p.161-2.

103 **"ele não faria isso"**: "Airplane Hijackers, Why Do They Do It", *Afro-American* (Washington, D.C.), 4 fev 1969.

103 **"480 vezes por dia"**: William D. Davidson e Louise Fitzsimmons, "The Power of the Powerless", *Los Angeles Times*, 28 mai 1972. O artigo foi republicado do *Washington Post*.

104 **"cair e ser destruídos"**: David G. Hubbard, *The Skyjacker: His Flights of Fantasy* (Nova York: Collier Books, 1973), p.31-7.

104 **"ato sexualmente agressivo de suas vidas"**: "Psychiatrist Makes Study of Hijackers", *Ocala Star-Banner*, 13 ago 1970.

104 **"psicologia do sequestrador"**: "Perilous War on the Skyjacker", *Life*, 11 ago 1972.

105 **conceito de voar com masculinidade**: Hubbard, *Skyjacker*, p.226-1, 273-8.

105 **seu equilíbrio ruim**: Rich, *Flying Scared*, p.68-9.

105 **cortando pela raiz**: A. J. Riopelle et al., "Vestibular Disorder and Space Utilization by Monkeys", *Orthomolecular Psychiatry* 9, n.3 (outono de 1980), p.188-93.

105 **sequestradores sexualmente imaturos**: David H. Brown com John T. Dailey, *Nine/Eleven: Could the Federal Aviation Administration Alone Have Deterred the Terrorist Skyjackers?* (AuthorHouse, 2004), p.27.

105 **"desgraçados fora dos aviões"**: "Perilous War on the Skyjacker".

106 **controladores de tráfego aéreo**: "Psychiatrist-Expert Says Media Fosters Hijackings", *St. Petersburg Times*, 31 jan 1972.

106 **"sequestrador que há em todos nós"**: Rich, *Flying Scared*, p.79.

107 **falar com o piloto**: David Shaw, "The Americanization of Ricardo Chavez-Ortiz", *Oui*, dez 1972.
108 **inspirar imitadores**: "Skyjacker: The Richard McCoy Jr. Story", *Parachutist*, mar 2011; "FBI Recovers $499,970", *New York Times*, 11 abr 1972.
109 **seu rosto cansado**: Shaw, "Americanization of Ricardo Chavez-Ortiz".
110 **colchão de água e pouco mais**: "Hijackers Traced to San Diego Area", *New York Times*, 5 jun 1972.
110 **procurar trabalho**: Bruce Kerkow, entrevistado pelo FBI, Seattle, 7 jun 1972.
110 **alinhadas a favor dos dois**: entrevista de Holder.
110 **"povo da Indochina"**: "War Foe Arrives in Havana", *Pittsburgh Press*, 6 mai 1972.
110 **rebeldes marxistas**: "A-B-E Hijacker Who Parachuted into Jungle Is Free from Prison", *Sunday Call-Chronicle* (Allentown), 30 jun 1985; "Hijack Ransom Missing", *Boca Raton News*, 6 jun 1972.
111 **rocha colina acima**: entrevista de Holder.
111 **"mentes impressionáveis"**: "*Skyjacked* Ad Held Up", *Washington Post*, 20 mai 1972.
111 **a bordo de um jato sequestrado**: "*Skyjacked* Continues Fast Box-Office Pace in Nation", Afro-American (Baltimore), 29 jul 1972.
112 **disfarçasse de oficial**: [Nome eliminado], passageiro do Voo 701 da Western Airlines, entrevistado pelo FBI, Queens, 3 jun 1972 (Foia).
113 **"o que eu visto para um sequestro?"**: entrevista de Holder; Seavenes e Marie Holder, entrevistados pelo FBI.
113 **ouviu um não frio**: entrevista de Olson.
113 **Los Angeles para o Havaí**: [Nome eliminado], agente de passagens da United Airlines, entrevistado pelo FBI, San Diego, 5 jun 1972 (Foia).
114 **esgueirasse pelas saídas**: Roger Holder, *Eli and the 13th Confession* (memórias não publicadas), p.146, acervo pessoal de Joy Holder.
114 **morto por uma armadilha**: entrevista de Holder; Diane Edrington, entrevistada pelo FBI, São Francisco, 2 jun 1971 (Foia).
114 **já no dia seguinte**: [Nome eliminado], gerente de estação da United Airlines, entrevistado pelo FBI, San Diego, 14 jun 1972 (Foia).
114 **na manhã seguinte**: Seavenes e Marie Holder, entrevistados pelo FBI.
114 **biquíni azul Beachmates**: [Nome eliminado], supervisor de bagagens da United Airlines, entrevistado pelo FBI, Honolulu, 4 jun 1972 (Foia).

7. "Há *weathermen* entre vocês" (p.115-34)

115 **menos de três horas**: Roger Holder, *Eli and the 13th Confession*, p.57, acervo pessoal de Joy Holder.
116 **seus pertences**: [Nome eliminado], supervisor de serviços aos passageiros da United Airlines, entrevistado pelo FBI, Los Angeles, 4 jun 1972 (Foia).

116 **no que fazer a seguir**: Holder, *Eli and the 13th Confession*. Baseado na sequência dos acontecimentos no livro, essa página provavelmente deveria ter o número 94.

117 **naquele mesmo dia**: "Angela Davis' Trial Nears Jury", *Rome News-Tribune*, 2 jun 1972.

117 **para revista adicional**: [Nome eliminado], agente de passagens da Western Airlines, entrevistado pelo FBI, Los Angeles, 2 jun 1972 (Foia).

117 **suas diferenças raciais**: Holder, *Eli and the 13th Confession*, p.95.

117 **Sísifo começava**: Regina Cutcher (depois Youngren), entrevistada pelo FBI, Aeroporto Internacional de São Francisco, 2 jun 1972 (Foia).

118 **sem chamar atenção indesejada**: Holder, *Eli and the 13th Confession*, p.131.

118 **"Não estragou nada"**: Regina Cutcher (depois Youngren), declaração por escrito ao FBI, 2 jun 1972, acervo pessoal de William Newell.

118 **desviar do plano**: Willie Roger Holder, entrevista ao autor, ago 2011.

118 **manobras evasivas**: [Nome eliminado], de Bellevue, passageiro do Voo 701 da Western Airlines, entrevistado pelo FBI, Aeroporto Internacional John F. Kennedy, 3 jun 1972 (Foia).

119 **recepcionista de um consultório médico**: entrevista do FBI com [nome eliminado], de North Hollywood, passageiro do Voo 701 da Western Airlines, Aeroporto Internacional John F. Kennedy, 3 jun 1972 (Foia).

119 **se saiu bastante bem**: [Nome eliminado] de [cidade eliminada], passageiro do Voo 701 da Western Airlines, entrevistado pelo FBI, Aeroporto Internacional John F. Kennedy, 3 jun 1972 (Foia).

119 **seus pensamentos voavam**: [Nome eliminado], de Bellevue, entrevistado pelo FBI.

119 **bala de um assassino**: Divisão de Identificação do FBI, Seção de Digitais Latentes, relatório ao agente especial encarregado, Nova York, 9 jun 1972 (Foia).

119 **traseira do avião**: [Nome eliminado], de Bellevue, entrevistado pelo FBI.

120 **"Leia isto"**: Regina Cutcher, declaração por escrito.

120 **havia alguns anos**: Carlyn Juergens, entrevista ao autor, mai 2010.

120 **escolheriam o Boeing 727**: Thomas Crawford, entrevista ao autor, out 2010.

120 **"precisa ler isto!"**: Donna Jones, declaração por escrito ao FBI, 2 jun 1972, acervo pessoal de William Newell.

121 **mãos nuas, se necessário**: entrevista de Crawford.

121 **121,5 megahertz**: *Western Airlines Flight Operations Manual*, seções 7-16D a 7-19. Um agradecimento especial ao ex-capitão da Western Airlines Louis DeWitt por partilhar o material.

121 **"alguém para pegar minha bagagem?"**: Edward Richardson, entrevista ao autor, jun 2010.

122 **faculdade de enfermagem**: Regina Youngren (antes Cutcher), entrevista ao autor, jun 2010.

122 **destruir o avião**: declaração de Cutcher.

122 **"Paz"**: [Nome eliminado], de [cidade eliminada], passageiro de dezenove anos do Voo 701 da Western Airlines, entrevistado pelo FBI, São Francisco, 2 jun 1972 (Foia).

122 **"Sou divorciado"**: entrevista de Crawford.
123 **"oito peças de C-4"**: comunicações entre o Voo 701 da Western Airlines e o Controle da Western, transcrição, acervo pessoal de William Newell. Esta transcrição, que consiste de fragmentos cortados grampeados em papel quadriculado amarelo, foi dada a Newell por Norman Rose, diretor de controle de voo da Western na época do sequestro.
123 **"Jerry Juergens"**: Thomas Crawford, entrevistado pelo FBI, Aeroporto Internacional de São Francisco, 3 jun 1972 (Foia).
123 **escorria pela testa**: entrevista de Crawford.
123 **"estão sentados agora"**: Crawford, entrevistado pelo FBI; entrevista de Richardson.
124 **morriam todos**: entrevista de Richardson.
124 **"Entendido"**: comunicações do Voo 701 da Western Airlines, transcrição.
125 **"encontrar meio milhão"**: entrevista de Crawford.
125 **"Queremos cinco paraquedas"**: Norman Rose, diretor de controle de voo da Western Airlines, bilhete manuscrito, 2 jun 1972, acervo pessoal de William Newell.
125 **"detalhes quando os tiver"**: Ronald Dellinger, entrevista ao autor, ago 2010.
125 **rosários de contas nos bolsos**: Ibid.
125 **logo desmaiou**: Donna Jones, entrevista ao autor, jun 2010.
126 **"alguém saia da linha"**: entrevista de Dellinger; entrevista de Crawford; Steven Leatherwood, entrevistado pelo FBI, Aeroporto Internacional de São Francisco, 2 jun 1972 (Foia).
126 **"Não faça nenhuma gracinha"**: Donna Jones, declaração por escrito.
126 **"Coloque em movimento agora"**: [Nome eliminado], gerente de vendas de filial da Varian Data Machines, entrevistado pelo FBI, Aeroporto Internacional de São Francisco, 2 jun 1972 (Foia).
126 **como bonecas de pano**: entrevista de Dellinger.
127 **"conseguir o que querem"**: entrevista de Crawford.
127 **descobrir o quadro dela?**: declaração de Jones.
127 **"Não é possível fazer isso"**: entrevista de Crawford.
128 **"Quero outro avião"**: Ibid.
128 **"mais instruções e informações"**: comunicações do Voo 701 da Western Airlines, transcrição.
129 **"nome da justiça americana"**: "Angela Davis Case Goes to Jury Today", *Bryan Times*, 2 jun 1972.
129 **finalmente começado**: "Jurors Weigh Davis Case", *Milwaukee Journal*, 3 jun 1972.
129 **vê-la imediatamente**: "Hijackers Demand Cash, Release of Angela Davis", *St. Petersburg Times*, 3 jun 1972.
129 **levá-la embora**: "U.S. Kidnap Plan Said Foiled", *Gazette* (Montreal), 14 nov 1970.
130 **a expressão abalada**: "Angela's Case Is in Jury's Hands", *Spartanburg Herald-Journal*, 3 jun 1972.
130 **nem mesmo pelo telefone**: "Kathleen Cleaver and Angela Davis: Rekindling the Flame", *Essence*, mai 1996.

130 **"liberdade de Angela Y. Davis"**: "Hijackers Demand Cash, Release of Angela Davis".
130 **uma operação militar**: entrevista de Dellinger.
131 **recusar uma taça**: Cutcher, entrevistada pelo FBI.
131 **escolhido para ser assassinado**: entrevista de Jones.
131 **pastilhas de Alka-Seltzer**: [Nome eliminado], guarda-marinha servindo a bordo do USS *Lynde McCormack*, entrevistado pelo FBI, São Francisco, 2 jun 1972 (Foia); [nome eliminado], de Bellevue, passageiro do Voo 701 da Western Airlines, observações manuscritas, 2 jun 1972 (Foia).
132 **"revisados o mais rápido possível"**: Willie Roger Holder, bilhete manuscrito, 2 jun 1972 (Foia).
132 **considerar a informação útil**: Cutcher, entrevistada pelo FBI; declaração de Cutcher.
132 **"me deixa lógico"**: Holder, *Eli and the 13th Confession*, p.131; Donald Thompson, entrevistado pelo FBI, Queens, 4 jun 1972 (Foia).
133 **pelos alto-falantes**: Cutcher, entrevistada pelo FBI.
133 **"Entendido, aguarde"**: comunicações do Voo 701 da Western Airlines, transcrição.
133 **falta de paraquedas**: entrevista de Crawford.
133 **"dois minutos"**: comunicações do Voo 701 da Western Airlines, transcrição.
133 **"ela foi inocentada hoje"**: entrevista de Crawford.
134 **havia feito por ela?**: entrevista de Holder.
134 **"Entendido"**: comunicações do Voo 701 da Western Airlines, transcrição.

8. "Vocês não conseguem um helicóptero?" (p.135-44)

135 **pendurada acima de sua escrivaninha**: Thomas Crawford, entrevista ao autor, out 2010.
135 **cabelos de sua jovem noiva**: William Newell, entrevista ao autor, set 2010.
135 **no subúrbio de San Mateo**: Ibid.
136 **quarto andar do terminal principal**: FBI, "Critique of Hijack of Western Airlines 727, Jun. 2, 1972", 9 jun 1972 (Foia).
136 **itens em uma mesa dobrável**: Ibid., entrevista de Newell.
136 **se recusara a revelar**: "Hijack Ransom Missing", *Boca Raton News*, 6 jun 1972.
136 **atender aos sequestradores**: FBI, "Willie Roger Holder, aka; Catherine Kerkow; Crime Aboard Aircraft – Air Piracy; Kidnapping", São Francisco, 5 jun 1972 (Foia).
136 **pelo menos mais duas horas**: [Nome eliminado], vice-presidente do Escritório de Serviços Centralizados, Bank of America, entrevistado pelo FBI, São Francisco, 2 jun 1972 (Foia).
137 **dar alguns telefonemas**: entrevista de Newell.
137 **entre Honolulu e Hanói**: Airliners.net, seção de dados, informação sobre autonomia de aeronaves.

138 **para seu copiloto**: Jan Thompson, entrevista ao autor, set 2010.

138 **seria seu engenheiro de voo**: "Pilot Opposes Force Against Hijackers", *San Diego Evening Tribune*, 19 jun 1972.

138 **"fazer uma viagem"**: Donald Thompson, entrevistado pelo FBI, Queens, 4 jun 1972 (Foia).

138 **"em dois minutos"**: comunicações entre o Voo 701 da Western Airlines e o comando da Western, transcrição, acervo pessoal de William Newell.

139 **"diz respeito a este país"**: Ibid.

139 **sinais de sequestro**: Edward Richardson, entrevista ao autor, jun 2010.

139 **tivessem sido entregues**: Jerome Juergens, entrevistado pelo FBI, Millbrae, 2 jun 1972 (Foia).

139 **permitir uma emboscada do FBI**: Regina Youngren (antes Cutcher), entrevista ao autor, jun 2010.

140 **a bordo de um voo lotado**: entrevista de Newell.

141 **"São profissionais"**: comunicações do Voo 701 da Western Airlines, transcrição.

141 **bomba em meio a eles**: Ronald Dellinger, entrevista ao autor, ago 2010; Donna Jones, entrevistada pelo FBI, Aeroporto Internacional de São Francisco, 2 jun 1972 (Foia).

141 **às 20h05**: comunicações do Voo 701 da Western Airlines, transcrição.

141 **necessitava tão desesperadamente**: Regina Cutcher (depois Youngren), declaração por escrito ao FBI, 2 jun 1972, acervo pessoal de William Newell.

142 **livres para partir**: comunicações do Voo 701 da Western Airlines, transcrição.

142 **"Direito"**: entrevista de Crawford.

142 **mais de doze quilos**: [Nome eliminado], vice-presidente do Escritório de Serviços Centralizados, Bank of America, entrevistado pelo FBI. O peso estimado é baseado no fato de que cada nota, independentemente do valor, pesa aproximadamente um grama.

143 **uma zona de guerra**: Glenna MacAlpine, entrevistada pelo FBI no Aeroporto Internacional JFK, 3 jun 1972 (Foia).

144 **usar de violência**: FBI, "Willie Roger Holder, aka; Catherine Kerkow; Crime Aboard Aircraft – Air Piracy; Kidnapping"; entrevista de Newell.

144 **a caminho de São Francisco**: FBI, "Critique of Hijack of Western Airlines 727, Jun. 2, 1972".

9. "É tudo mentira" (p.145-51)

145 **para pousar em segurança**: Ronald Dellinger, entrevista ao autor, ago 2010.

145 **chegava de Las Vegas**: Ibid.

145 **como havia determinado**: comunicações entre o Voo 701 da Western Airlines e o controle da Western, transcrição, acervo pessoal de William Newell.

145 **Holder concordou**: Donna Jones, declaração por escrito ao FBI, 2 jun 1972, acervo pessoal de William Newell.
146 **a atenção do avião todo**: Thomas Crawford, entrevista ao autor, out 2010.
146 **três quartos do resgate**: "D.B. Cooper Case Inspired Copycat Hijackings in Reno", *Reno Gazette-Journal*, 22 nov 2011.
146 **fazer a troca**: comunicações do Voo 701 da Western Airlines, transcrição; FBI, "Willie Roger Holder, aka; Catherine Kerkow; Crime Aboard Aircraft – Air Piracy; Kidnapping", São Francisco, 5 jun 1972 (Foia).
147 **"está quase acabando"**: entrevista de Crawford.
147 **"Entendido"**: comunicações do Voo 701 da Western Airlines, transcrição.
147 **com dois colegas**: FBI, "Willie Roger Holder, aka; Catherine Kerkow; Crime Aboard Aircraft – Air Piracy; Kidnapping".
147 **pista 19R imediatamente**: comunicações do Voo 701 da Western Airlines, transcrição.
147 **em risco as vidas dos seus passageiros**: William Newell, entrevista ao autor, set 2010.
148 **"Não acabou"**: Donna Jones, entrevista ao autor, jun 2010.
148 **estavam prestes a partir**: entrevista de Dellinger.
148 **as mãos nas cabeças**: entrevista de Newell.
148 **ordens de Holder**: entrevista de Crawford.
149 **"Caminhem rápido"**: Regina Cutcher (depois Youngren), declaração por escrito ao FBI, 2 jun 1972, acervo pessoal de William Newell.
149 **sorriso simpático**: Regina Youngren (antes Cutcher), entrevista ao autor, jun 2010.
149 **impulso de ser uma heroína**: entrevista de Jones.
149 **até o asfalto**: declaração de Cutcher.
149 ***Apenas siga***: Willie Roger Holder, entrevista ao autor, ago 2011.
150 **um colega piloto militar**: FBI, "Willie Roger Holder, aka; Catherine Kerkow; Crime Aboard Aircraft – Air Piracy; Kidnapping".
150 **de volta ao 727**: declaração de Cutcher.
150 **em cima da asa esquerda**: [Nome eliminado], de Phoenix, passageiro do Voo 701 da Western Airlines, entrevistado pelo FBI, Queens, 3 jun 1972 (Foia).
150 **estava livre para partir**: entrevista de Crawford.
150 **"Acabou"**: declaração de Cutcher.
151 **plano majestoso do universo**: Richard Luker, entrevistado pelo FBI, Queens, 4 jun 1972 (Foia).
151 **"Eu avisarei"**: William Newell, entrevistado pelo FBI, Aeroporto Internacional JFK, 4 jun 1972 (Foia).
151 **com tiros de canhão**: Roger Holder, *Eli and the 13th Confession* (memórias não publicadas), p.59, acervo pessoal de Joy Holder.
151 **"Argel"**: entrevista de Newell.

10. A escolha (p.152-66)

152 **capital da Argélia**: William Newell, entrevista ao autor, set 2010.
152 **viagens transatlânticas**: Ibid.
152 **qualquer indício de logro**: Richard Luker, entrevistado pelo FBI, Queens, 4 jun 1972 (Foia).
153 **ainda os esperavam para jantar**: comunicações da cabine do Voo 364 da Western Airlines, gravação de áudio, acervo pessoal de Jan Thompson.
153 **mais interferências do FBI**: FBI, "Willie Roger Holder, aka; Catherine Kerkow; Crime Aboard Aircraft – Air Piracy; Kidnapping", São Francisco, 5 jun 1972 (Foia).
153 **terminar em solo americano**: Ronald Dellinger, entrevista ao autor, ago 2010.
154 **até o sono derrotá-la**: [Nome eliminado], de Phoenix, passageiro do Voo 701 da Western Airlines, entrevistado pelo FBI, Queens, 3 jun 1972 (Foia).
155 **Holder agia sozinho**: Luker, entrevistado pelo FBI.
155 **sentar ali sozinho**: Ibid.
155 **na vegetação**: "D.B. Cooper Case Inspired Copycat Hijackings in Reno", *Reno Gazette-Journal*, 22 nov 2011.
156 **ouvidos pelo FBI**: Regina Youngren (antes Cutcher), entrevista ao autor, jun 2010.
156 **chamado Willie Roger Holder**: [Nome eliminado], passageiro do Voo 701 da Western Airlines, observações manuscritas, 2 jun 1972 (Foia).
156 **uniforme de gala do Exército**: várias das entrevistas do FBI que obtive tinham apenas um ou dois parágrafos, nos quais o agente observava que o entrevistado estava embriagado ou não testemunhara nada importante.
156 **como quatro radicais negros**: "Four Hijack Jet in West", *Bangor Daily News*, 2 jun 1972.
156 **"vocabulário de um garoto de cinco anos"**: "Hijacker of Seattle Plane Is Algiers Bound in Another Jet", *Seattle Times*, 3 jun 1972.
157 **de braços abertos**: entrevista de Newell.
157 **evitar o treinamento básico**: Carol Nizzi, entrevista ao autor, out 2010.
157 **à sua ideia de Argel**: William Newell, entrevistado pelo FBI no Aeroporto Internacional JFK, 4 jun 1972 (Foia).
157 **"querem que eu faça"**: Luker, entrevistado pelo FBI.
157 **em vez de Nova York**: Newell, entrevistado pelo FBI.
157 **"os avisarei"**: entrevista de Dellinger.
158 **o céu negro**: [Nome eliminado], de Phoenix, entrevistado pelo FBI.
158 **Brown concordou imediatamente**: Newell, entrevistado pelo FBI.
158 **matara Richard Obergfell**: Luker, entrevistado pelo FBI.
159 **"Vamos lá!"**: comunicação entre o Voo 364 da Western Airlines e a torre de controle do JFK, 3 jun 1972, transcrição, acervo pessoal de William Newell.
159 **equipamento para a operação**: FBI, memorando sobre contatos entre agentes e o capitão William Newell, Aeroporto Internacional JFK, 6 jun 1972 (Foia).
159 **inutilmente**: Luker, entrevistado pelo FBI.

160 **"está entendendo?"**: comunicações entre o Voo 364 da Western Airlines e a torre de controle do JFK, transcrição.
160 **o agente do FBI disfarçado**: FBI, memorando sobre contatos entre agentes e o capitão Newell.
160 **ordens não fossem obedecidas**: Luker, entrevistado pelo FBI.
160 **saída de trás ainda estava fechada**: [Nome eliminado], passageiro do Voo 701/364 da Western Airlines, entrevistado pelo FBI, Downey, 6 jun 1972 (Foia).
161 **fizera sua escolha**: entrevista de Dellinger; Glenna MacAlpine, entrevistada pelo FBI, Aeroporto Internacional JFK, 3 jun 1972 (Foia).
162 **libertar trinta reféns**: entrevista de Newell.
162 **capitão do Voo 364**: FBI, memorando sobre contatos entre agentes e o capitão Newell.
162 **direção de Jones Beach**: comunicações entre o Voo 364 da Western Airlines e a torre de controle do JFK, transcrição.
162 **"duas bombas armadas a bordo"**: Luker, entrevistado pelo FBI.
163 **preocupar com o frio**: Willie Roger Holder, entrevista ao autor, ago 2010; Willie Roger Holder, *Eli and the 13th Confession* (memórias não publicadas), p.171, acervo pessoal de Joy Holder.
163 **não haviam notado**: entrevista de Newell; Luker, entrevistado pelo FBI.
163 **avaliava o corpo de Kerkow**: Richard Banks, entrevista ao autor, jun 2010.
163 **uma latinha de Coca-Cola**: Holder, *Eli and the 13th Confession*, p.151.
163 **"ligá-lo"**: Richard Wood, entrevista ao autor, jul 2010.
163 **destino menos perigoso que Argel**: entrevista de Newell.
164 **"ir para Genebra?"**: Ibid.
164 **"me dariam anistia?"**: Luker, entrevistado pelo FBI.
164 **cada movimento do Voo 364**: o KC-135 é mencionado duas vezes na pasta de documentos que o diretor de controle de voo da Western Airlines Norman Rose deu a William Newell: uma na transcrição de uma comunicação entre o controle da Western em Los Angeles e alguém não identificado, e outra em um bilhete manuscrito evidentemente feito por um integrante da equipe de operações de voo da TWA. Newell não foi informado da aeronave que o seguia até retornar aos Estados Unidos.
165 **Cuba dos Alpes**: entrevista de Newell; bilhete manuscrito de funcionário não identificado da Western Airlines, acervo pessoal de William Newell.
165 **imediatamente para o Aeroporto**: do legado do FBI em Madri ao diretor em exercício do FBI, 7 jun 1972 (Foia).
166 **estragar a Operação Sísifo**: entrevista de Newell.
166 **"Eu quero Eldridge Cleaver"**: Ibid.; Luker, entrevistado pelo FBI.

11. "Vamos ser amigos" (p.167-76)

167 **na primeira votação**: "Cleaver of Black Panthers Is Nominee of Leftists", *New York Times*, 19 ago 1968.

167 **conquistasse a presidência**: Lee Lockwood, *Conversation with Eldridge Cleaver* (Nova York: Dell, 1970), p.117.

167 **"dom natural da linguagem"**: David Evanier, "Painting Black Cardboard Figures", New Leader 51, n.7 (mar 1968), p.23-4.

167 **"formidável mente analítica"**: Julian Mayfield, "The New Mainstream", *Nation*, 13 mai 1968.

168 **algo saído de *Rei Lear***: Eldridge Cleaver, *Soul on Fire* (Waco: Word Books, 1978), p.93-8.

168 **"Falo demais"**: Lockwood, *Conversation with Cleaver*, p.129.

168 **um dia na prisão**: Kathleen Neal Cleaver e Susie Linfield, "The Education of Kathleen Neal Cleaver", *Transition* 77 (1998), p.187-8.

168 **dos votos na eleição**: "1968 Presidential General Election Results", *Dave Leip's Atlas of U.S. Presidential Elections*, http://uselectionatlas.org.

168 **do Ministério do Interior**: Cleaver, *Soul on Fire*, p.142-3.

169 **pela matéria da Reuters**: Henry Louis Gates, "Cuban Experience: Eldridge Cleaver on Ice", *Transition* 49 (1975), p.32-44.

169 **apelido preferido para os Estados Unidos**: Lockwood, *Conversation with Cleaver*, p.54, 67.

169 **estipêndio mensal de quinhentos dólares**: Taki Theodoracopulos, "Visiting with Eldridge Cleaver in the Casbah", *National Review*, 21 jul 1972, p.793.

170 **fã do trabalho de Cleaver**: Cleaver, *Soul on Fire*, p.143-4.

170 **"sob seus jipes"**: "Radio Hanoi Broadcasts Seale Talk", *Reading Eagle*, 9 set 1970.

170 **entre estados**: "Former Black Panther Patches Together Purpose in Exile", *Los Angeles Times*, 29 jan 2012.

170 **um informante da polícia**: "D. L. Cox, a Leader of Radicals During 1960s, Dies at 74", *New York Times*, 13 mar 2011.

170 **refúgio na Suíça**: conversa telefônica entre Eldridge Cleaver e a rádio KFRC, 2 fev 1971, transcrição, Eldridge Cleaver Papers, Bancroft Library, Universidade da Califórnia em Berkeley.

171 **"negro ao sol"**: Cleaver, *Soul on Fire*, p.149.

171 **"comando genial"**: Eldridge Cleaver, "Revolutionary New Year's Greetings to the 40 Million Heroic Korean People", s.d., Eldridge Cleaver Papers, Bancroft Library, Universidade da Califórnia em Berkeley.

171 **coletânea em inglês dos discursos de Kim**: Kim Il-sung, *Juche! The Speeches and Writings of Kim Il-sung* (Nova York: Grossman, 1972).

171 **"imaginar o quanto isso custa"**: "The Exiles: Stokely Eased the Way to Kathleen Cleaver", *Afro-American* (Baltimore), 20 mai 1972.

171 **levados de Marselha**: Cleaver, *Soul on Fire*, p.152-3.

171 **na liderança do partido**: Senado dos EUA, Comitê Selecionado para Estudar Operações Governamentais Relacionadas a Atividades de Informações, *The FBI's Covert Action Program to Destroy the Black Panther Party*, 23 abr 1976.

172 **meio milhão de dólares**: Eldridge Cleaver para Michael Cetewayo Tabor, 24 set 1972, Eldridge Cleaver Papers, Bancroft Library, Universidade da Califórnia em Berkeley.

172 **encaminhando-o para Argel**: Richard Luker, entrevistado pelo FBI, Queens, 4 jun 1972 (Foia).
172 **"posso ser livre"**: "Pilot Says Hijacker Spoke of Freedom", *Milwaukee Journal*, 5 jun 1972.
172 **"minha própria companhia aérea um dia"**: Luker, entrevistado pelo FBI.
172 **todos cheios de soldados**: Ibid.
172 **intérprete ao seu lado**: Willie Roger Holder, entrevista ao autor, ago 2011.
172 **cabine de passageiros**: Luker, entrevistado pelo FBI.
173 **aceitaria nada menos**: Willie Roger Holder, *Eli and the 13th Confession* (memórias não publicadas), p.176, acervo pessoal de Joy Holder.
173 **como um escravo fugido**: Ibid.
173 **no fio de cobre**: entrevista de Holder.
173 **busca de outras bombas**: William Newell, entrevista ao autor, set 2010.
173 **excelente serviço da tripulação**: Luker, entrevistado pelo FBI.
173 **retornasse do Senegal**: entrevista de Holder.
174 **assassino preferido de Boumédiène**: Robert Irwin, *Memoirs of a Dervish: Sufis, Mystics, and the Sixties* (Nova York: Profile Books, 2011), cap.3.
174 **um dos ajudantes de Hidjeb**: Cleaver a Tabor.
174 **namorada branca hippie**: Ibid.
175 **"onde está o pão?"**: Ibid.
175 **começara mal**: entrevista de Holder.
175 **número do seu telefone**: Cleaver a Tabor.
175 **"Absolutamente nada"**: "Algiers Hijackers Arrive", Associated Press Television, 3 jun 1972, http://www.aparchive.com.
175 **caixa vazia de lâminas de barbear**: "Hijacker Directs Jetliner to Algeria", *Prescott Courier*, 4 jun 1972; Holder, *Eli and the 13th Confession*, p.171.
176 **primeira desde Nova York**: "Algeria Hijackers Arrive".
176 **do país imediatamente**: entrevista de Newell.
176 **a Guerra de Independência**: entrevista de Holder.
176 **demasiadamente estressantes**: Holder, *Eli and the 13th Confession*. As duas páginas que contam o episódio do cassino do Hotel Aletti são marcadas "+4".
176 **cortinas de renda do quarto**: Ibid.; entrevista de Holder.

12. "Minha única bomba é meu coração humano" (p.177-94)

178 **cadeia por décadas**: Elizabeth Olson (antes Newhouse), entrevista ao autor, mai 2011.
178 **cabelos da sequestradora como louros**: "Skyjack Suspect an All-American Girl", *Oregonian* (Portland), 6 jun 1972.
179 **"algo assim"**: "Hijackers in Algiers with \$500,000 Ransom", *World* (Coos Bay), 5 jun 1972.

179 **"há três anos"**: "Coos Bay Residents Stunned by Girl's Role in Hijacking", *Oregonian* (Portland), 7 jun 1972.

179 **prazeres da maconha**: "Miss Kerkow Recalled as 'Hippie Type'", *Bulletin* (Bend), 8 jun 1972.

179 **"querer estar alerta"**: "Coos Girl's Hijack 'Unbelievable'", *Oregon Journal*, 6 jun 1972.

179 **"o bastante para ser sequestradora"**: "Coos Bay Residents Stunned by Girl's Role in Hijacking".

179 **"nosso filho maluco faria"**: Rosemarie Wilson, entrevista ao autor, abr 2012.

179 **motivações políticas dos sequestradores**: Seavenes e Marie Holder, entrevistados pelo FBI, San Diego, 3 jun 1972 (Foia).

180 **se conheceria Holder do Vietnã**: "D.B. Cooper Case Inspired Copycat Hijackings in Reno", *Reno Gazette-Journal*, 22 nov 2011. A informação referente à unidade de Heady no Vietnã vem de um post em fórum da internet que ele colocou em fevereiro de 2009. Desde então o post foi apagado.

180 **sequestro do Voo 701**: "Angela Davis Acquitted", *Desert News* (Salt Lake City), 5 jun 1972.

181 **teria uma audiência privada**: Willie Roger Holder, entrevista ao autor, ago 2010.

181 **a linha do quarto estava muda**: Eldridge Cleaver a Michael Cetewayo Tabor, 24 set 1972, Eldridge Cleaver Papers, Bancroft Library, Universidade da Califórnia em Berkeley.

181 **precisava ser "processado"**: Ibid.

181 **"sionismo ou o imperialismo americano"**: "Cash Hijacked for Causes", *Oregon Journal*, 9 jun 1972.

181 **e sua esposa exuberante**: Kathleen Cleaver e Canadian Broadcasting Company, contrato de aceitação, 14 abr 1969, Eldridge Cleaver Papers, Bancroft Library, Universidade da Califórnia em Berkeley.

181 **"bilhões do povo"**: "Hijacks Hailed by Panthers", *Spokane Daily Chronicle*, 14 jun 1972.

182 **com base em uma única olhada**: entrevista de Holder. Minha descrição do palácio presidencial argelino, popularmente conhecido como El Mouradia, foi ajudada por fotografias encontradas na internet em http://www.skyscrapercity.com/showthread.php?t=1181085.

182 **"querer ver seus olhos"**: William Newell, entrevista ao autor, set 2010.

182 **"verdadeiramente livre"**: "Jet Crew Hijacked to Algiers Flies to L.A.", *Los Angeles Times*, 5 jun 1972.

183 **evitar ferir passageiros**: "U.S. Bids Airlines Stiffen Resistance to Hijackers", *New York Times*, 8 jun 1972.

184 **país do norte da África:** "Pilots' Union Plans Boycott of Nations That Provide Sanctuary for Hijackers", *New York Times*, 7 jun 1972.

184 **aos Estados Unidos para serem processados**: "U.S. Bids Airlines Stiffen Resistance to Hijackers".

184 **por causa de Holder e Kerkow**: "Pilots Call Strike in Hijack Protest", *Los Angeles Times*, 17 jun 1972.

184 "precisamos fazer algo": "Pilots Halt Flights Abroad, but Strike Falters in U.S.", *New York Times*, 20 jun 1972.

185 quanto inicialmente se temia: "International Flights Severely Hampered by Pilots' Strike to Protest Skyjacking", *Wall Street Journal*, 20 jun 1972.

185 "esforços internacionais de cooperação": Ibid.

185 "100% a favor da maternidade": "U.N. Must Toughen Stand on Hijacking", *Desert News* (Salt Lake City), 22 jun 1972.

185 a corda do paraquedas: "Sky Piracy Episode Smacks of Danger, Futility", *Chicago Tribune*, 2 jul 1972.

185-6 frouxas demais pelo sindicato: "Pilots' Group May Boycott Airports", *Los Angeles Times*, 2 jul 1972.

186 direito americano fundamental: "Airline Pilots Set to Strike", *Spartanburg Herald*, 19 jul 1972.

186 perder de vista os americanos: entrevista de Holder.

186 pelos dois jovens americanos: Cleaver a Tabor.

187 "Estudantes da Revolução": entrevista de Holder.

187 pelo governo argelino: Cleaver a Tabor.

187 nas ondas suaves: entrevista de Holder.

187 e sua esposa americana: Jean-Michel Caroit, entrevista ao autor, jul 2012.

187 o dinheiro sumira: Cleaver a Tabor.

187 gás natural para os Estados Unidos: entrevista de Holder; "Curbs Rescinded in Gas-Import Bid", *New York Times*, 5 out 1972.

187 não devia reclamar: legado do FBI em Paris ao diretor em exercício do FBI, 14 jul 1972 (Foia).

188 estátua bizarra em Coos Bay: Ibid.

188 era deles por direito: Cleaver a Tabor.

188 revolucionária malvada: "Coos Bay Woman Would Sell Hijack Story", *Eugene Register-Guard*, 21 jul 1972.

188 Panteras Negras a atirar: entrevista de Holder.

188 provavelmente era um informante do FBI: Jean McNair a Roger Holder, 24 mar 1972, acervo pessoal de Joy Holder.

188 John Dellenback: "Dellenback Works on Kerkow Telephone Call", *World* (Coos Bay), 7 jun 1972.

189 ajudara a sequestrar o Voo 701: "Coos Bay Woman Would Sell Hijack Story".

189 acesso a sequestradores de aviões: "Coos Girl Hijacker Seeks to Sell Story", *Oregon Journal*, 20 jul 1972.

189 "na escuridão aqui": entrevista de Olson.

191 para o mundo inteiro ver: O relato do sequestro de Nguyen Thai Binh é baseado principalmente em quatro fontes: "Plane's Captain Explain Thwarting Hijack", *Lewiston Morning Tribune*, 3 jul 1972; "When Is Deadly Force Justifiable Against Hijackers", *Eugene Register-Guard*, 12 jul 1972; "Hijacker Killed in Saigon; Tried to

Divert Jet to Hanoi", *New York Times*, 3 jul 1972; e "'My Only Bomb Is My Human Heart'", *Peace Newsletter* (Syracuse), ago 1972, p.9.

191 **"sem exceções"**: "Pilot Urges Death Penalty to Curb Air Hijackings", *Bulletin* (Bend), 7 jul 1972.

193 **sentado ao lado da esposa**: o relato do sequestro por Michael Azmanoff e Dimitr Alexiev é baseado em três fontes: Tom Emch, "Anatomy of a Hijack", *California Living Magazine*, 17 set 1972; "Skyjacking Foiled; 3 Slain", *Chicago Tribune*, 6 jul 1972; e "Three Die in Shootout", *St. Petersburg Independent*, 6 jul 1972. Um obrigado especial a Becky Emch por partilhar a excelente matéria do *California Living*, escrita por seu pai.

193 **"no próprio aeroporto"**: "Fast and Harsh Justice Urged for Air Hijackers", *New York Times*, 10 jul 1972.

194 **bala ... no cérebro**: "Lawman Gets Hijacker to Give Up", *Palm Beach Post-Times*, 8 jul 1972; "Hijacker Frightened Into Surrender by CHP Officer", *Los Angeles Times*, 7 jul 1972.

194 **Casa Branca do Oeste**: "Hijack Checks Extended to All Domestic Flights", *Afro-American* (Baltimore), 15 jul 1972.

194 **essa lacuna imediatamente**: "Security Checks Ordered for Busy Shuttle Flights", *New York Times*, 8 jul 1972.

194 **terminassem em rendição**: "Two Airliners Hijacked", *Ledger* (Lakeland), 13 jul 1972.

194 **"se minha lei for aprovada"**: "Senator Seeks Hijack Rein", *Pittsburgh Post-Gazette*, 21 jul 1972.

194 **75 votos contra 1**: "Senate Backs Broad Curbs on Hijacking by 75-1 Vote", *New York Times*, 22 set 1972.

194 **uma morte silenciosa**: "Conferees Snag on Hijacking Bill", *New York Times*, 12 out 1972.

13. "Como você se demite de uma revolução?" (p.195-208)

195 **encontrar outras acomodações**: Eldridge Cleaver a Michael Cetewayo Tabor, 24 set 1972, Eldridge Cleaver Papers, Bancroft Library, Universidade da Califórnia em Berkeley.

195 **dona de loja de vestidos**: "Mildred Klein, Fashion Shop Owner", *Ridgefield Press*, 8 dez 1994.

195 **o governo argelino**: Frank J. Rafalko, *MH/Chaos: The CIA's Campaign Against the Radical New Left and the Black Panthers* (Annapolis: Naval Institute Press, 2011), p.103.

195 **na rue Viviani**: Cleaver a Tabor.

196 **estoque pessoal de armas de Cleaver**: Willie Roger Holder, entrevista ao autor, ago 2011.

196 **com os Panteras Negras**: Ibid.

196 revisionismo trotskista: Eldridge Cleaver, notas gravadas, 26-28 mar 1971, transcrição, Eldridge Cleaver Papers, Bancroft Library, Universidade da Califórnia em Berkeley.

196 cidades do interior dos Estados Unidos: Eldridge Cleaver, cadernos da viagem à Coreia, 1970, Eldridge Cleaver Papers, Bancroft Library, Universidade da Califórnia em Berkeley.

196 Conflitos de Watts: Eldridge Cleaver, rascunho de discurso a ser feito em 18 ago 1972, Eldridge Cleaver Papers, Bancroft Library, Universidade da Califórnia em Berkeley.

196 político do Zaire que o admirava: Cleaver, cadernos da viagem à Coreia; Eldridge Cleaver, registro do segundo encontro com Salah, 16 ago 1972, Eldridge Cleaver Papers, Bancroft Library, Universidade da Califórnia em Berkeley.

197 "com 1 milhão de dólares": Cleaver a Tabor.

197 enfiado no peito: "Cleaver Calls on Algerian President to Keep Black Skyjackers' $1 Million", *Jet 42*, n.21 (17 ago 1972), p.9.

197 Estados Unidos racista: Melvin McNair et al., *Nous, noirs américains évadés du ghetto* (Paris: Editions de Seuil, 1978), p.101.

197 "Voe no grande jato da Delta": "Skyjackers Get Million Ransom", *Gazette* (Montreal), 1º ago 1972.

198 todas negras: W. Martin Dunleavy, *Black Police in America* (Bloomington: Indiana University Press, 1996), p.99.

199 o que os pais pretendiam: McNair et al., *Nous, noirs américains évadés du ghetto*, p.27-101.

199 sem interferência: "Algerians Seize $1 Million Ransom", *New York Times*, 2 ago 1972; "Hijackers Told Delta Crew Fleeing 'Decadent America'", Sumter Daily Item, 3 ago 1972.

199 tendência à violência: Cleaver a Tabor.

199 para examinar o dinheiro: McNair et al., *Nous, noirs américains*, p.103.

201 garantiriam a vitória: Cleaver a Tabor.

202 "Não saberia dizer": "Hijack Suspects 'Expect to Be Killed Off'", *Oregonian* (Portland), 8 ago 1972.

203 revista adicional: "Once More Into the Breach", *New York Times*, 6 ago 1972.

204 verificadas manualmente: David J. Haas, "Electronic Security Screening: Its Origin with Aviation Security 1968-1973", *Journal of Applied Security Research* 5, n.4 (set 2010), p.508-23.

204 máquinas de 30 mil dólares: Ibid.

204 poderiam conseguir: "Once More Into the Breach".

205 trinta anos de prisão: o relato do sequestro de Frank Markoe Sibley é baseado principalmente em quatro fontes: *Estados Unidos da América vs. Frank Markoe Sibley*, Tribunal de Recursos do Nono Circuito, 27 abr 1979; "Stopping Mad Dogs", Time, 28 ago 1972; Dave Turner (org.), *Society of Former Special Agents of the FBI* (Paducah:

Turner Publishing, 1998), p.51; e "Hijacker to Be Examined", *Spokane Daily Chronicle*, 28 nov 1972.

206 **"todo o povo americano"**: Eldridge Cleaver, *Soul on Fire* (Waco: Word Books, 1978), p.159-60. Os arquivos de Cleaver na Universidade da Califórnia em Berkeley incluem um esboço anterior e mais belicoso dessa carta, no qual Cleaver se oferece para doar 500 mil dólares a militantes palestinos caso os Panteras recebessem o resgate da Família Sequestradora.

206 **se juntar à multidão excitada**: entrevista de Holder.

206 **equívoco de relações públicas de Cleaver**: Cleaver a Tabor; "Algerian Police Isolate Panthers' Headquarters", *St. Petersburg Times*, 12 ago 1972.

207 **durante o ataque à vila**: Cleaver, registro do segundo encontro com Salah.

207 **o obstinado Cleaver**: Cleaver a Tabor.

207 **ele perdeu toda a fé**: entrevista de Holder.

208 **Willie Roger Holder**: Cleaver a Tabor; "Panthers in Algeria Pick Hijacker Chief", *Chicago Tribune*, 28 set 1972.

14. "As Olimpíadas não foram nada" (p.209-21)

213 **"de pouco mais de um metro"**: o relato do sequestro do Voo 49 da Southern Airways é baseado principalmente em cinco fontes: Ed Blair e William R. Haas, *Odyssey of Terror* (edição do autor, 2006); Garrett M. Graff, *The Threat Matrix: The FBI at War* (Little, Brown, 2011), p.31-55; "Convicted Hijacker Shares Story, Details 1972 Threat to Oak Ridge", WBIR.com, 25 mai 2011; "Hijacked Plane at McCoy Briefly", Ledger (Lakeland), 12 nov 1972; e "Chronology of a Hijacking", *New York Times*, 13 nov 1972. O detalhe sobre o pagamento de 5 milhões de dólares pela Lufthansa foi tirado de "Bonn Paid \$5M Jet Ransom", *Guardian*, 26 fev 1972. O detalhe do número de tiroteios fatais relacionados à Stress foi retirado de W. Marvin Dulaney, *Black Police in America* (Bloomington: Indiana University Press, 1996), p.99.

213 **mais de duas dúzias de inocentes**: "FBI Hit for Firing at Plane", *Vancouver Sun*, 14 nov 1972.

213 **destino mais distante como a Argélia**: "Head of FBI Says He Ordered Hijacked Planes' Tires Shot Out", *New York Times*, 15 nov 1972. Seis dias após defender sua decisão Gray foi internado no hospital com "obstrução intestinal", produzida pelo estresse de lidar com as consequências do Voo 49.

214 **"detê-los à força no portão de embarque"**: "Hijacking Steps Tightened in U.S.", *Calgary Herald*, 6 dez 1972.

215 **"uma nuvem de medo"**: Jon Hendricks e Jean Toche, entrevista de história oral conduzida por Allen Schwartz, 13 dez 1972, Smithsonian Archives of American Art, http://www.aaa.si.edu/collections/interviews/oral-history-interview-jon-hendricksand-mr-jean-toche-11910.

215 passaria nesse teste: "Skyjacking: Constitutional Problems Raised by Anti-Hijacking Systems", *Journal of Criminal Law, Criminology, and Police Science* 63, n.3 (set 1972), p.356-65.
215 que voava todos os dias: "Politics, Economics and Skyjacking", *New York Times*, 3 dez 1972.
215 sem ajuda federal: "Volpe Opposed to Hijack Police Force", *Ellensburg Daily Record*, 11 jan 1973.
217 receberam bem esse ajuste: Mark Feldman, entrevista ao autor, ago 2010.
217 em 12 de dezembro: Robert A. Hurwitch ao secretário de Estado dos EUA, 12 dez 1972, U.S. Department of State Archive, http://2001-2009.state.gov.
218 vazio em Bab el-Oued: Eldridge Cleaver a Michael Cetewayo Tabor, 24 set 1972, Eldridge Cleaver Papers, Bancroft Library, Universidade da Califórnia em Berkeley.
218 praia de Pointe Pescade: Willie Roger Holder, entrevista ao autor, ago 2011.
218 "problemas estarão resolvidos": Cleaver a Tabor.
218 mais ávidos apoiadores: Henry Louis Gates, "Eldridge Cleaver on Ice", *Transition 75/76* (inverno de 1997), p.308-9.
218 se ater às receitas: Eldridge Cleaver, anotação de diário, 29 out 1972, Eldridge Cleaver Papers, Bancroft Library, Universidade da Califórnia em Berkeley.
219 perdeu o interesse por seus deveres: Roger Holder a Lynne Stewart, 9 out 1986, acervo pessoal de Joy Holder; "Algeria's Haven for Hijackers Isn't All That They Expected", *Hartford Courant*, 12 dez 1972.
219 preocupação e melancolia: entrevista de Holder.
219 para serem processados: Melvin McNair et al., *Nous, noirs américains évadés du ghetto* (Paris: Editions de Seuil, 1978), p.107-8.
219 nessas tarefas delicadas: Kathleen Cleaver ao "Camarada T", 15 dez 1972, Eldridge Cleaver Papers, Bancroft Library, Universidade da Califórnia em Berkeley.
219 deixados para trás em Argel: Gates, "Eldridge Cleaver on Ice", p.309-10.
220 do que já havia feito: McNair et al., *Nous, noirs américains*, p.108-9.
220 serviço de informações argelino: Eldridge Cleaver, páginas da agenda pessoal, 1 a 16 jan 1973, Eldridge Cleaver Papers, Bancroft Library, Universidade da Califórnia em Berkeley.
220 de seu destino: entrevista de Holder.
221 respondeu ao pedido de Holder: Ibid.

15. "Monsieur Lecanuet, qualquer um pode roubar..." (p.222-39)

222 "que seja!": "Anti-Hijacking Rules Go Into Effect", *Tuscaloosa News*, 6 jan 1973.
222 apenas armas: "Stretching the Fourth Amendment", *New York Times*, 24 dez 1972.
223 na bagagem enviada: "Anti-Hijacking Rules Go Into Effect".
223 qualquer inspetor humano: David J. Haas, "Electronic Security Screening: Its Origin with Aviation Security 1968-1973", *Journal of Applied Security Research* 5, n.4 (set 2010), p.515-24.

223 volumes prejudiciais de radiação: Ibid., p.492-5.

224 34 centavos de dólar por bilhete: "Air Fares to Reflect Anti-Hijacking Costs", *Sarasota Journal*, 29 mar 1973.

224 7% em 1973: "Historical Air Traffic Statistics, Annual 1954-1980", Research and Innovative Technology Administration, Bureau of Transportation Statistics, http://www.bts.gov/programs/airline_information/air_carrier_traffic_statistics/airtraffic/anual/1954_1980.html.

224 parados por um dia: "'Rabbi Jacob' est sorti entre rire et drame", *Paris Match*, 30 set 2008.

224 sequestrado com sucesso em 1974: FAA, Civil Aviation Security Service, "Hijacking Statistics for U.S. Registered Aircraft (1961-Present)", 1º abr 1975, https://www.ncjrs.gov/pdffiles1/Digitization/28885NCJRS.pdf.

224 de volta para os Estados Unidos: "Florida Hijacker in Custody of Cubans", *Lewiston Daily Sun*, 16 dez 1974.

225 para ser interrogado: legado do FBI em Paris, relatório ao diretor do FBI, 7 jan 1975 (Foia).

225 exatamente quanto: Ibid.

225 Cinquième Arrondissement: registro da sessão do Tribunal de Paris, 13 jun 1980, acervo pessoal de Joy Holder.

225 até o final da semana: legado do FBI em Paris, relatório ao diretor do FBI, 7 jan 1975 (Foia).

226 vários estágios de montagem: legado do FBI em Paris, relatório ao diretor do FBI, 8 jan 1975 (Foia); Willie Roger Holder, entrevista ao autor, ago 2011; "Two Hijack Suspects Arrested in Paris", *Los Angeles Times*, 26 jan 1975.

226 Quartier Latin de Paris: Melvin McNair et al., *Nous, noirs américains évadés du ghetto* (Paris: Editions de Seuil, 1978), p.108-9.

226 irritavam um ao outro: entrevista de Holder.

226 pediu ajuda a Cleaver: Ibid.

226 políticos importantes: Eldridge Cleaver, *Soul on Fire* (Waco: Word Books, 1978), p.193-7.

227 fotografias dos sequestradores: agente especial do FBI encarregado, escritório de campo de Washington, memorando ao diretor do FBI, 29 jan 1975 (Foia).

227 perto da rue Beaubourg: entrevista de Holder; Denis de Kergorlay, entrevista ao autor, jul 2012.

227 veteranos de guerra traumatizados: Jean-Michel Caroit, entrevista ao autor, jul 2012.

227 na política de esquerda: entrevista de Holder.

228 o período sabático: Ibid.

228 quatro tranquilizantes: "Black Panther Hit by 'Nervous Crisis'", *Los Angeles Sentinel*, 30 jan 1975.

228 uma perturbadora confusão: entrevista de Holder.

229 favor pessoal à amante: Cleaver, *Soul on Fire*, p.189-202.

229 **na Rive Gauche**: Ibid., p.186.

229 **"Babilônia"**: Eldridge Cleaver, entrevista a David Mills, Universidade de Maryland, 1982, http://undercoverblackman.blogspot.com/2007/02/qeldridge-cleaver-pt-1.html.

229 **de um esconderijo a outro**: legado do FBI em Paris, relatório ao diretor do FBI, 16 jan 1975 (Foia).

229 **digitais de Holder com os franceses**: Seavenes e Marie Holder, entrevistados pelo FBI, San Diego, 21 jan 1975 (Foia).

229 **Janice Ann Forte**: "Two Hijack Suspects Arrested in Paris"; diretor do FBI, memorando aos agentes especiais encarregados dos escritórios de campo de Portland, Nova York, San Diego e São Francisco, 24 jan 1975 (Foia).

230 **"sua força silenciosa"**: Jean-Jacques de Felice, "Memories of the War in Algeria", *Men and Freedom* 116 (set-nov de 2001).

230 **desconforto aos poderosos**: Geoffrey Adams, *The Call of Conscience: French Protestant Responses to the Algerian War*, 1954-1962 (Waterloo: Wilfrid Laurier University Press, 1998), p.114, 214.

231 **"preocupação francesa com os direitos humanos"**: Cleaver, *Soul on Fire*, p.193-4.

232 **"Vai ficar tudo bem"**: entrevista de Holder; Aline Mosby, despacho, United Press International, 28 jan 1975; "Black Panther Hit by 'Nervous Crisis'".

232 **memorando de 18 de fevereiro**: secretário de Estado dos EUA à embaixada em Paris, 18 fev 1975 (Foia).

233 **"será final"**: Tratado de Extradição entre os Estados Unidos e a França, assinado em Paris em 5 abr 1909, http://images.library.wisc.edu/FRUS/EFacs/1911/reference/frus.frus1911.i0017.pdf.

233 **"obviamente político"**: embaixada em Paris para secretário de Estado dos EUA, 29 abr 1975 (Foia).

233 **por Holder e Kerkow**: Mark Feldman, entrevista ao autor, ago 2010.

234 **não teria problemas**: secretário de Estado dos EUA à embaixada em Paris, 21 mar 1975 (Foia).

234 **"deixarão permanecer na França"**: "Panther Hijacker in Paris Bucks Extradition to the U.S.", *Chicago Defender*, 4 mar 1975.

235 **constituíam genocídio**: embaixada em Paris para secretário de Estado dos EUA, 12 mar 1975 (Foia).

236 **tomava sua decisão**: embaixada em Paris para secretário de Estado dos EUA, 18 e 26 mar 1975 (Foia).

236 **"e o tribunal"**: secretário de Estado dos EUA à embaixada em Paris, 26 mar 1975 (Foia).

236 **dar uma olhada**: embaixada em Paris para secretário de Estado dos EUA, 26 mar 1975.

236 **"exatamente quantas vezes"**: secretário de Estado dos EUA à embaixada em Paris, 1º abr 1975 (Foia).

237 **"neste e em outros casos"**: embaixada em Paris para secretário de Estado dos EUA, 2 abr 1975 (Foia).

237 **de Fleury-Mérogis**: embaixada em Paris para secretário de Estado dos EUA, 14 abr 1975 (Foia).
238 **"em busca de resgate"**: secretário de Estado dos EUA à embaixada em Paris, 16 abr 1975 (Foia).
238 **a "ameaça dos sequestros"**: embaixada em Paris para secretário de Estado dos EUA, 22 abr 1975 (Foia).
239 **"compreensão por anglo-saxões"**: embaixada em Paris para secretário de Estado dos EUA, 29 abr 1975 (Foia).

16. Omega (p.240-9)

241 **"o que fiz foi patriótico"**: "U.S. Return Is Intended by Hijacker", *Spokesman-Review* (Spokane), 7 mai 1977.
241 **duas vezes por mês**: embaixada em Paris para secretário de Estado dos EUA, 2 jun 1975 (Foia).
241 **de quem parecia enamorado**: Willie Roger Holder, entrevista ao autor, ago 2011.
241 **demais em homens carismáticos**: Ibid., telegrama da Associated Press, 24 nov 1978; "Shocking Case of Black American Political Prisoners in France", *Sun Reporter* (São Francisco), 24 ago 1978.
242 **momento de parar de fugir**: entrevista de Holder.
244 **debater novamente a questão**: embaixada em Paris para secretário de Estado dos EUA, 30 abr 1976 (Foia); secretário de Estado dos EUA à embaixada em Paris, 5 mai 1976 (Foia).
244 **a mais de um telefonema de distância**: entrevista de Holder.
245 **família dela no Oregon**: "U.S. Return Is Intended by Hijacker".
245 **"do que estou tentando me afastar"**: "Eldridge Cleaver's New Pants", *Harvard Crimson*, 26 set 1975.
246 **cristão renascido**: Eldridge Cleaver, *Soul on Fire* (Waco: Word Books, 1978), p.204-12.
246 **"companheiros do Senhor"**: "Cleaver 'Testifies' as an Evangelical", *New York Times*, 12 dez 1976; "Cleaver Got No Help", *Leader-Post* (Regina), 25 jul 1977.
247 **nunca a seguiu**: embaixada em Paris para secretário de Estado dos EUA, 5 out 1977 (Foia).
247 **Médicos Sem Fronteiras**: Denis de Kergorlay, entrevista ao autor, jul 2012.
249 **falariam sobre o futuro**: entrevista de Holder.

17. Piu-Piu (p.250-68)

251 **Cutcher também estava hospedada**: Thomas Crawford, entrevista ao autor, out 2010.

251 **dormiam naquela noite**: Regina Youngren (antes Cutcher), entrevista ao autor, jun 2010.
251 **teria apenas um réu**: entrevista de Crawford.
251 **ou 17 de abril**: embaixada em Paris para secretário de Estado dos EUA, 5 abr 1978 (Foia).
252 **conseguir um novo passaporte**: embaixada em Paris para secretário de Estado dos EUA, embaixada em Berna e consulado em Zurique, 11 mai 1978 (Foia).
252 **não a renovara**: secretário de Estado dos EUA a todos os postos diplomáticos europeus, 4 mai 1979 (Foia).
252 **descrição correspondesse à de Kerkow**: embaixada em Paris para secretário de Estado dos EUA, embaixada em Berna e consulado em Zurique, 11 mai 1978.
252 **em 48 horas**: a escolha do momento por Kerkow foi fortuita: antes de 1º de janeiro de 1978 substituições de passaportes só eram possíveis até a data de vencimento daquele que fora perdido. Ao alterar essa política e tornar passaportes substitutos válidos por cinco anos, o Departamento de Estado facilitou muito o golpe de Kerkow.
253 **acolheu a criança**: Willie Roger Holder, entrevista ao autor, ago 2011.
253 **seu julgamento por sequestro**: embaixada em Paris para secretário de Estado dos EUA e embaixada em Bruxelas, 27 abr 1979 (Foia).
253 **famosos apoiadores franceses**: Denis de Kergorlay, entrevista ao autor, jul 2012.
253 **bairro do Marais**: Joy Holder, entrevista ao autor, abr 2012.
253 **engenharia aeronáutica da faculdade**: entrevista de Roger Holder.
253 **crises psicológicas**: entrevista de Joy Holder.
254 **antes do julgamento**: embaixada em Paris para secretário de Estado dos EUA, 5 abr 1978 (Foia).
254 **Família Sequestradora**: embaixada em Paris para secretário de Estado dos EUA, 26 out 1976 (Foia).
255 **fixar residência na França**: "France Convicts 4 Yanks in Hijack", *Pittsburgh Post-Gazette*, 25 nov 1978.
255 **inocentando Holder**: entrevista de Youngren.
255 **agindo mecanicamente**: entrevista de Crawford.
256 **piscou com os aplausos**: entrevista de Youngren.
256 **pelo menos até 1985**: embaixada em Paris para secretário de Estado dos EUA, 25 jun 1980 (Foia).
256 **nenhum contentamento**: entrevista de Holder.
257 **quartos esplêndidos do castelo**: entrevista de De Kergorlay.
257 **convocação militar**: Ibid.; entrevista de Holder.
257 **trabalhar em suas memórias**: Ibid.
257 **trabalhos braçais**: Ibid.; Henri Boivin, entrevista ao autor, jul 2012.
257 **ansioso para aprender**: entrevista de Holder.
257 **romances de James Baldwin**: entrevista de De Kergorlay.
257 **nenhum dos objetivos**: entrevista de Holder.
257 **nunca mais teve notícias dele**: entrevista de De Kergorlay.

257 **lembranças de combate**: certificado médico assinado pelo dr. C. Louzon, Hospital Psiquiátrico de Vieille Église, 15 abr 1981, acervo pessoal de Joy Holder.
258 **um trabalho para outro**: entrevista de Joy Holder.
258 **loja de ferramentas**: entrevista de Roger Holder.
258 **dias seguidos no carro**: entrevista de Joy Holder.
258 **posse de haxixe**: afirmação suplementar, *Estados Unidos vs. Willie Roger Holder*, 18 nov 1987; e pedido de revogação de indiciamento, *Estados Unidos vs. Willie Roger Holder*, 8 jan 1988, ambos do acervo pessoal de Joy Holder.
259 **solo americano**: secretário de Estado dos EUA à embaixada em Paris, 13 ago 1985 (Foia).
259 **poderosas drogas psicotrópicas**: avaliação psiquiátrica de Willie Roger Holder, realizada na Instituição Correcional Federal em Butner, 26 dez 1991, acervo pessoal de Joy Holder.
259 **finalmente se tornara realidade**: "Ex-Black Panther Extradited to U.S.", *New York Times*, 27 jul 1986.
259 **escritório da IBM**: "Code Book Connected 7 to NY Bombings", *Lewiston Daily Sun*, 14 mar 1985.
260 **"tantas mortes ocorrendo"**: Willie Roger Holder a Lynne Stewart, 9 out 1986, acervo pessoal de Joy Holder.
260 **"ter uma vida"**: juiz Eugene H. Nickerson, memorando e ordem, *Estados Unidos da América vs. Willie Roger Holder*, 29 mai 1992, National Archives and Records Administration, Central Plains Region, St. Louis.
260 **Torrita como suas filhas**: entrevista de Holder.
262 **ato de amor paterno**: correção do formulário de dispensa 214 de Willie Roger Holder (número de serviço 18910865), 19 jul 1978, acervo pessoal de Joy Holder.
262 **reconciliação significativa**: entrevista de Holder.
262 **naquele mês de dezembro**: Susan Tipograph, anotações manuscritas de reunião com Willie Roger Holder no Centro Correcional Metropolitano, Nova York, 27 jul 1991, acervo pessoal de Joy Holder. Não consegui encontrar um registro de divórcio de Holder e sua primeira esposa, Betty Bullock, o que sugere que este casamento era bígamo.
262 **cruzamento de rodovia**: Rosemarie Wilson, entrevista ao autor, abr 2012; mandado de busca para o número 1117 da 33rd Street, San Diego, assinado por Violetta Velkova, 2 jul 1991, acervo pessoal de Joy Holder.
262 **"seus problemas psicológicos"**: Juiz Nickerson, memorando e ordem.
263 **obtido na prisão**: entrevista de Holder.
263 **após algumas semanas**: Seavenes Holder, Jr., entrevistado pelo FBI em San Diego, 10 jul 1991 (Foia).
263 **"seu papel na história"**: Juiz Nickerson, memorando e ordem.
263 **mudar o mundo**: escritório de campo do FBI em San Diego para diretor do FBI, 13 jun 1991 (Foia).
263 **ex-mulher adúltera, Betty**: Juiz Nickerson, memorando e ordem.

263 posse de drogas: Ibid.

263 partido político de Nelson Mandela: procurador-geral da Califórnia Daniel E. Lungren ao United States Probation Office, 2 jul 1991 (Foia).

264 havia quinze anos: juiz Nickerson, memorando e ordem.

264 iria pensar: Ibid.

264 "detonadores possível": Susan Tipograph a Willie Roger Holder, 11 mai 1992, acervo pessoal de Joy Holder.

264 quando morava na França: "Hijacker from '70s Lands in Trouble", *San Diego Union-Tribune*, 17 jul 1991.

264 "Não quero recuar": juiz Nickerson, memorando e ordem.

265 explosivos militares: entrevista de Holder.

265 quanto menos dissesse, melhor: Ibid.

265 tijolo de explosivo C-4: Willie Roger Holder, interrogatório do FBI, anotações manuscritas, 2 jul 1991 (Foia).

265 projeto estivesse pronto: juiz Nickerson, memorando e ordem.

265 a semana seguinte: agente especial David Torres, Departamento de Justiça da Califórnia, declaração juramentada, 2 jul 1991 (Foia).

266 "massa de barco": juiz Nickerson, memorando e ordem.

266 os havia enganado: Ibid.; declaração de Torres.

266 em Santa Barbara: declaração de Torres.

266 *Terror by Fiat*: FBI, relatório sobre execução de mandado de busca relacionado à investigação de Willie Roger Holder, 9 jul 1991 (Foia).

266 com os Panteras Negras: Susan Tipograph, entrevista ao autor, fev 2011.

267 apto para ser julgado: avaliação psiquiátrica de Willie Roger Holder.

267 grande terrorista político?: Jason Brown, entrevista ao autor, jun 2010.

267 manter a operação: juiz Nickerson, memorando e ordem.

268 reconquistar glórias passadas: Ibid.

18. Apagado (p.269-80)

269 "custos parecem enormes": William M. Landes, "An Economic Study of U.S. Aircraft Hijacking, 1960-1976", National Bureau of Economic Research, out 1977, http://www.nber.org/papers/w0210.

269 do estudo de Landes: Research and Innovative Technology Administration, Bureau of Transportation Statistics, "Historical Air Traffic Statistics, Annual 1954-1980", http://www.bts.gov/programs/airline_information/air_carrier_traffic_statistics/airtraffic/annual/1954_1980.html.

269 pularam da cabine: "The Hijacking: 'The Whole Thing Was Just Some Pathetic Cry for Help'", *Evening Independent* (St. Petersburg), 14 mar 1978.

269 sua enorme dívida: "Suspect to Face Air Piracy Charge", *Bulletin* (Bend), 24 ago 1979.

270 **amante de sua mãe**: "17-Year-Old Girl Held in Hijacking", *Milwaukee Journal*, 22 dez 1978. A garota em questão, Robin Oswald, estava tentando libertar Garrett Brock Trapnell, ferido por agentes do FBI quando sequestrava um voo da TWA em janeiro de 1972.

270 **fugindo da justiça**: "Disheartened Refugees Try Hijacking as a Way Home", Pittsburgh Post-Gazette, 19 ago 1980.

270 **no país como um todo**: "12th Hijacking Try and 9th Success", *Desert News* (Salt Lake City), 5 de ago 1983.

270 **para serem processados**: "Castro Returns Two Cuban Hijackers", *Palm Beach Post*, 19 set 1980.

270 **com problemas mentais**: Laura Dugan et al., "Testing a Rational Choice Model of Airplane Hijackings", *Criminology* 43, n.4 (2005), p.1041, 1043.

271 **no espaço aéreo americano**: FAA, Office of Civil Aviation Security, "Criminal Acts Against Civil Aviation 2000", http://www.skyjack.co.il/pdf/Criminal_Acts_Against_Civil_Aviation_2000.pdf.

271 **vídeos institucionais de vinte minutos de duração**: Cletus C. Coughlin et al., "Aviation Security and Terrorism: A Review of the Economic Issues", *Federal Reserve Bank of St. Louis Review*, set-out de 2002, p.9-24.

271 **apenas 12 mil dólares por ano**: Paul W. Parformak, "Guarding America: Security Guards and U.S. Critical Infrastructure Protection", Serviço de Pesquisas do Congresso, 12 nov 2004, http://www.fas.org/sgp/crs/RL32670.pdf.

277 **em um cemitério militar**: meu agradecimento a Roger Holder, Joy Holder e Rosemarie Wilson por partilharem as lembranças incluídas neste capítulo. A citação de Angela Davis foi retirada de "Kathleen Cleaver and Angela Davis: Rekindling the Flame", *Essence*, mai 1996.

278 **Voo 701 da Western Airlines**: Hannah Cooney, entrevista ao autor, Museu Histórico e Marítimo de Coos, abr 2011. Patricia Kerkow se recusou a ser entrevistada para este livro. Como registro, esta foi a única declaração que fez a mim: "Não tenho intenção de me encontrar com você nem de fazer minha família passar por isso de novo, nunca mais."

278 **quanto mais de seu crime**: visita do autor, mai 2011.

279 **troca de haxixe por armas em 1972**: Elizabeth Olson (antes Newhouse), entrevista ao autor, mai 2011.

279 **parece crer**: embaixada de Paris a secretário de Estado dos EUA, embaixada em Berna e consulado em Zurique, 11 mai 1978 (Foia).

Agradecimentos

Expressar devidamente minha gratidão a cada uma e todas as pessoas que tornaram possível esta empreitada exigiria umas boas 10 mil palavras, se não mais. Em vez de entediá-los dessa forma, permitam que em vez disso me desculpe com todos os merecedores que não são mencionados na nota abaixo. Respeitosamente peço que compreendam meu sofrimento, e rogo que me escrevam caso se sintam ofendidos; farei o possível para acertar tudo no estabelecimento etílico de sua escolha no Queens Boulevard.

Meus maiores agradecimentos são para os homens e mulheres que me convidaram às suas casas para partilhar lembranças dos acontecimentos em questão: Roger Holder, Joy Holder, Elizabeth Olson, William Newell, Thomas Crawford, Jan Thompson, Edward Richardson e Rosemarie Wilson. Sem a sua ilimitada generosidade este pedaço da história americana poderia ter se perdido para sempre.

Vários outros seres angelicais ajudaram a enriquecer minha pesquisa muito além do esperado: Louis DeWitt, Russ Mitchell, Randy Dotinga, Denis de Kergorlay, Jay Farr, Dennis Krummel, Susan Tipograph, Regina Youngren, Carlyn Juergens, Hannah Cooney, a biblioteca pública de Coos Bay, Ronald Dellinger, Marla Waarvick, Carole Friske, Donna Jones, Dick Deeds, Richard DeLorso, Billy Hamblin e Miriam Chotiner-Gardiner, da Crown.

Eu nunca teria terminado este fruto do amor sem a ajuda de editores e colegas que pacientemente apoiaram meu trabalho nesses últimos anos. Tenho uma enorme dívida para com toda a equipe da *Wired*, particularmente meus sábios supervisores Robert Capps, Caitlin Roper e Jason Tanz. Evan Ratliff e The Atavist me deram uma oportunidade de refinar meus dons narrativos da forma mais espantosa que se pode imaginar. E um obrigado especial a Spike Lee, um artista sem igual que me deu uma senhora aula sobre contar histórias.

Embora ganhe a vida escrevendo desde o último milênio, ainda não gosto de lidar com as inevitáveis frustrações do trabalho. Sem a benevolência de amigos e parentes, que sempre foram rápidos em oferecer palavras tranquilizadoras quando necessário, meu laptop estaria agora em um lixão: Ta-Nehisi Coates e Kenyatta Matthews, Ryan "Ulf" Nerz, Nathan Thornburgh, Jason Fagone, Jeff "Daddy Like" Kulkarni e a equipe da Fresh Produce, Doug Merlino, Robert Galligan, Tom Folsom e Lily Koppel, Bird by Bird, Jonathan Green, Pat Walters, Loukas Barton, Michael Kunizaki, Matthew Williams e Zoe Vice, Ben Robbins e Alissa Shipp, Thomas Beug, Molly Blooms, os comentaristas do Microkhan e Jacki e David (inigualáveis fãs enófilos dos Angels). Uma dose extra gigantesca de agradecimento para minha mãe e meu pai, que não poderiam ter me apoiado mais quando se deram conta de que eu queria passar a vida escrevendo histórias; só posso esperar dar à minha própria prole a mesma dose de estímulo amoroso.

Meus defensores no âmbito empresarial, Zoe Pagnamenta e Matthew Snyder, trabalharam incansavelmente por mim. É uma sorte ter profissionais tão brilhantes e diligentes a meu lado.

É difícil me imaginar trabalhando com qualquer outra editora que não Vanessa Mobley, que me ajudou a transformar palha em ouro um zilhão de vezes. Ela é verdadeiramente genial com palavras e estrutura, bem como uma santa por aturar meus frequentes acessos de dúvida. Mal posso esperar para começar outro projeto sob sua égide.

O último parágrafo só pode ser para minha amada Courtney, a Grande Imperatriz de meu Gengis. Muitas luas atrás, quando a segui para fora do trem 1 na 23rd Street, iniciei minha conversa perguntando: "Então, o que está fazendo no meu bairro?" A resposta, claro, foi que estava lá para mudar minha vida.

Índice remissivo

FSC
www.fsc.org
MISTO
Papel produzido
a partir de
fontes responsáveis
FSC® C019498

A marca FSC é a garantia de que a madeira utilizada na fabricação do papel deste livro provém de florestas de origem controlada e que foram gerenciadas de maneira ambientalmente correta, socialmente justa e economicamente viável.

Este livro foi composto por Letra e Imagem em Dante Pro 11,5/16
e impresso em papel offwhite 70g/m² e cartão triplex 250g/m²
por Geográfica Editora em fevereiro de 2014.